世界教育思想文库

我们如何学习

全视角学习理论（第2版）

HOW WE LEARN

LEARNING AND NON-LEARNING IN SCHOOL AND BEYOND (2ND EDITION)

[丹] 克努兹·伊列雷斯 著

孙玫璐 译

教育科学出版社

·北京·

第 二 版 序

　　本书英文初版于 2007 年问世,这些年来无论是其自身还是其所论及的事物、背景,都出现了很多新情况。

　　从自身来说,它已经或正在被译为多种文字(瑞典语、挪威语、法罗语、德语、波兰语、希腊语、汉语、韩语、伊朗语)。2009 年我编辑出版了一本《学习的综合理论》,其中收录了我自己关于学习的简版理论和另外 15 篇关于学习的理论解读,该书也已被译为希腊语、罗马尼亚语、葡萄牙语(巴西)和韩语。加之以芬兰语、冰岛语、立陶宛语、荷兰语、意大利语、斯洛文尼亚语发表的论文,以及在世界各地 30 多个国家所做的学术报告,这些都使得与本书相关的学习理论(也许正在)成为当今该领域传播最广、应用最广的理解,尤其是因为它指出了,当我们期待的学习并未如愿发生,或被扭曲、抵御以及发展不充分的时候,什么是最紧要的。

　　与此同时,教与学领域中的重点有了显著改变,尤其在有关管理、测评、效能等的新自由主义思想,以及所谓竞争力管理成为一种占支配地位的理念的强力影响下。在诸多思想、理解和现代社会管理的变化中,这些思想和理念也强力波及了教育和办学,使人们将教育和办学视为经济和效能的落后一角,似乎它差不多也应该是一个工业生产过程,然而关于人类学习和非学习究竟如何发生的真知灼见,则不断地被边缘化,被偏见淹没。

由此，呼吁我更新本书初版的声音越来越强烈。越来越多的人希望我在坚持对学习与非学习的一般理论框架进行解读的同时，也能对其做出一定修正，使其更好地适应上述时代变化，并考虑到这些变化对学校内外、其他教育机构和环境的学习情境和学习可能性的影响。为了应对这一需求，我大体上维持了这本书初版的架构（因此在课堂和学习项目中同时使用这两版书是可以的），文本的主体部分没有大的改动，但在原有的参考文献基础上增加或替代了一部分新篇目。与此同时，我在某些近年来变化较大的领域做了一些大的修改，例如，前述新自由主义思想主导下的领域，或是我着手研究的一些变得越来越重要和有影响力的领域。这些修改中包含了一些概念，诸如能力、转换学习、身份认同和自我认同的发展，还特别包含了学校和教育系统在竞争状态下全面、深刻的制度性条件变化。有关上述背景，我从参与我所主编的一本丹麦语著作 [《竞争状态下的学习》（*Learning in the Competition State*，2014）] 的合作者那里得到了很多启发和指引，他们是：安诺生（Peter Østergaard Andersen）、希尔德布兰特（Steen Hildebrandt）、约尔特（Katrin Hjort）、卡茨内尔松（Noemi Katznelson）、朗阿厄（Søren Langager）、彼泽森（Ove Kaj Pedersen）、普赖托留斯（Nadja Prætorius）、西蒙森（Birgitte Simonsen）、温格（Etienne Wenger）和齐厄（Thomas Ziehe）。

我希望这一新修订的版本能够使得这本探讨学习问题的著作在若干年中保持它的时代意义，能够切中时弊、提供启发和灵感。

克努兹·伊列雷斯

2016 年 7 月

第一版序

　　本书的写作既是一项艰辛的工作，也是一件充满快乐的事情。在学习与教育领域中，如果我希望作为一名研究者、理论工作者、写作者和探讨者，与40年左右的研究工作精华相对话，同时又要努力创造出一种富有吸引力和挑战性的、能够用于实际的作品的话，首先需要满足很多特殊的条件。我雄心勃勃地想写这样一本书——能够尽可能广地覆盖当今有关学习的课题领域，能够展示这些领域中的最新进展，还要能够让我的读者们（从各个层次的学生、未来的教师，到心理学、教育学以及各类教育培训项目的专业人员）都能够很好地阅读和使用。

　　显然，本书可以视作我对拙著《学习的三个维度》（*The Three Dimension of Learning*，丹麦语版出版于1999年，英语版出版于2002年）的再创作。不过与此同时，本书还涵盖了一系列新课题，并且在结构上也是全新的和独特的。从我个人角度来说，"旧"著的写作是一个发现的历程，我试图在一个庞大而复杂的领域中寻找意义。当我启动自己的这段行程时，我还不知道自己将会发现什么。而本书的成书，则基于更加深入的研究以及与多个国家多位学者的探讨，这一成书过程更体现了这样一种努力——试图用一种结构化的、清晰的、综合的以及实用的形式，传递我在该领域中所发现的精华。

　　由此，一方面，本书是一本教科书，探究了所有与学习有关的有效要素的基本构成，从而帮助读者理解学习是什么、学习和非学习为什么和如何发生；另一方面，本书又是一本学术著作，因为它不仅吸取了本领域中已有文献的精华，而且还加入了一些新的材料、理解和观点。不过，首要的是，它呈现了一个基于某种全面理解的主题，创造了一种整体性的理论，这种理论在此之前还从未有过表述，其视角更为宽广、更为综合、更为多样。本书内容约有四分之一是对"旧"著较为彻底的修订，约四分之一呈现了对某些课题的新研究，还有大约半数内容探讨的是全新的课题和成果，我相信涵盖这些课题和成果，对于我们进行充分理解是非常重要的。

非常感谢所有学生、教师、研究者及其他一些人，我们通过会议、研讨、讲座，也通过电子邮件、信笺和电话等方式，就有关学习的所有可能主题进行了探讨。当然，我还要感谢罗斯基勒大学（Roskilde University）、丹麦学习实验室（Learning Lab Denmark）以及丹麦教育大学（Danish University of Education）的同事们。另外，还有一些人，我必须要表达自己对他们的特别感谢。

首先是丹麦学习实验室主任延森（Hans Siggaard Jensen），他保证了我的工作条件，使我有可能在2005年及2006年年初著述本书，与此相关的还有丹麦学习实验室的尼奇克（Henrik Nitschke）和罗斯基勒大学出版社的贝斯特（Thomas Bestle），他们热忱地投入到了本书的出版之中。

接下来，我还要向以下三位老师致以特别的谢意：扎勒教育学院（Zahle's College of Education）的汉森（Sanne Hansen）、布拉佳德教师培训学院（Blaagaard Teacher Training College）的格林（Gunnar Green），以及哥本哈根教师培训学院（Copenhagen Day and Evening College of Teacher Training）的本德森（Palle

Bendsen）。他们都阅读了本书的初稿并给予了重要的建议。同样需要特别致谢的还有我的同事赫如普（Steen Høyrup）和埃尔金叶（Bente Elkjær），他们与我在丹麦学习实验室合作期间，给予了我富有价值的建议。丹麦学习实验室的海尔斯金德（Mia Herskind）和格尔莱奇（Christian Gerlach）分别就本书中身体与脑的研究部分给了我极大的支持。还有，丹麦教育大学的菲白克（Per Fibæk）就本书的智力部分提供了一些信息。我还从哥本哈根商学院的赫尔曼森（Mads Hermansen）和哥本哈根大学的伯塞尔森（Jens Berthelsen）那儿得到了重要的启示。

我与国际上一些研究者和理论家就学习课题多年来一直进行着讨论，他们由此成为我非常重要的支持与灵感来源。其间最为重要的有：阿尔海特（Peter Allheit，哥廷根）、安蒂凯宁（Ari Antikainen，约恩苏）、阿吉里斯（Chris Argyris，哈佛大学）、比利特（Stephen Billett，布里斯班）、鲍德（David Boud，悉尼）、布罗克特（Ralph Brockett，田纳西）、布鲁克菲尔德（Stephen Brookfield，明尼阿波利斯）、埃尔斯托姆（Per-Erik Ellström，林雪平）、恩格斯托姆（Yrjö Engeström，赫尔辛基）、霍金森（Phil Hodkinson，利兹）、贾维斯（Peter Jarvis，萨里）、劳（Michael Law，哈密尔顿）、莱特霍伊泽（Thomas Leithäuser，不来梅）、马斯克（Victoria Marsick，纽约）、梅里亚姆（Sheran Merriam，佐治亚）、梅齐洛（Jack Mezirow，纽约）、奈霍夫（Wim Nijhof，特文特）、鲁本松（Kjell Rubenson，温哥华）、斯托克（Joyce Stalker，哈密尔顿）、厄舍（Robin Usher，墨尔本）、范德文（Ruud van der Veen，纽约）、韦尔（Susan Weil，布里斯托尔）、温格（Etienne Wenger，加利福尼亚）、维尔德米尔思科（Danny Wildemeersch，勒芬）和约克斯（Lyle Yorks，纽约）。他们中的大多数都出现在本书的参考文献部分。

最后，还要向我的爱人西蒙森（Birgitte Simonsen）教授致以非常特别的感谢，我与她已经合作了将近30年，我几乎能够和她一起探讨所有可能的学术课题，当然，她也阅读了本书并给予了非常重要的评论。

结束以前，我还想提供一点儿实用信息。作为一本学术著作，本书列出了我认为适合出现在英文版本中的一些材料作为参考文献，除此之外还有很多未能收录其中，特别是丹麦语的参考文献。全部的参考文献列表可以在罗斯基勒大学出版社的网页上查询到。

如果我所提到的学者已经过世的话，我会尽可能在首次提到他的时候标注其生卒年份。

希望读者们能够享受本书的阅读之旅，并在旅程结束时感到有所获益。

克努兹·伊列雷斯

2007年1月

目　录

第一章 导论

作为一个简短的导论，本章将讨论学习的性质，并通过简述一个案例提出本书所指的"学习"的定义，最后，对本书的结构进行概述。

1.1 学习是什么

人类历经数百万年的进化发展出了很多惊人的能力，能够做出各种理解和行动，这一点超越了其他物种的所能——"人是天生的学习者"这种说法一点也不过分。与此同时，我们注定要成为学习者，因为我们没有可能逃避学习，尽管我们并不总是会学习到自己或其他人希望我们学习到的东西。在当代社会，我们也被迫成为学习者。几乎所有国家都有义务教育制度，除此之外也有很多我们必须掌握的东西，否则我们便不能维持日常生活，不能在各种特定场合中生存。在很大程度上，学习直接或间接成为一种强迫行为，因为交互关联最终使得学习成为我们不得不面对的问题。我们不能把自己限定在只学习自己喜欢或是恰好碰到的东西中。学习既是个人的，也是社会的。

人们对于"学习"一词的第一反应通常与"上学"有关。一般来说，学校是社会创办的机构，用以保证社会所有成员都能进行自身生存与延续所必需的学习。一位青年人或成人，通常其一生中的 10000 个小时是在学校中度过的，有些人花费的时间还要更长（Rutter et al.，1979），这理所当然地对我们的成长产生了决定性和根本性的影响。

大多数人记忆中的典型学习环境是课堂，在此略举一例。

让我们来看一所学校中的数学课。课堂上孩子们正在学习除法。教师立于黑板前，解释如何进行除法计算。她在黑板上写下一道除法算术例题，一步一步演示如何来解题。有的时候教学可能会分小组进行。在这种情况下，孩子们分组坐好，相互帮助来解这道算术题，他们在需要的时候会寻求老师的帮助。

在这两种情况下孩子们都参与了预期中的活动。他们理解了教学的全部内容，记住了方法。他们也许马上就能理解，也许还需要演算多遍才能够真正掌握。

不过仍然有些小学生在这方面存在点儿困难。有些小学生会觉得难以集中注意力。他们可能会觉得这些不得不学习的东西很抽象、很枯燥，或是他们很难想象自己可以用它来做什么。他们的思想开了小差，想着那些更有意思的内容或对他们更有意义的东西。他们也可能会觉得，即使自己努力跟上课堂教学的步伐，也很难理解教学内容。他们可能还没有正确地学会乘法，所以不能理解除法。又或他们在算术方面有更大的问题，需要教师的特殊对待。

毕竟，这是学校中一种司空见惯的现象：不是所有人都学到了预期中的内容，而且有些学生遗忘得非常快。即使大多数学生在学校里学到了很多，且每个人都学到了东西，但学生仍然可能没有在教与学之间产生一种自动的联结。例如，当班级进行百分数的教学时，相比学习除法，会有更多的学生觉得很难，而当他们接触到微积分时，就会觉得更难了。

事实是这样的：在校成绩较好的学生建立起了自信，并且常常有更大的热情去学习更多的内容，而另外一些觉得学习很难的学生则感到自己不擅长学校学习。对于相当数量的学生来说，他们在学校中所"学"到的一个重要部分是：自己在算术或数学方面很糟糕。

与此同时，人们同样在校外学到了很多。儿童在入学以前就已经学到了大量基础性的东西，例如，学会说一种或多种语言，并且对于身处其中的社会环境，他们也懂得了很多。到了学龄期，他们仍然会在校外生活中通过玩耍和其他活动学到很多。我们都从自己的全部生活中学到了些什么。不过，我们所学到的有一部分是错误的，它们或者变成了某种障碍或阻力，或者教我们如何去逃避失败和不愉快的情况。

仅仅这一个简单的例子和反思就已经可以充分地说明：学习有着多种而且是非常不同的过程。学习在性质上可以表现为积极或消极的，不过对个体来说，学习总有着某种目的，或者说必然与应对生活及其挑战有关。由此可见，这是一个非常广阔也十分复杂的领域，我尝试在本书中去追踪、分析、描述它，并进行系统化的工作；与此同时，我也会努力保持这个领域的复杂性，而不是试图去削弱它，我不想像以前很多研究学习的学者那样，把削弱这种复杂性作为目标之一 ——努力寻找一种所谓的基础性学习形式或学习过程（例如，Madsen，1966，pp. 64，75，95）。

1.2 学习的定义

"学习"一词的使用极为广泛，而且它在使用中也常有不同含义。通常来说，我们可以区分出四种主要含义，除去某些特定的情境，这些含义在我们日常生活中出现得最为频繁。

（1）学习一词可以用来指发生在个体身上的学习过程的结果。在此，学习的含义是学到了什么，或者发生了什么样的变化。

（2）学习一词可以用来指发生在个体身上的心智过程，这些过程可以导向含义（1）中所指的变化或结果。这种含义也常常被界定为学习过程，这也通常是学习心理学所关注的。

（3）学习一词可以用来指个体与学习材料以及社会环境之间的所有互动过程，这些过程直接或间接地成为含义（2）所指的内在学习过程 [导向含义（1）所指的学习含义] 的前提条件。

（4）学习一词不仅仅在我们的日常生活中，而且在官方和专业背景中，也或多或少地被等同于教学一词。这表明有一种将"教"与"学"混淆的普遍倾向。

含义（4）显然是不太适当的，前3种含义都有其合理性和重要意义。不过，要想看出具体情境中的学习所对应的是哪种含义常常很难，而且，它们只有在被仔细分析之时才能加以区分，在日常实践中则不会被区别使用。为了克服这些不确定性，我在此从广义的视角把学习界定为：**发生于生命有机体中的任何导向持久性能力改变的过程，而且，这些过程的发生并不单纯由生理性成熟或衰老机制导致。**

我特意将学习定义得非常广义和开放，采用了诸如"任何……过程"、"生命有机体"和"持久性能力改变"之类的表述来避免一些不必要的局限。关键点在于，学习意味着一种改变，且在某种程度上是持久性的改变，比如说在被新的学习覆盖以前，或因为生命有机体不再使用它而被逐渐遗忘以前，它是"持久性的"。同样关键的是，这种变化不是由生命有机体中预先存在的潜能的自然成熟导致的，即便这种成熟可能对于学习的发生来说是一种很好的先决条件。

采用术语"生命有机体"是因为并不只有人类才能够学习，有一些动物研究对于理解学习来说也具有重要意义。然而，本书探讨的中心内容是人的学习，有关其他生命有机体学习的内容只有在涉及对人类学习的理解时才会被提到。

同样重要的是，采用此种定义意味着许多被命名为社会化、素质提升、能力发展、治疗等的过程，成为此学习概念所包含的内容，并被视为学习过程的特定种类或审视学习的特定视角。术语"发展"被理解为学习与成熟的"涵盖性术语"，由此，我认为心理学中关于"学习先于发展，还是与此相反"（Vygotsky，1986［1934］，pp. 260ff.）的"经典"争论是错误的。学习是发展的一部分。

我认为基于这种对学习的广义、开放的理解来进行研究是极为重要的，主要是因为，对于学习是什么，以及诸如社会化或治疗之类的名词指的是什么，我们不可能严格区分出这些概念之间的界限。而且，实际上我们只有把所有因素都纳入其中，才有可能洞悉它们之间的重要联系和互动模式。

最后，还需指出的是，这个定义反过来也意味着限制和扭曲，即所学知识中的一些数量或质量上的限定也被视作个体所学到的某种内容，例如，学习选项的数量或性质变得难以把控或有威胁性时。

1.3 本书的结构

本书中所论述的用以理解学习的理论或框架，可以分为以下四个部分。

第一部分包括导论性质的本章及下一章，内容涵盖了理解学习的一些理论基础，这些基础综合了来自心理学、生物学、脑生理学和社会科学许多不同理论的学术贡献。

接下来是本书的第二部分，也是全书的中心部分，论述的是学习的结构和性质。第三章构建了一个模型，用以表示学习的两种过程和三个维度——内容维度、动机维度和互动维度。第四章对学习进行了分类，详细论述了四种基本类型的学习。第五、六、七章则基于全部三种维度，对一些有关学习的内容进行了更为深入的探讨。第八章对于学习作为一个整体的最重要因素进行了综述。

第三部分仅包括第九章，内容与当下最重要的学习障碍类型有关，即探讨如果期望中的学习未能出现，或是学习过程与期望中的相去甚远，到底发生了什么，这些情况在学习理论的成果中仅有极少量的涉及，但在本书的视角中，与那些通常被认为在某种程度上更为成功的学习相比，它们的重要性是同等的。

第四部分的中心内容探讨了影响学习的性质、过程以及结果的某些重要条件。第十章探讨的是学习者所具有的不同前提条件的类型，包括脾性（disposition）、能力和智力、学习风格、性别以及社会背景。第十一章探讨的是贯穿一生的学习以及不同年龄段的学习。第十二章中，我通过联系最重要的实践领域或学习空间来审视学习：日常学习、学校学习、工作生活中的学习、基于网络的学习以及在学习者爱好活动中的学习。第十三章的主题是学习与不同类型教育组织及政治条件的联系。最后，第十四章对所构建框架的主要观点进行了总结，并列举了一些在讨论我的学习模型时提到的成果与理论的创立者。

1.4　小结

在这一导论性质的章节中，最重要的内容可以总结为下述观点：学习是非常复杂且具有多面性的，它包括"发生于生命有机体中的任何导向持久性能力改变的过程，而且，这些过程的发生并不单纯由生理性成熟或衰老机制导致。"这一定义意味着诸如社会化、素质提升、能力发展以及治疗等都被视作学习过程的某些特殊类型，或用以审视学习的某些特殊视角。该定义还意味着，那些可能约束所学之物的种种限定及其他事物，也将同样被看作个体学习到的内容。"发展"的概念被理解为学习与生理性成熟的涵盖性术语。

此外，本章介绍了书中对学习这一课题进行探讨的结构。全书分为四个主要部分：其一，对学习基础的理解；其二，对学习结构的理解，包括对学习的三个维度以及四种基本学习类型的理解；其三，对可能导致所期望的学习未能发生的各种障碍的理解；其四，学习受个体的、人际的以及社会的特性等不同条件的影响。

第二章　理解学习的基础

我将在本章论述理解学习的多个基础性内容，包括学习的基本心理、生理、脑与社会性条件。需要特别强调的是，所有这些领域以及它们之间的交互都必须纳入对学习的综合性理解之中。

2.1　理解学习的多种资源

第一章中概述的学习定义以及对学习的广义理解意味着，如果要理解人类学习的整体复杂性，就需要将多种资源纳入我们的视野之中。

学习在传统上首先被认为是一种心理现象，学习心理学是心理学最为经典的分支学科之一。不过我们同样必须要考虑其他心理学分支学科，如发展心理学、认知心理学、人格心理学和社会心理学。在教育心理学方面，很重要的一点是需要坚持：学习心理学研究的是学习者身上发生了什么，而教育心理学研究的是其他人能够做些什么来促进或影响学习，尤其是在教育教学的组织上。不过，实际上它们有着相当多的重叠，这主要是因为好的教育心理学必须要在对特定教育的组织过程研究中吸收学习心理学的洞见。除此之外，学习心理学常常必须将某种学习影响与某种有助于发生这种影响的教学联系起来，不过，这并不直接涉及相关核心领域的基本结构。

比起传统上将学习视为一种心理现象，近年来我们对学习的理解更加深入，并扩展到了更为宽广的视野。这种情况的产生，一方面基于对身体多种功能的生理基础的研究，尤其是近十年来学习已经成为脑科学研究前沿的中心课题；另一方面也基于社会科学的发展，首要的是社会学与社会心理学之间"灰色地带"研究的拓展。另外同样重要的是，学习研究还较以前更为广泛和直接地被纳入国家经济体系的战略之中。例如，基于经济增长和竞争力提升的目标，学习研究被用作强化特定组织和职业中学习的工具。

另外，心理学和上述其他各领域对于学习基础的认识存在着不同的基本观点或"学派"。从 20 世纪初叶直至 20 世纪 80 年代，行为主义心理学在学习研究中占据着主导地位，在美国尤其如此。但特别在欧洲，也涌现了其他一些与之争鸣的基本观点，如格式塔心理学、建构主义心理学和文化历史心理学等。在 20 世纪 50 年代和 60 年代的美国，人本主义心理学异军突起，成为一支新的力量。另外，弗洛伊德主义或精神分析学派，也对学习的理解做出了特殊贡献。在所谓的批判理论或"法兰克福学派"中，这一后精神分析方法和基于马克思主义的社会认知相互结合了起来。

本书中我们还会多次回到这样的话题。在此我的重点是想指出本书的一个基本观点：要获得一个令人满意的对学习的整体性理解，所有这些学术领域和学派都有着自己的重要贡献。从科学理论的观点来看，像这样横切式的路径（crosscutting approach）常常被视作极端负面和可疑的，至少在心理学这样一个有着多个相互争鸣学派的学科中是这样。它被贬损地贴上了"折中主义"的标签，即被认为是不连贯的，或没有一个清晰和完善的界定基础。

然而我始终持有这样一个基本出发点：对于学习这一广泛而复杂的领域来说，如果我们不能将如此之多的学术视角联系起来，那么要想获得充分的理解是不可能的。心理学界中有太多精力浪费在不同学派间的争斗之中，而不是用于相互合作以找到彼此之间的联系点。

不过，要在现在这样的基础之上进行工作的先决条件是：能够设定一个框架作为起点，来联系那些可能加以考察、吸纳的多种成果，从而使得一个连贯和完善界定的基础能够被建立起来。我尝试在第三章中构建这样一个框架，并在此基础之上吸收、评价和加工众多成果。实际上，建立在本书写作之上的研究工作，在很大程度上具有这样一种性质：考察关于学习的大量不同理解，将它们汇集在一起，放置在一个理解学习的共同框架之中，这种理解是基于多种不同研究成果而得以澄清和精练的（Illeris，2002）。

　　不过，勾画这一框架之前，在本章接下来的部分中，我仍将分别概述心理学、生理学、脑科学和社会学视角中对于学习的一些基础性理解。

2.2　学习与心理学

　　从最广泛的意义上来说，心理学是传统上最早和最主要的人类行为科学。行为主义学派原则上限定于研究能够直接记录的行为，不过，如前所述，尽管学习过程并不是直接可观察的，学习心理学依旧成了行为主义心理学中一个重要的分支。我们能够观察到的仅是学习过程的一部分结果，例如，一个儿童能够做出某个除法算术题。

　　然而，我们是否能够同样得出结论——这名儿童大体而言也理解了除法是什么，理解了一个人与除法有关的那些情境？在这种关联中儿童拥有怎样的情绪状况？如果算术题做对了，儿童可能会表现出快乐或满意。但我们又如何来衡量这种快乐和满意？这样的情绪是如何影响学习的？我们又如何得知，这些情绪是否仅仅因做对算术题而产生，还是其他因素也同样在发生作用？所学到的东西有着什么样的主观价值和应用价值？这名儿童将会记住他所学到的东西，并将其运用到校外生活之中吗？

　　令人欣喜的是，比起研究那些直接可观察的行为，其他一些心理学派进行的研究更为深入。一般来说，心理学也许最好被定位为一种经验科学，它涉及描述、系统化以及解释我们的经验。这些经验包含人们做了什么，说了什么，想了什么，等等。它们发生在所有可能的情况和背景之中，既包括日常生活，也包括一些特殊场景。而且，心理学还涉及观察动物在多种情况下的经验。由此，数据资料是无限的，因为人们能够尝试学习的东西似乎是无限的。

　　然而，当研究学习或其他心理学课题时，我们仍需联系某些基本事实。第一，人类是一种有着某些特殊潜能与局限的生物体。人类尽管存在很多的个性，但仍拥有着大量的共性，并且有一些是完全超出我们的能力范围的。例如，我们不能像黑豹那样飞快地奔跑，我们不能听见某些声波，等等。换言之，由于我们身体和脑的局限，我们的学习是有限度的。

第二个基本事实是，我们生活在自然与社会环境之中。我们必须进入与这些环境的互动之中，我们能够发挥一定的作用影响和改变它们，且不能将自己置身其外。即使有人试图完全地孤立自己，他也将受到自己所做事情的影响。

由于上述原因，心理学也必然是这样的一门科学：探讨在所有的维度中人类是如何关联的，是如何能够在有机体与环境设定的潜能与局限的前提下发生关联的。理解学习就必须与这些存在的条件相关联。

2.3 学习、生理与身体

当我们把学习作为一种心理现象来研究时，就会很容易把身体当作一种载体，只有当所学之物在性质上全部或部分与身体技能有关时，身体才会被加以考虑，譬如当我们学习走路、游泳或骑车的时候。学习主要被理解为一种与心智活动相关的概念，仅在一些特定情况下我们才会考虑身体方面。

不过，实际的情况几乎恰恰相反。与其他心智过程一样，学习是建立于身体的基础之上的，而且，我们称之为"心智"的东西是与人类的发展一起出现的，它的进化历经了数百万年。初等生物也能够学习，不过我们并不认为它们有什么心理或心智上的生命特征。

对于人类，学习主要是借助于脑与中枢神经系统这些身体的特定部分发生的，如果想要理解我们的学习潜能发展到怎样的程度和实现了怎样的功能，就必须超越身体与心理之分，但几个世纪以来这种二分法又一直处于西方世界理解学习的中心地位。

法国哲学家勒内·笛卡尔（René Descartes，1596—1650）早在17世纪就提出了著名的观点"我思故我在"（Cogito，ergo sum）（Descartes，1967 [1637]），这常常被当作西方理论的经典之句。该句的精确含义在后来成为很多讨论的主题，例如，著名的挪威哲学历史学家阿尔内·纳斯（Arne Næss，1912—2009）认为这句话从拉丁语翻译过来的意思并不是"我思"，而是"我经历了"或"我有所了解"（Næss，1963［1962］，p. 143）。不过这一连接关系中最为关键的是，笛卡尔将心智作为人类经验的中心，将其置于生理和情绪之上，在西方世界中确乎是由这样一种基本理解占据着统治地位的。

查尔斯·达尔文（Charles Darwin，1809—1882）的理论"物种起源"（Darwin，1958［1859］）构成了另一种视角的基础。在 19 世纪末，威廉·詹姆斯（William James，1842—1910）和西格蒙德·弗洛伊德（Sigmund Freud，1856—1939）这两位伟大的科学心理学先锋人物，最终将他们的起点定位于心理现象的生理根源（James，1890；Freud and Breuer，1956［1895］）。

后来，沿袭了这一路线的还有俄罗斯被称为文化历史学派（见 5.3 节）的研究。特别是在 20 世纪 30 年代，阿列克谢·列昂节夫（Aleksei Leontyev，1903—1979）通过这种路径的研究认为，人的心智能力是基于它所遭遇的挑战而逐渐显现的。这一研究仅于 1959 年在其文集中得以发表（Leontyev，1981［1959］）。根据文化历史学派的观点，工具的使用是人类心智的一种尤为重要的功能。比起极少数物种也能利用相似工具的情况，这些工具在人类的使用中具有非常不同的特性。人类可以自己开发和完善他们的工具，这导致了技术的发展，技术的发展又相当惊人地让我们有可能掌控自然，不过正是由此，人们也通过这种方式破坏着人类整体赖以生存的自然基础。另外，文化历史学派的理论也将语言、文化形式等视作我们所利用的与学习有关的工具。

从那以后，一些其他研究者也继续这种研究路径，到现在已经形成了一个完整的心理学分支学科——"演化心理学"（evolutionary psychology）——来主要从事这一领域的研究工作（例如，Buss，1999；Gaulin and McBurney，2001）。

还有一些研究者的工作重心更直接地指向身体与心智功能之间的连接。例如，一些放松治疗师和身体治疗师研究如何理解和缓解身体紧张以及如何看待运动的不恰当模式，并发展恰当的生理平衡与身体功能，这些都建立在这样的理解基础之上——身体与心理存在于一个整体情境中。这种研究有两个较为典型的基础：一是现象学（经验导向）的基础，它回到了法国哲学家、心理学家莫里斯·梅洛 – 庞蒂（Maurice Merleau-Ponty，1908—1961）的研究起点——身体经验与身体能力（Merleau-Ponty，1962［1945］）；二是精神分析的基础，其直接思想根源来自弗洛伊德本人及其追随者的研究，至少包含奥地利学者威廉·赖希（Wilhelm Reich，1897—1957）和后来的美国学者亚历山大·洛温（Alexander Lowen）的研究，他们聚焦于克服"性格盔甲"（character armour），这种盔甲可能对学习机会等起到阻碍或防御作用（例如，Lowen，1967；Reich，1969a［1933］；Lowen and Lowen，1977）。同样应该提及的是法裔智利生理学家弗朗西斯科·瓦瑞拉（Francisco Varela，1946—2001），他参考梅洛 – 庞蒂和弗洛伊德的学说，著述了心智作为一种身体功能的观点（Varela et al.，1991）。

基于这样一些路径，我们需要再次指出，西方世界中的学习研究倾向于忽略学习中的生理因素。但学习不仅是理性的，还是建立在身体功能的基础之上的，可以"在身体中加以完善"，并且能够通过诸如身体姿势、运动模式、手势、呼吸等表达出来。

从针对某种特定身体技能的目标学习，到较为不确定的"情感"或多少有些"自动化"的身体功能学习，身体性的学习有很多方面。重要的是，这些身体方面是基础，不管后面有多少发展和遮蔽，它都出现于我们的经验、行为和学习之中，比起西方世界通常所认为的，它发挥的作用实际上更为重要。

在我们的社会中，有一种由来已久的错误倾向，即完全颠倒了实际情况，认为在人类发展历史和个体自身发展上，身体方面的学习是对所谓心智或理性等"真正的"学习的补充，而不是这种学习的一种先决条件和基础。英国的马克·索尔姆斯（Mark Solms）和奥利弗·特恩布尔（Oliver Turnbull）指出："根据神经生理学的观点，所有'生命事务'最终是通过'身体事务'的调节（提示和转化）而实现的。"（Solms and Turnbull，2002，p. 233）这也代表了其他现代脑科学研究者们的普遍观点。

很自然地，学习中身体的作用在生命早期阶段最为清晰地表现出来，这使得著名瑞士生理学家、心理学家和认识论专家让·皮亚杰（Jean Piaget，

1896—1980）将儿童最早阶段的智力称为运动智力（psychomotoric），将该发展阶段称为感知运动阶段（例如，Piaget，1967［1964］）。

让我们回到导论中所介绍的那个学校情境——学习除法，它从表面上看似乎是一种"纯粹的"心智活动。这个案例是关于熟练运用数字的，这些数字仅用单词或其他符号呈现。即使如此，身体功能在这种情境中也在通过多种方式发挥着作用。

首先，儿童在这种学习中用以发挥功能的脑的各部分必须是正常发育的。如果不是这样的话，所谓计算力缺失的症状或"数字盲"的情况就会出现，使得学习变得困难，甚至根本不可能发生。另外，还会出现一些与集中注意力或交流沟通相关的生理问题。

其次，身体必须处于充分平衡的状态，这样才能有足够的精力投入学习，而不是去应对和克服不平衡的问题。例如，如果一个人处于饥饿、疲惫或病痛状态，就会使得学校学习更为困难，这种困难甚至会达到很高的程度，或者还会导致情绪不佳、悲伤、焦虑、紧张及其他心智不平衡的情况，进而表现为身体上的紧张不安。而且，在学校情境中通常的确会出现这种身体紧张不安的状况，因为这些孩子不得不长时间安静地坐着，集中注意力于课程当中，而他们需要的仅仅是活动一下自己的身体。

再次，年幼的儿童尤其会感受到某种"身体性"（physicalise）的学习欲望，这在算术课中会表现得更为直接，典型表现就是用手指数数或用其他方式来使学习内容具体化，例如，通过把一些球、苹果或其他物体分成不同的堆，使得他们能够直接感受到数量，从而进行除法学习。

最后，处理情境中的问题、因正确计算而获得的满意，也将通过身体上的某种状态表现出来，反过来又会影响学习的态度。

所有这些自然还是非常初等的。然而，不仅在一个生命状态不可避免地表现为更多学习的社会之中，而且在一个必须学会学习的社会之中，即必须学习如何管理学习和提升学习效率的社会之中，它们也是非常重要的。与此同时，这些生理过程也是与动机持续互动的一部分。这种动机是学习的一部分，建立在身体的基础之上。当一个人有高水平的动机去学习时，不同的身体介入就会提升学习的效果；而当动机处于低水平时，这种身体介入就会变得很紧急。

在后面，当我试图深入探究与学习相关的大量不同课题时，我将不可避免地不能时时涉及这些基本身体因素。不过重要的是我们必须清楚这样的事实：这些身体因素很关键。在身体因素有着特殊重要作用的某些情境中，我会直接对它进行探讨。学习与脑功能之间的关系也很紧密，这同样是学习的身体性的一部分。

2.4 学习与脑功能

脑与中枢神经系统当然是身体的一部分，但我为何要将它单列出来作为一节呢？原因是身体的这一部分相当特殊，有着与学习相关的非常广泛的功能。就是在身体的这些部位，个体的学习过程得以发生，无论它们是有意识的还是无意识的。

脑研究在近年来有了井喷式的进展，先进的新技术可以帮助我们理解诸如学习、思维以及记忆的工作途径和方式。我本人只是这些进展的一个旁观者，下文我将着重引用脑科学研究者的一些最著名成果，特别是美国的安东尼奥·达马西奥（Damasio，1994，1999）、叶尔霍能·戈德伯格（Goldberg，2001，2005）、约瑟夫·勒杜（LeDoux，2002），英国的西蒙·巴伦-科恩（Baron-Cohen，2003）、马克·索尔姆斯和奥利弗·特恩布尔（Solms and Turnbull，2002），以及德国的海宁·谢克（Henning Scheich）等人（Scheich，2002；Elger et al.，2004）的研究成果。

不过，尽管当今的脑科学研究取得了巨大的进步，在此仍应指出的是，距离能够彻底解释更为高级的包括学习在内的脑功能，征途仍然遥远。它的重要贡献主要体现在一般水平和某个非常特定的领域之中。在一般水平领域中，研究呈现了一些成果：关于脑的组成部分和中枢在不同情境中的活跃状况，不同中枢发挥了怎样的作用，以及冲动在不同中枢间的传递，等等。在特定领域，研究可以相当精确地辨别出，在个体脑活动的电化学回路中，脑细胞之间在传递冲动时，到底发生了什么——与所谓的"神经递质"相关，即在不同情境下促进和抑制脑细胞间传递的某种化学物质。

然而人类的脑包含着 100 亿到 1000 亿个脑细胞（具体数字在不同文献中有着相当大的差异），它们中有一些是高度分化的，而且每个细胞直接通过数以十亿计的所谓突触或神经细胞联结与其他多达 10000 个细胞相联结（Scheich，2002）。这给不同的网络与回路提供了几乎无限的可能性，即便是从未能够实现所有这些可能性，我们脑的复杂性仍然远居最为先进的计算机所能达到的程度之上。而且除此之外还有一层复杂性，这是因为，脑将理性、知识与我们通常称之为感觉、情绪的东西联结在一起，所生成的是两个过程——人类一般发展进程与个体经验——相结合的结果，它们储存于人的身体特别是脑之中。再进一步来说，在上面提及的两个领域之间仍然存在着巨大的"中间地带"。这首先与构成我们思维、情绪、经验、理解、意识等神经生理基础的大量不同回路相关，即使我们有朝一日能够掌握所需技术，似乎也不可能完全将它勾画出来（Elger et al.，2004）。

尽管如此，近年来的脑科学研究也已经贡献了一些成果，在一些重要方面能够补充和纠正学习以及其他领域中现有的心理学理论。其中具有关键性重大意义的研究发现恐怕是：在一个正常和健康的脑中，我们通常称之为"理智"的过程，不能离开我们称之为"情绪"的东西独立发挥功能。由此，西方经典的"纯理性"科学理想实际上是一种幻想〔如德国哲学家伊曼努尔·康德（Immanuel Kant，1724—1804）曾在 200 多年以前在他的《纯粹理性批判》中对此有过暗示，尽管他是基于某种不同的基础提出这一观点的（Kant，2002 [1781]）〕。

在一些极端案例中，脑损伤切断了"理智"与"情绪"的最重要脑中枢之间的联结，我们看到这些个体仍能保留他们的理智或智能，但只能以非常不恰当的方式来运用它们，因为它们不能与情绪实现的规则联系起来。这导致了一些重大问题，特别是与决策和社会互动相关的重大问题——在决策和社会互动这两个领域中，情绪因素对理智的修正作用是有决定性意义的。这一发现使得著名的葡萄牙裔美国脑科学家安东尼奥·达马西奥将自己的一本先锋性著作命名为《笛卡尔的错误》（*Descartes' Error*；Damasio，1994）——因为，如前所述，笛卡尔对理智这一构成我们何以为人类的核心事物进行了具有代表性的经典诠释。

脑研究提供了对包括学习在内的心智功能的基础性理解，学习被看作一种身体与环境之间的连接，这种连接使得有机体能够对变化着的环境做出适当的反应。人类的这种连接通过诸多功能的发展得到具有决定性的完善，这些功能包含语言、思维、意识、自我以及所有列昂节夫（Leontyev，1981 [1959]）口中的"高等心智功能"，它们只以初始阶段的形态存在于大多数发达的灵长类动物身上，而不存在于其他动物身上。

至于学习，每一个学习过程都有自己特定的过程，以不同部分和中枢的数以千计脑细胞之间某种电化学回路的形式发生。（这种回路被称为电化学的，因为它们是在个体细胞中以电为媒介的，同时某些被称为递质的特殊化学物质成为引起细胞间传递过程的媒介。）

这里，我将非常简略地阐述在一个普通的学习过程中，人脑中可能涉及的一些过程，目的是让读者加深对一些我认为是复杂模式中的重要事物的印象。不过，我所进行的阐述是有明确限制的——它们只是一种极大程度上简化的描述，绝不能应用于所有的学习过程，表达的是我自己从许多不同科学发现和假说中进行甄选的结果。

学习过程一般是由个体所经历的某些由对环境的感觉而产生的冲动开始的。在不同的感觉形式中常常会有同时发生的多个冲动，例如，看见某个事件的发生，同时也听见人们在说些什么。基于这些冲动，每种感觉形成了一系列"意象"（意象不仅用来指代一种视觉画面或印象，而且也指其他感觉印象，如"声音意象"）。这些画面或意象经过中介引导进入"工作记忆"或"短时记忆"（负责该功能的脑区位于脑中高于眼睛的额叶部位，人类该部位比其他所有动物，甚至是最高级的灵长类动物都要发达）。这一中枢包含两个部分：

一是一种非常短时的记忆；二是一个非常关键的协调中枢，戈德伯格（Gold-berg，2001）称之为"执行性脑"（the executive brain），其控制了我们的思维、决策过程以及其他所有构成我们视作"常识"的东西。

从短时记忆到工作记忆的中介引导过程同时通过两个通道发生—— 一部分通过脑的中枢部分，这部分还有着最重要的情绪中枢；一部分从这些中枢的旁路迂回（Damasio，1994）。由此工作记忆接收到两种冲动—— 一部分冲动复制了"纯"感官印象，还有一部分冲动复制了由事件所激发的情绪混合在其中的感官印象。情绪冲动比其他冲动先到达，在这个极短的时间里，情绪反应就会产生：一个人会在他"有机会思考"之前产生攻击性的反应，或者会被吓得发"僵"。

重要的是，这些不同冲动在被工作记忆接收时，也同时被"过滤"了，这是通过与"长时记忆"连接的通路发生的，由此这个接收过程就受到了"记忆"的影响，这种"记忆"其实是脑在即时和主观地"寻找相关性"。还有，前面提到的所谓"长时记忆"在性质上不是一种庞大的存储性档案或类似的东西，而包含着来自先前回路的"痕迹"（traces）或"记忆痕迹"（engrams）。我们还不太了解脑如何在我们每个人都掌握的数以百万计的记忆中"发现"需要激活的某些痕迹以及如何找到它们。有时候痕迹也可能或多或少被抹去了，即我们不能或仅仅只是能够很模糊地"回忆"起我们需要什么，又或是我们只能部分地或错误地"记住"它。不过在大多数情况下，我们能够立即激活我们所知道的以及主观感觉重要的东西来解码和应用我们接收到的冲动。

不同新冲动之间的联结或"考虑"，在不到一秒钟的时间里发生在了工作记忆中，这些新冲动与相关再激活的早期经验、记忆、情绪、知识等之类的印象进行了互动，使得个体能够在此基础之上做出反应。反应可以以活动的形式表现为外显的，也可以是内显的，体现为身体里的变化形式以及带有相关情绪的事物印象和反应在长时记忆中的自我修正，然后构成对学习的冲动，在以后碰到相关新事物和新情况时可供回忆和激活。

在这一简化的描述中，需加以强调的是，我们接收到的冲动都伴随着我们的情绪（这些情绪反映了我们当下的心智、身体情境、情绪状态和相关的情绪性"记忆"，例如有关参与该事件的人以及相关内容领域），也伴随着先前学习或经验的相关成果，这些成果是我们做出反应（包括被称为"决策"的判断过程）和从该情境中学到教训的基础。

重要的是，这里所指的长时记忆具有一种电化学回路的"痕迹"的性质。我们必须想象这些痕迹是以某种途径或其他方式围绕主题组织起来的（这里可作参考的是心理学的图式概念，在 4.2 节中我将会回到这个话题），由此，在它们被激活的时候会产生一种序列或系统化的形式。情况至少是这样的：一方面某种痕迹越频繁地被激活，它被再次激活的可能性就越大，即一个人"回忆"起了这种痕迹所代表的经验、知识或理解；另一方面，某种痕迹距离最后一次被激活的时间越长，它弱化、模糊或完全消失的危险性就越大，即被"遗忘"了。

我们还必须想象这些痕迹是联结的一部分，这些联结使得某些冲动启动了某些联系，即我们自动地将冲动与我们主观地在给定情境中"找到相关性"的记忆联结起来。

更进一步应该提到的是，此处概述的过程是特定的人类学习过程。不同动物的学习根据它们的脑发达程度部分地符合这一过程。人类的特殊发展历史反映在了脑的特殊结构当中，因此一般说来，人脑按照进化顺序先后被分为三个部分。

发展历史最长，也是最古老的部分是脑干（脊柱的一种延展）和后脑。这些地方接收来自环境的感觉冲动以及复制身体状态的冲动，并且进行着联结，从而使身体功能得以顺应环境并被调节规范，这些身体功能包括一些最基本的功能，诸如呼吸、心跳、维持体液的化学平衡等。脑的这一部分也被称为"爬虫类脑"（reptilian brain），因为它在很大程度上与爬虫类动物拥有的脑容量相同。

中脑所包含的最首要的是一系列与处理情绪本能相关的中枢。在这里，情绪必须被理解为面对威胁性情境（如恐惧和侵略性情境）和实现生命生存功能（如饥饿和性）的重要安全调节机制。比起爬虫类脑的反射，情绪在一种更高的水平上调节、规范着行为，例如，中脑赋予哺乳动物比爬虫类动物更为多样的一些功能潜能。另外，长时记忆的操作中枢就位于脑的这一部分——尽管上面提及的代表了记忆内容的早期回路"痕迹"扩散到了更大的区域。

最后，我们将视线转入前脑，只有人类的这部分得到了充分的发展，在其中就包含了负责我前面称之为工作记忆的地方。这一部分使得我们通常称之为理智和意识的东西成为可能。在此，理智和意识被理解为更加精细微妙的规范调节机制，使人类能够对环境做出比其他生物高级得多的反应，而且，在某种程度上能够知晓和管理自己做了什么。

脑的这三个部分紧密联系着。在物种的发展过程中不断出现着新生功能，而旧有功能也被保留下来作为新生功能的必需和"支撑"。这就是如果新生功能被破坏，旧有功能还能够延续，但没有了旧有功能，新生功能就无法发挥的原因。额叶的损伤会极大地削弱一个人的能力，而脑干的损伤则是致命的。

从学习的观点来看，这意味着我们能够在不同水平上学习：从基于某种程度上机械式思维与行动模式的完全无意识的反射，到完全有意识和有目标控制的学习过程。

最后还要提及的是，脑有着相当大的可塑性，例如，如果脑的一些部分受到损伤，另一些部分就能够全部或部分地承担它们的功能。不同人的脑有着不同的模式。举例来说，如果一个人在某种活动上花费大量时间和精力，这就将"占据"脑的很大一块区域。脑不断地经历着变化与发展，这些变化与发展依赖于它被用来做什么。不过一般来说，我们越是年轻，脑的可塑性就越强。

2.5 无意识学习与默会知识

学习与相关的意识之间有怎样的关系，这一课题是有关身体和脑功能重要意义问题的延续。一个直觉上的理念是——学习研究一直很大程度上聚焦于这一点——我们对于自己的学习当然是有意识的，当一个人学习某个内容的时候，他不仅仅懂得或理解了这个内容，而且他还知道自己知道了哪些内容。

与语言一样，意识也是人类与动物之间最为关键的区别之一（尽管高等灵长类动物可能有着某些我们称之为意识的初级阶段的功能）。我的猫很清楚，当我从冰箱中取出某个碗时，自己的吃饭时间马上到了，但是，它并不知道自己知道这些。我并不准备在此就意识的话题进行详细论述，在当代脑科学研究中已经有了一些参考信息，其中包括安东尼奥·达马西奥的大作《感受发生的一切》（*The Feeling of What Happens*；Damasio，1999）。

不过，在本书的背景中，很重要的一点是对该事实的确认——在没有意识到的情况下，我们能够学到某些东西（我们所有人差不多每天都在这样做）。最著名的例子莫过于电影或电视中的广告，它们是那么短小以至于并未被真正地注意到，然而却对人们施加着影响。这在我们持续受到影响和提示的大量事件与经验中，不过仅仅是个特定的案例而已。

我们都知道，一方面，弗洛伊德是第一个深入和系统地研究无意识的学者，不过他对于学习仅有一点儿间接的兴趣；另一方面，传统的学习心理学虽然直接定位于研究学习本身，但却并未定向于无意识，即使巴甫洛夫那条著名的狗"学会了"将铃响与唾液分泌联系在一起（这种无意识的状态与人类在食物端上桌时分泌唾液的情况其实是完全一样的）。

学习无意识的一面似乎仅在匈牙利裔英国哲学家迈克尔·波兰尼（Michael Polanyi，1891—1976）研究"默会维度"并提出其"默会知识"概念时，才得以真正和多少间接地浮出水面，他的默会知识概念指的是即使在某种知识没有或不能被表达为语言形式时，人也可以获取的这类知识。我们还可以区分出"事实默会知识"和"原理默会知识"，前者通常是可以用语言加以清晰阐述的，而后者则超出了精确语言表达的限度（某种程度上与弗洛伊德的"前意识"和"无意识"概念相类似）。

后来出现的另一个总结此类事物的方式与"情绪智力"的概念有关（Goleman，1995；参见本书 6.4 节），丹麦心理学家欧莱·凡德菲尔特（Ole Vedfelt）则更为直接地表达了"无意识智力"（unconscious intelligence）的概念，例如，他有如下的论述：

> 我们可以无意识地在记忆中长时间储存有关知识与情绪的经验，并且，这种无意识的信息导入要比有意识的信息导入迅速和广泛得多。这对于我们的常识来说是很令人震惊的，因为它表明，我们的自我和意识就像一只小船，漂浮在广阔的无意识信息海洋之上。
>
> （Vedfelt，2002，pp. 28f.）

然而，只有现代脑科学研究才在今天真正成功地建立起对该事实的一般理解：实际上多年来"拥有意识的人们"一直未能接受无意识过程（也包括学习领域中的无意识过程）的广泛内涵和重要意义，这是非常不恰当和不科学的。例如，安东尼奥·达马西奥写道：

> 无意识一词在狭义上被我们的文化所销蚀，它仅仅指向与非意识有关的大量过程与内容中的一部分。……实际上，"未知"的列表是令人吃惊的。来看一下它包含了哪些东西：
>
> （1）所有那些我们未曾留意的完全成形的意象。
>
> （2）所有那些没有成为意象的神经模式。
>
> （3）所有那些通过经验获得的脾性，它们一直潜伏着，可能永远不会成为一种清晰的神经模式。
>
> （4）所有那些对上述脾性悄悄进行的改造和网络重组，它们可能永远不会被清晰地知道。
>
> （5）所有那些隐藏着的智慧和诀窍，它们很自然地嵌入在先天的、稳定平衡的脾性之中。
>
> 实际上，我们知道的东西少得可怜，这是多么令人惊讶啊！
>
> （Damasio，1999，p. 228）

因此，达马西奥回到了澄清所有这些问题的课题上。对于动物来说，所有东西都是无意识的，而人类在进化史上最大的一次跨越性跳跃，就是我们称之为意识之物的形成。现在的脑科学只能够猜测意识的功能模式。我们该如何想象我们作为一个物种，通过亿万年的时光，奠定了整个无意识生物功能模式的世界这一伟大的新构型？我们能够发展这样的意识已经是非常奇妙的了。毫不夸张地说，要想象它会覆盖和主宰我们所有的功能领域似乎是非常不现实的。

由于目前这部分研究极为有限，后面我将仅在极少的地方涉及无意识学习。在很多情况下，它与意识学习构成了一个不可分的网络，而且也许并不存在什么不同于完全意义上意识水平的显著差别。不过，特别的是，精神分析研究确认无意识学习对于我们的理解、身份认同以及行为也有着深远的重要意义。学习的这一方面，与身体和脑相关的学习一样，将仅在后面的某些特定地方加以讨论。

2.6　学习与社会

然而，学习并非仅在单个的个体身上发生。相反，学习总会嵌入在一个社会性的情境之中，这个情境提供冲动，设定什么能够学习以及如何学习的框架。例如，发生在学校之中的学习、发生在工作生活之中的学习，以及发生在学校与工作之外的日常生活中的学习，它们在性质上是不同的——因为这些情境赋予了学习在基础性条件上的本质差异。

不过，"学习"一词在使用上常常仅包含个体水平的学习过程，也即本书所指的"获得"过程。对于我们来说既有可能也很重要的是，与此同时能够认识到这只是学习整个过程的一个组成部分。然而，很显然绝大多数理论，尤其是早年间直到 20 世纪 70 年代的理论，几乎都完全局限在了学习过程的个体层面。后来，特别是从 20 世纪 80 年代末开始，学习的人际和社会性层面开始被纳入一个更大的视野，例如"社会性学习""情境学习"等概念的提出。尤为受到关注的是所谓"社会建构主义"。与只关注学习过程个体层面的传统学习心理学相对，"社会建构主义"同样单方面宣称学习是发生在人们之间的，因此是社会性事务（见本书第七章）。

不过，本书对其的一个基本理解是，学习具有个体和社会的双重性（这将会在第三章中进行深入论述）。这意味着必须将传统学习心理学的个体导向与现代的社会导向整合起来，它们中的任何一面都不能单独阐明问题的答案，提供一种完全和"正确"的理解，因为它们中的任何一面都是在根基上有缺陷的观点。

然而，学习的社会性在不同情况下并不相同，因此，学习发生的情境在近年来获得了更多的关注。这一过程与学习迅速增长的社会意义相平行并整合在了一起，尤其是，它与发生在某种特定的、主要是制度性的和因此而"非自然的"情境之中的学习有关。

如果我们回溯过去数百年的岁月，或审视现在几乎消亡的所谓"灵长类"社会，几乎所有的学习都作为日常生活中不可分割的一部分在发生着，在劳动与业余时间之间并没有泾渭之分。例如，通过儿童的玩耍，通过各种家务和日常劳动技能的指导或培训，学习很典型地发生于家庭的日常生活之中。

不过，随着工业革命的发生，资本主义的突进，以及18世纪开始一直贯穿整个19世纪的启蒙运动的发展，越来越多的社会性劳动被转变成为工薪劳动，这在时间、地点上将其与生活的其他部分割裂开来。这些劳动既要求人们具备一些知识、技能方面的特殊资质，还要求人们能够将自己推销给雇主，雇主们则有权决定在工作时间中做什么、为什么做和什么时间做。

这就要求新的学习形式的出现，在西方世界，社会确立了义务学校教育制度并逐渐加以推广。在越来越多和越来越宽广的领域内，中青年教育计划和高等教育计划随之出现，多样化和复杂的教育体系发展了起来。

1972年"终身教育"概念在著名的联合国教科文组织的报告中被强势推出，这份报告有个振聋发聩的题目——"学会生存"，该报告由法国前总理、教育部前部长埃德加·富尔主编（Faure，1972），很快"终身学习"成为流行语，成为一种深入各国政府和人心的国际性需求（例如，OECD，1996；EU Commission，2000；Illeris，2004a；Jarvis，2009a）。在当今这一时代，学校和教育不仅必须要提高功效，还要无愧于国际比较。这一时代对于工作生活中的学习也有着越来越多的强调，父母急欲促进孩子在日常生活中的学习，幼儿园也有了课程，研究人员对闲暇时间和生活也进行了基于学习视角的相关分析。

不过，近几十年来随着所谓"知识社会"和"竞争社会"的突破性发展，学习再一次地进入了一个全新的社会环境。现在学习已经成为经济增长和全球竞争的一个关键参数，以及世界各国优化各种学习可能性政策的重心（Cerny，1997，2010；Pedersen，2011，2013；Illeris，2016）。在教育体系的各个部分，提升学习生产率的压力越来越大，这一学习生产率与特定目标和国际比较相关：个体学习者必须实现该目标，教师和机构领导者也要对此负责，教学指导越来越细致，控制越来越多，社会各处越来越多地宣导目标导向性学习。总的来说，学习变成了一个无论是在一国还是国际话语体系中都非常重要和不可或缺的部分（Illeris，2016）。

学习与经济之间关系的性质——举例来说，如果实施变革要求很多人必须能够承担某种任务，这将会使社会付出多大的成本——可能还很不确定。但毫无疑问的是，学习已经成为一种关键性的社会事务，服从于管理国家所基于的经济理性（Illeris，2004b）。很自然地，这很大程度上影响了学习的发生。因此，除了个体水平，学习的基础还越来越在社会水平上扩展到一个更广的范围，完全从个体学习的性质延伸到与综合性改革和社会相关的学习需求、服务的构建上。我将在第十三章中回到这个话题。

2.7 小结

本书对于学习的理解是建立于一般框架、成果和理论之上的，它的发展来源于多种方法、理论阐述和学术分支的视角，我试图将这些不同的成果联系为一个广泛的、综合性的整体。

由此，学习被理解为一种宽广的领域和复杂的范畴。为了能够充分地理解和描述学习，学习研究必须联系基于经验性研究的心理学的各个分支学科，基于身体特别是有关脑功能理论的生理学研究，以及关于学习如何形成现有结构、如何既在日常实践之中也在组织化学习的一般建构中发挥社会功能的各种途径的社会科学分析。

第三章　学习的过程与维度

本章阐述的是一些与学习结构相关的最为基础性的课题，我用一个模型将其图示出来，以进行基本概括。这里仅是一个概述，后面的章节中还将会有更为详细深入的描述。

3.1　互动与获得的过程

学习如何发生？最基本的理解是：所有的学习都包含两个非常不同的过程，这两个过程必须都是活跃的，我们才能够学习点儿什么。大多数情况下它们还会是同时发生的，因此不会让人体验为两种独立的过程；不过它们也可以完全或部分地在不同时间里发生（见 5.5 节）。一个过程是个体与其所处环境的互动过程，这发生在我们所有的清醒时间，我们能够多多少少地察觉这个过程——通过这一点，知觉（awareness）或导向（directedness）成为学习的一个重要因素。另一个过程是心理的获得过程，该过程发生在个体互动所蕴含的冲动和影响之中。"获得"通常在某种程度上表现出这样的特征：将新的冲动、影响与相关的早期学习成果连接起来——通过这一点，学习成果获得了它的个人印记。举例来说，美国学习理论家戴维·奥苏贝尔（David Ausubel，1918—2008）有一个论断，该论断被当作对其著作《教育心理学》的一般引言："学习者已知的东西是影响其学习最重要的因素，没有之一。"（Ausubel，1968, p. vi）

直至 20 世纪 80 年代，学习研究的关注点通常还只局限于获得过程。不过 1990 年前后，开始出现一些重要的理论成果，它们指出学习也是一个社会的和互动的概念，而且正如第一章中所提及的那样，有些学者甚至走得更远，认为学习只有被作为一种社会过程才能得到理解。不过，在我看来，对于学习的理解来说，非常关键的是这两个过程及其双向互动都必须能够被顾及。

今天，一些学习研究者们，如英国的彼得·贾维斯（Jarvis，1987，1992）和美国的埃蒂安·温格（Wenger，1998），他们在研究中一定程度上比较明确地提出了学习包含个体和社会两种水平。不过他们的出发点并不在此。与他们不同的是，我在此将讨论这一点，因为它对于充分理解学习来说是非常基础的，同时也因为它提供了一种基础性的维持学习的可能性——学习是通过两组极为不同的条件来规范协调的。

决定互动过程的要素基本上来说都具有人际交往以及社会属性，而且依赖于环境的社会和物质特征，从而依赖于时间和空间。许多发生于今天工业社会中的学习在千百年前是不可能的。现在，学习的可能性在不同的国家、不同的地域、不同的文化以及亚文化中也是大为迥异的。

而另一方面，决定获得过程之物则具有生理属性。它们历经数百万年而造就人类这一物种的发展过程，特别是中枢神经系统和以前额叶为重要部分的人脑的发展。人脑以一种关键性的方式，赋予我们某些非常特殊的其他物种所没有的学习潜能。

这就是两组可能性与条件的二元组合，每一组都有着巨大的多重性，它们从基础上构成了几乎是无限的和没有终点的人类学习框架，这一框架就是我将在本书中试图更为详细地加以揭示的。我的第一步是呈现这两个过程及其互动的图示（见图3.1）。

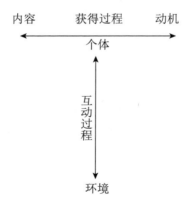

图 3.1　学习的基本过程

在图 3.1 中，学习的互动过程用一条延伸于双箭头之间的竖线表示，箭头分别表示个体和环境。由于环境——外部世界——是整体所依赖的基础，我将其置于整个模型的底部，而个体是特定"个案"，所以我将其放在顶部。通过这种方式我同时也建立了两种水平：环境水平和个体水平，它们是学习过程的一部分。

接着，我用另一条双箭头线表示获得过程。由于这个过程完全发生于个体水平，我将其横向置于代表互动过程的双箭头线的"顶部"。获得过程的两端表示在这个过程中始终包含着内容和动机两个要素。

内容要素是有关所学之物的，如果没有学习内容，没有所学之物，那么谈论学习也就不可能有什么意义。它在性质上可以是知识、技能、观点、理解、见识、意义、态度、行为方式、情感模式、资质或能力，还有其他一些名词也可用在此处。我会在第五章中论述所有这些话题。在此有决定性意义的是，学习既是客体又是主体：总是某个人在学习某些东西，正是对这"某些东西"的获得，构成了学习的内容要素。

不过获得过程还有一个动机要素，在相当基础性的意义上，该要素指的是实现一个学习过程所需的心智能量——实际上，人类能量消耗的一个相当可观部分（平均来说 20%）投入在了心智过程上（Andreasen，2005，p. 60）。要激活获得过程并使之进行下去，无论如何，某种东西都是必要的，它就是动机，即我们在日常用语中称之为动力、情绪、意志等的东西。近十年来学习与脑研究取得的最重要成果之一就是学习的动机基础——其程度可受到诸如欲望和兴趣或者必须性和外力强迫的激发——一直既是学习过程，也是学习结果的一部分（例如，Damasio，1994；LeDoux，1996）。正是这些过程和动力构成了学习的动机要素。

这里我将心智领域进行了划分，使获得过程与两大主要分类——内容与动机联系起来。由此，我超越了对该领域更为传统的三分法——认知、情绪和意志（例如，Hilgard，1980）。促使我进行超越的是我发现这种三分法在很多方面是有问题的。一方面，这种划分延续了将身体与生理活动隔离在外的传统，这是我在第一章中已经加以批评了的。另一方面，它将情绪与意志分离开来，而且完全忽视了动机因素。我认为在我们的日常语言中，这种不同动机或驱动力之间的区别可以是很恰当的，但在专业术语中，它却很难被清晰地分类和界定。我还发现，把内容、认知、生理活动以及理性作为一方，把动机、情绪以及意志等作为另一方，这样的两分法，能够在更大程度上符合现代脑科学的研究（例如，Damasio，1994，1999）。

正如图 3.1 中纵向的双箭头线所示，个体与环境这两个要素总在各自的形成过程中以一种整合性的方式发生着互动；也正如图 3.1 中横向的双箭头线所示，在获得过程中，内容与动机之间也总进行着互动。不过箭头本身并不表示任何有关两个要素本质或程度的东西，而只是代表着，它们总是用一种整合性的方式发生着作用。我将在本书后面一些章节中论述这个话题。

3.2 学习的三个维度

如图 3.1 所表现出来的那样，两条双箭头线勾画出了一个三角形的领域，构成了学习的三个维度。如果对这个三角形略加补充，就出现了三个"角"或"极"，表示我所说的学习的三个维度，即内容、动机和互动维度，前两者是与个体的获得过程相关的，后者与个体和环境间的互动过程相关。（我在第七章中会更为详细地描述这一事实：与学习相关的环境在本质上具有绝对的社会性。）

本书的基本论点是所有学习都包含这三个维度，如果要充分理解和分析一个学习情境，这三个维度就必须始终被顾及。

这可以用图 3.2 的学习三角来表示。

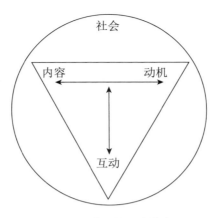

图 3.2　学习的三个维度

　　更进一步地，我们可以看到一个圆周架构了学习三角。这表示学习总是发生在一个外部的社会性情境之中，这个情境在一般情况下，对于学习可能是有决定性意义的。情境通常包含多个层面，小到学习者被卷入的即时环境，大到行动和制度的区域、社会、文化背景以及更上位的国家和全球框架，即时环境只是其中一小部分。

　　我将更加细致地考察与这三个维度相关的某些一般性课题，也就是说，当我们学习一些事物的时候，我们有意识或无意识地通常把目标定位于三种维度中的什么方面？它的总体结果是什么？

　　如前所述，内容维度是关于我们学习什么的。我将使用知识、技能、理解、态度、见识、行为、社会性、同理心作为符号性词汇，这是基于充分知晓这些词汇只是学习内容中一些最重要的元素来说的，而不是一种彻底的无遗漏的描述。这是我对于"认知主义"抑或更为狭窄的"知识导向"的回应，很多学习研究都以此为特征，这对于捕捉学习的多样性来说太过局限了。

　　学习者所有的能力、见识和理解都是通过内容维度——学习者可以做的、知晓的和理解的事情——得以发展的。通过它我们试图发展意义，即一种对存在的不同事物的一致性理解（例如，Bruner，1990；Mezirow，1990，1991；Wenger，1998）；而且发展能力，以使我们能够应对生活中的现实挑战。在我们这方面的努力成果范围内，我们发展了自己作为一个整体的机能性，即我们在所处多种情境中恰当发挥功能的能力。这种恰当性是直接连接于当前情境中我们的位置与利益的，与我们的资质和未来观相关，这也是很普遍的，正如学习作为一个整体，与个体和物种的延续生存可能性具有相关性一样。

如前所述，内容维度是传统学习研究中主要的关注部分，而且这一维度也是我们日常谈论学习时的直接关注点。不过学习三角同样也指出了其他一些在学习关系中非常关键的事物。

获得过程还有一个动机维度，它涵盖了动力、情绪和意志——我在这一维度中使用的符号性词汇。前面已经提到过，它涉及学习所需心智能量的运用。我们彻底地将自己投入这一运用之中，以持续地维持我们心智与身体的平衡。可能是不确定性、好奇心或是未被满足的需要，使得我们追求新知识或新技能，从而重建平衡，并且通过这样做，通过这一维度，我们同时发展了自己关于自身和环境的敏感性。

内容与动机维度通常同时地，而且通过源自个体与环境之间互动过程的冲动，以一种整合性的方式被激活（见 5.5 节中有关反思的部分）。由此，学习到的内容如前所述，总是带有心智投入的本质所带来的痕迹或困扰，这种心智投入运用了学习过程发生所必需的心智能量，无论它是愉快的抑或是苦恼的。同时，动机的基线还总是受到学习所关注的内容的影响。例如，一种新的理解或提高了的技能，会改变我们的情绪和动力模式，还可能改变我们的意志模式。

传统上学习心理学研究的内容获得过程是相对独立于动机之外的，不过也有一些学习研究者非常重视它们之间的联系，如列夫·维果茨基（Lev Vygotsky，1896—1934）和汉斯·富尔特（Hans Furth，1920—1999），这在后来得到了诸如安东尼奥·达马西奥（Damasio，1994）等所做脑研究的最终支持（Vygotsky，1986［1934］；Furth，1987）。我将在后面，特别是第六章中再次论述所有这些话题。

最后，学习还有互动维度，它关系的是个体与其所处社会性及物质性环境之间在多个水平上的互动：小到周边、人际交往的水平，如在教室或工作小组这种互动环境所发挥的水平；大到一般社会性和全球的水平。其设定了互动过程的前提（关于这部分更为详细的论述见 7.1 节）。

　　我在这个维度上选择的符号性词汇是活动、对话和合作，它们在我们与所处环境的交流和联系中是非常重要的因素，而且与此相关的是，它们促进了个体在相应社会情境与共同体中的整合。通过这种途径，互动维度对学习者社会性的发展做出了贡献。社会性是一种逐渐恰当地卷入和参与人们的多种社会互动形式的能力。不过，社会性的发展本身是通过获得过程的两个维度而产生的，并会被打上互动过程、我们与其关系的特点的烙印。

　　在图 3.3 中，学习三角的每个角上都标注了我们所讨论维度的符号性词汇。相应地，角外则标注了每个维度中的关键词，它们总结了所讨论维度的学习目标（正体字），以及一般来说我们在这一方面所发展的内容（斜体字）。

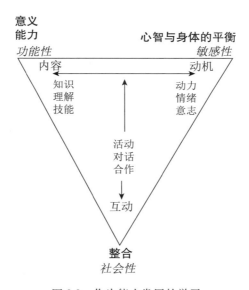

图 3.3　作为能力发展的学习

　　由此，这个学习三角图示了我们学习的广泛性和多样性，这种具有广泛性和多样性特征的学习满足了它在现代社会为能力发展服务的需求。我将在8.4 节中再次论述这个话题。

　　在此应该提及的是，学习三角和"三重专注力"理论之间有着一种惊人的对应。"三重专注力"理论是丹尼尔·戈尔曼（Daniel Goleman）和彼得·圣吉（Peter Senge）于 2014 年在一本宣传册中推出的教育新方法（Goleman and Senge，2014）。不过，它们也有很多不同。首先，戈尔曼和圣吉没有把学习的内容维度纳入该理论。学习的内容维度其实是个一般基础，不仅可以借由教学加以强化，还可以通过情感、人际交往和社会性角度加以聚焦。在学习三角中，内容是一个与动机、互动对等的维度，既包含人际交往的层面也包含社会性的层面（不过，在 7.1 节所描述的复杂学习模型中，该三角的复杂性实际上就是人际交往和社会性层面上的分化）。除此之外，该三角主要聚焦的是教育相关实践，而不是学习理论，并且这个宣传册实质上是一些宣言和公告的集合。戈尔曼和圣吉——本书后面尤其是 6.4 节中我多次提及的人物——从未提及我有关学习三个维度的理论，或许他们从未了解过，尽管该理论自 2002 年以来已经呈现于多个英文版专著、论文和手册中，特别是《学习的三个维度》美国版（Illeris，2004b）。不过，我认为这个"三重专注力"理论和学习三角理论彼此如此接近，它们之间的结合也会是富有成效的。

3.3 小结

本章首先指出，从一个整合性视角上来看，所有学习都包含两个过程：个体与环境之间的互动过程，以及内部心智获得与加工的过程（这个过程是通过源自互动的冲动被整合入先前学习的结果之中而得以进行的）。互动的前提条件在本质上是历史性与社会性的，获得过程发生的基础是人类历经百万年演进的生物发展进程。

接着本章指出了获得过程总是包含着内容与动机，由此产生了学习的三个维度：内容、动机与互动。

内容维度通常关注的是知识、技能、理解、态度和行为方式。通过这一过程，我们一般来说寻求的是构建意义和掌握知识技能等，从而强化我们的功能性，即我们在自己所处环境中恰当地发挥功能的能力。

动机维度包含动力、情绪和意志。通过这一过程，我们一般来说寻求的是维持心智与身体的平衡，与此同时发展我们的敏感性。

互动维度包含活动、对话和合作。通过这一过程，我们一般来说寻求的是实现我们认为可以接受的人际交往及与社会的整合，与此同时发展我们的社会性。

第四章　学习的不同类型

本章的聚焦点是：学习可以通过不同的方式发生。学习的分类理论发展到现在涵盖了四种学习类型，它们从本质上来说是不同的，在不同的环境下被激活，导向不同的学习结果和至关重要的多种应用可能。在结论部分，我将讨论不同学习类型之间的联系，以及对在新情境中运用所学的潜能的理解，即所谓迁移问题的重要意义。

4.1　学习分类理论

前面一章中我们阐述了学习的不同过程与维度，这是一个非常基础性的工作，把学习理解拓展到了迄今为止的研究从未能够达到的最为宽广的领域。在另一个方向中，许多研究针对下列问题展开了很多工作：是否存在不同类型的学习，以及如何、在哪些方面它们可被区分为这些类型。由此，一种比较充分的分类理论（即存在一系列不同的学习类型，将它们放在一起便能够覆盖所有的学习）发展而出。这些就是本章的主题所在。

第一个明确区分了两种不同学习类型的学习研究，或许是区分了以下两个方面的研究：信号学习或经典条件反射，尝试错误学习或操作性条件反射。早在 20 世纪初直到 20 世纪 70 年代，这种区分一直主宰着学习心理学，特别是美国的行为主义学习心理学（这一学派将自己的研究对象严格限制在可以观察和测量的行为中，由此也就排除了无意识以及大量属于情感、态度和社会性领域的研究）。

信号学习或经典条件反射最早是由俄国心理学家伊万·巴甫洛夫（Ivan Pavlov，1849—1936）在 20 世纪初通过一系列对狗进行的实验而发现的。其最简化的形式是对狗得到食物时发生的唾液分泌现象进行观察。如果给食的同时响铃，很快这只狗就会在响铃时分泌唾液，即使这时并没有给它任何食物。

换言之，狗习得了在铃响的时候分泌唾液（Pavlov，1927）。

后来，行为主义的实际创始人，美国的约翰·B. 华生（John B. Watson，1878—1958）进行了一系列实验，实验以 11 个月大的阿尔伯特为被试，阿尔伯特对一种很吓人的噪声表现出惊骇的反应，并在出现一只白鼠时条件性地产生了同样的反应，而这只白鼠其实是他的小宠物（Watson and Raynor，1920）。这被称为情绪性条件反射，在本书的情境中这可能是最有趣的，因为它体现了早在那时人们就有可能去思考，情绪也对学习具有某种重要性。

与此相反的是，那个时代另一位非常重要的、被公认为教育心理学创始人的美国心理学家爱德华·李·桑代克（Edward Lee Thorndike，1874—1949）宣称，学习的基本形式是通过尝试错误发生的，即一个人尝试某事，如果其运作良好，则他就学会了这个事情。换言之，人们会对所学之物做出选择。桑代克基于一些实验提出了所谓的效果律（law of effect），指出如果人学习了感到满意的东西，则这个满意的过程重复越多，学习就越被强化。如果某个事物似乎不太令人满意，学习就不会发生或会被削弱（Thorndike，1931）。

后来对这一研究路径的继承和发展，首屈一指的当数美国著名行为主义者伯尔赫斯·F. 斯金纳（Burrhus F. Skinner，1904—1990），他提出了工具性或操作性条件反射的概念。扼要地说，就是学习者是为了得到某种奖赏而"条件反射"地去做某件事情的。影响和奖赏取代了那种"自然的"尝试错误学习，提供了一种控制，从而使学习者被驱使练习某种期望中的知识或行为，练习这些知识或行为是有奖赏的。斯金纳认为，通过被良好地组织起来的一系列操作性条件反射，可以找到通向所有学习目标的最直接路线，而且通过这种方式，该路径就具有了相当基础的教育上的重大意义。斯金纳觉得这个路径还可以用于训练诸如独立性、创造性等特质，它的高效率和目标性可以成为通向一个更好社会的关键所在（Skinner，1948，.1968，1971），然而他的批评者们指出，这等同于同质性和去权力化。

在此我不再就这个话题进行深入讨论。在培训技术和项目学习中应用的大量实践已经非常清楚地表明，这些方法仅在参与者已有高度的学习动机，以及学习内容在技术实践性方面非常清晰的情况下，才能够发挥作用。这些实践也同时表明，操作性条件反射的要素在某些情境下是有用的，至少在一些矫正性教学（remedial teaching）的相关情境中是有用的。

当今时代背景下重要的是，经典条件反射和操作性条件反射是不是两种不同的学习类型？如果是的话，这种分类是否充分和适当？举例来说，丹麦心理学家和学习研究者麦兹·赫尔曼森（Mads Hermansen）最近指出，所有的学习最终都可以依据受直接奖励还是间接奖励进行分类。间接奖励指向一个人不得不去做某件自己并不直接感兴趣的事来获取真正想要的东西，例如，学习大量驾驶课程从而拿到驾驶证书，这可被视为经典分类理论的一种一般化版本。这种分类理论从基础上说与学习的动力层面相关联，也由此与动机维度相关。这与促使学习发生的东西有关。

半个世纪以来美国学习心理学特别关注的是以上所概述的视角，而与此同时，特别是在欧洲，也存在其他一些视角。最为重要的是来自德国的格式塔心理学。与行为主义相对照，它的最基本理论基础是一个人必须与整体———种不可分的格式塔——相关联。在这种观点看来，人类学习的关键是发展洞察力（与 3.2 节中学习三角中的意义概念相比较），而这一发展首先是通过问题解决发生的。这一理论先后受到了格式塔心理学创始人之一的沃尔夫冈·柯勒（Wolfgang Köhler，1887—1967）所开展的一系列黑猩猩实验以及其后一些以人为被试的实验成果的支持，特别是卡尔·邓克尔（Karl Duncker）的实验成果的支持。这一视角逐渐也在美国获得了承认（Köhler，1925 [1917]；Duncker，1945 [1935]）。

1965 年，美国心理学家罗伯特·加涅（Robert Gagné，1916—2002）提出了一种综合分类理论，对所有这些成果进行了总结。这种分类理论试图将这里概述的视角总结为 8 个不同层次的学习类型：信号学习、刺激 - 反应学习（包括尝试错误学习和操作性条件反射学习）、连锁学习（刺激 - 反应序列）、言语联想学习、辨别学习、概念学习、规则学习和问题解决学习。这种分类理论的基础是：层次较高的学习类型包含层次较低的学习类型并建立在其之上，不过类型 3 与类型 4，即连锁学习与言语联想学习是两种并列的具有不同可能性的类型。问题解决学习包含规则学习并建立在其之上，而规则学习又包含概念学习并建立在其之上，等等，直至刺激 – 反应学习，其包含了尝试错误学习和操作性条件反射学习（Gagné，1970 [1965]，p. 66）。

由此，加涅的分类理论表现为与学习获得过程的整体相关，不过如果我们再进一步地考察就会清楚地发现，它的聚焦点在获得的内容方面。在加涅的著作中，他单独考察了动机方面，而情绪方面实际上处于空缺状态。虽然问题解决被纳入其模型之中，并成为最高级的学习类型，但是，显然加涅的理论设定与格式塔心理学家的整体主义理解之间有着很长的距离。

不过，20 世纪 20 年代欧洲还出现了另外两种视角，从长远来看它们构成了对行为主义学习心理学最重要的替代。它们是认知与建构主义的视角，最初由我们早已提到过的瑞士生物学家和认识论学者皮亚杰以及俄罗斯的文化历史理论或活动理论发展起来，维果茨基、列昂节夫和亚历山大·鲁利亚（Alexander Luria，1902—1977）是其中最重要的代表。

我将在下一章中再次论述这些视角。这里我仅仅对其中占首要地位的皮亚杰的理论进行阐释。他理论中的基础部分建构了基于两种生理概念——同化与顺应——的学习，这是两种有着重要差别的学习类型（后面还会详述），这一分类对与获得过程本身功能相关的分类理论产生了重要影响（例如，Piaget，1952[1936]，1959[1926]，1980a[1974]；Flavell，1963）。

俄罗斯的文化历史理论并未像皮亚杰的理论那样对学习分类有比较明显的贡献，而是对于"最近发展区"的概念有着重要影响（这个概念我将在下一章中提及）。但维果茨基还是触及了对学习分类的讨论，他认为在最近发展区中的学习与在已发展领域中的学习相比，有着不同的特征（Vygotsky，1978）——这一区分在某种程度上，与皮亚杰的理念是相同的。

这种视角后来被芬兰学习理论家恩格斯托姆（Engeström，1987）加以深入发展，该视角基于文化历史理论，并与一种学习分类理论进行了比较，这种学习分类理论具有系统理论性，由生于英国且拥有动物学家、民族志学者、控制论专家、哲学家等头衔的格里高利·贝特森（Gregory Bateson，1904—1980）总结提出。它把学习分为五个类型：

> 学习 0 是非常机械的——没有任何修正，冲动就被接收下来。
>
> 学习 I 中，冲动可在一系列选项中被修正。
>
> 学习 II 中，修正性改变可能会在包含最终选择的一系列选项中发生。
>
> 学习 III 中，修正性改变可能会在非常紧张甚至是致病性的一系列选项系统中发生。
>
> 学习 IV 是一种想象中的未来学习形式，超越了学习 III 中的可能性。
>
> （Bateson，1972，p. 293）

我们可以看到，贝特森的分类理论在本质上是一种很大程度的臆测。水平 0 和 I 非常简单，以至于它们仅仅与人类学习的非常早期阶段以及极为特殊的情况相关——麦兹·赫尔曼森（Mads Hermansen）将这种情况描绘成一种"变形虫阶段"，而水平 IV 则是不存在的。另一方面，几乎所有的人类学习都在水平 II 上发生，为了使这一分类更为有用，恩格斯托姆又将其再分为水平 II a 和 II b，它们分别对应于皮亚杰的同化和顺应。水平 III 是作为一种高级水平被保留下来的，在这一水平上，人类能够在特殊条件下实现这种学习。恩格斯托姆将其命名为扩展学习，我也将在本章的稍后部分回到这个话题。

这里我首先应该强调的是，皮亚杰基于同化与顺应学习的概念，构建了学习分类理论的基础，这一基础在我看来，由于基于获得过程最基础的差异，因而具有较为清晰的优势，所以，我将在后面的部分中对它做进一步的讨论。同样应该注意到的是维果茨基、贝特森和恩格斯托姆的理论中包含着的一些要素，可以认为它们与皮亚杰用以区分不同类型学习的基本要素相同。在工作领域的学习研究中，还有两位重要的理论家用他们不同的方式，对一种双向对应的分类理论做出了贡献：美国的克里斯·阿吉里斯（Chris Argyris）区分了单回路学习和双回路学习（Argyris，1992；Argyris and Schön，1996）；瑞典的佩–艾瑞克·艾尔斯托姆（Per-Erik Ellström）启用了适应导向与发展导向的术语（Ellström，2001）。最后，还应提及的是，与艾尔斯托姆的理论非常一致地，1979 年的国际报告《学无止境》（No Limits to Learning）就区分了维持性学习（maintenance learning）和创新性学习（innovative learning）（Botkin et al.，1979）。我将在后面讨论所有这些内容，不过我想先给出的是两个更为深入的评论。

首先，我在本章中加以发展的学习分类理论仅聚焦于学习的获得过程。第三章已经提到，学习的获得过程与互动过程在本质上是有显著差异的，因此不能被同一个分类理论所囊括。在第七章中，我将提供更多的详细内容，阐明有关互动过程的分类以及两种分类理论可能发生相互影响的方式。

其次，在有关终身学习的国际性文献（如 EU Commission，2000）中使用的正规、非正规和非正式学习这种划分，首先来说是非常有问题的（Colley et al.，2003），而且，这一划分并没有关注学习本身，只是聚焦于学习所发生的情境。出于上述缘由，我不把这种划分作为一种学习分类理论。

4.2 皮亚杰的学习理论

在对学习分类理论的深入研究工作中，我选择皮亚杰的分类作为出发点，这并不是因为我认为他的理论比其他学习理论更为"正确"[我自己曾写过一篇对皮亚杰的部分理论进行批评的文章（Illeris，1996）]。如前所述，关于学习有许多视角，所有这些视角都做出了自己的贡献，在不同情境下可能有着不同的重要意义。我在这里把皮亚杰置于优先位置的基本理由是，他的视角是一种合适的选择。在前面的章节中也曾经提到过，这是因为他的两种基本学习类型——同化与顺应——与获得过程本身的性质有关，也因此与所学内容的性质相关。

皮亚杰实际上将主要精力都投注于学习的认知层面[尽管在他故去后，美国出版的一本他的文集是研究学习中情绪的作用的，里面的文章是他于

1953—1954 年在巴黎大学完成的（Piaget，1981）]。他希望做的基础性工作是揭示人的智力是如何发展的，并且他也非常彻底地做到了这些 [对皮亚杰理论最为切近的解释可参见弗拉维尔（Flavell，1963）和富尔特（Furth，1981 [1969]）的研究]，因此，今天他被公认为心理学的先驱之一——英国社会学家安东尼·吉登斯（Anthony Giddens）这样写道："皮亚杰的影响绝不在弗洛伊德之下。"（Giddens，1993，p. 72）

在我看来，在当下的背景中，皮亚杰视角中许多基本因素及其理论的一些中心特点，使得选择这一特定理论作为讨论的出发点非常合适——尽管我也认为其理论存在许多问题和局限，我将在后面再进行讨论。

我认为皮亚杰的一个重大优势在于：他最初所接受的是成为一名生物学者的教育，因而他在一种遗传-生理的基础之上构建了自己的理论，这也就是说他把人类学习的能力视作一种特征，认为这种特征是通过不同物种间生存奋斗的历史演化发展而来的，呈现出种属特异性（species-specific）。这种观点是皮亚杰与其他一些人共有的，包括先前提到的俄罗斯学习理论家维果茨基，以及其他一些文化历史学派、现代脑科学研究的代表人物。

在 1980 年皮亚杰去世后，另一个逐渐引人注意的重大趋势是建构主义视角的崛起，该视角认为一个人通过学习与认识建构他自己关于周围世界的理解——这就拒斥了任何一种作为填塞过程的学习形式，例如，一位教师传递知识和技能给学生等其他人 [这种视角同样也被许多其他学习理论家所排斥，最为著名的也许是巴西学者保罗·弗莱雷（Paulo Freire，1921—1997），弗莱雷强烈反对他称之为"银行储存式教育"的所有学习，即不加思考囫囵吞枣式的学习（Freire，1970，pp. 58ff.）]。

除了这两个非常重要的基本因素之外，我认为皮亚杰的理论在构建当中还有一些具有重大意义的方面。

首先，皮亚杰区分了学习的动态面和结构面——有些类似于本书中对动机和内容维度的描述。动态面关注的是学习的驱动力，也就是动机来源和"为什么"学习，皮亚杰还特别强调他并不研究学习的这一方面。结构面关注的是学习的内容和性质，即"如何"进行学习。学习的这一方面才是皮亚杰理论主要的关注点，他投入了自己的全部精力进行这方面的深入研究。

在这里需要插述一下皮亚杰对于发展阶段的观点与分析。皮亚杰的认知发展阶段理论被视为他研究工作中最中心的部分，也是最受争议的部分。这种观点认为，人类从出生到青春期的认知发展经历了一些发展阶段，皮亚杰认为这些阶段是极为重要和不可避免的，并且它们随着年龄的增长依照特定的顺序依次出现。具体年龄可能稍有差别，但这种差别并不显著。

对于该阶段理论最广泛的批评，部分针对的是它的定义和对个体阶段的年龄限定，不过也有一种更具一般性的批评指出，比起皮亚杰所描述的发展过程，实际过程并没有如此轮廓鲜明，而且，同一个体的发展阶段在不同领域是可以定位在不同的时段的，依该领域对个体的影响和个体对其兴趣而定（Donaldson，1986）。然而，我认为皮亚杰所建构的四个主要阶段——在生命头两年左右的感知运动阶段（sensory-motor period）、直至学龄期的前运算阶段（preoperational period）、直至青春期的具体运算阶段（concrete operational period）以及此后的形式运算阶段（formal operational period）——在这样的批评面前，很大程度上并未受到挑战。在任何情况下，认知发展阶段理论对于学习理论的结构面来说都不那么重要，因为学习过程的结构在各个阶段中并未改变，改变的是这种结构是如何被应用和实践的。

我认为更具基础性意义的批评是关于以下方面的：皮亚杰的关注重心压倒性地置于发展的智力或认知层面。这方面最具说服力的观点是由美国发展心理学者丹尼尔·斯特恩（Daniel Stern）基于其对婴儿早期发展的研究提出来的（Stern, 1985）。尽管皮亚杰仅仅比较表面地考察了情感、社会和人格发展，也发现了问题，但显然他不能够回避这些问题。这种单面性导致了对关键点的理解不够充分，同样在认知领域也是如此，因为这些不同的领域不能够彼此相互独立地被完全加以理解。因此，在吸收皮亚杰观点的时候，牢记他的这一局限是非常重要的。

不过，这一问题并不会直接引发这样的观点：皮亚杰事实上的学习理论，是以把学习作为一种平衡过程的概念为中心的。个体努力争取在他与周围世界的互动中，通过持续的适应来维持一种稳定的平衡状态，即个体通过让自己适应他的环境以及试图改变环境以适应他自己的需要而展开一种积极的调适过程。这种适应是在一个持续进行的互动中发生的，精确地说，互动介于同化与顺应的过程之间，它们倾向于时时平衡彼此。

同化涉及把某些东西接纳到一个已经存在的结构之中。例如：将移民同化到另一种社会中；在生理学中，生物有机体能够通过将多种营养物质进行化学改变来同化它们，从而使其可以被消化系统所吸收和利用。在学习领域中，这一概念指的是把新的影响合并到一个已有运动、潜在活动、知识结构模式或理解模式之中。

顺应是指接收有机体改变自己本身，从而将来自环境的影响接纳进来，例如，眼睛调整瞳孔大小以顺应光线强度。在学习中，这一概念指的是根据新的冲动来突破和重构已有运动、潜在活动、知识结构模式或理解模式。

皮亚杰认为这两种过程对维持认知性组织或结构做出了贡献，不过这一观点可以扩展应用到作为整体的心智组织或结构上。与现代脑科学研究者们相一致，皮亚杰强调，一个人掌握的所有内容不可能以一种未被组织过的方式储存于脑中。这些内容在与个体有关时，它们可以被"找回"或"想起"的程度令人惊讶，因此必然存在一种结构使这一切成为可能。

在2.4节，我尝试勾画脑科学研究是怎样设想这种结构的——它们以神经"痕迹"的形式存在于巨大而复杂的双向连接电回路的网络之中。皮亚杰则使用了一个心理学概念"图式"来指代，它包含了在一个主观限定的领域中相互一致的记忆、知识、理解和被激活了的潜能。

在这里重要的并不是我们把它称为痕迹还是图式，这些都是有关结构的某种基础理念的术语，结构必定是存在的，以使我们最广义上的"记忆"能够发挥功能。它们不是我们应该在字面上加以理解的单词，因为如果我们联系到它们所指的脑中难以被理解的复杂网络结构时，这两个词并无差别，而且非常僵化。脑自然不会装满了像图式这样未经加工的东西，而对于通过无数突触细胞的联结而形成的亿万回路来说，痕迹一词也是不够的。不过还是有必要使用这样的比喻，为的是能够联系到各种分析路径，分析在学习、思维和记忆方面，脑中发生和进行了什么。

因此，只有在这样辅助性的解释情境中我们才能够开始切实地进入下述问题：学习的获得过程如何存在于当前冲动和已构建结构之间的联结当中，即这两者的联结当中——一个新的冲动或经验，由痕迹或图式所代表的早先冲动和经验所带来的变幻不定的结果。上述两者之间的联结正是学习过程的核心，这也意味着已经学习到的东西、已经建立起来的结构和新的输入一样，对于学习结果来说是同样重要的（除了在累积学习的情况下，我将在下一节探讨这种学习类型）。

学习意味着将某些新东西与早已存在的东西相联结，根据皮亚杰的理论，这既能够以同化的方式作为一种增加而发生，也能够以顺应的方式作为一种重构而发生。前文曾提及的美国学习研究者戴维·奥苏贝尔深受皮亚杰的影响，他将此表达为以下规律："学习者已知的东西是影响其学习最重要的因素，没有之一。"（Ausubel，1968，p. vi）

丹尼尔·斯特恩（Stern，2004）关于"当下时刻"（the present moment）的心理学视角也部分蕴含了类似的观点，2.4 节中概述的脑科学研究也同样如此。

以下的解释也具有同样的意涵：即使一些人受到了同样的刺激冲击——被教授同样的学校课程，他们中的每一个人学到的东西也都是有所不同的，因为业已存在于每个人脑中的痕迹或图式是不同的。只有在非常特定的环境下，他们所学的东西才或多或少是同样的（第七章）。

下面我将逐一检视四种学习的基本类型，我称之为累积学习（cumulation）、同化学习（assimilation）、顺应学习（accommodation）和转换学习（transformation）。在此之前对于基本结构性理解的上述回溯是极为重要的。我从皮亚杰的同化学习过程中分离出我称之为"累积"过程的特殊部分，又相应地从顺应过程中分离出"转换"的部分，由此，产生了上述四种类型的学习。

4.3　累积学习

很自然地，许多研究者致力于深入阐述或应用皮亚杰的理论，无论是其主要部分，还是枝节部分。首先，我将考察丹麦心理学家托马斯·尼森（Thomas Nissen，1935—2013）在一本题为《学习与教育学》（*Learning and Pedagogy*；Nissen，1970）的小册子中所进行的一些深入阐述，这本小册子即使在丹麦也不太为人所知，难觅其踪。在这本书中，尼森从同化学习中分离出了一种特殊的学习类型，称之为累积学习，此外，他还研究了三种类型的学习（累积、同化和顺应）发生的环境，以及每种学习发生的环境的特点。这是非常有趣的，因为它的直接目的是使学习心理学在教学和其他直接导向学习的活动形式中更为有用。

累积学习发生于这样的环境中：学习者并未拥有任何已发展的可供来自环境的印象加以关联的心智图式，即学习者要建立一个新图式中的第一个元素。尼森推测性地认为将这种情况单独进行考虑是非常必要的，因为他很关注学习的基本形式，诸如那些大量发生于动物实验中的学习，它们是美国传统行为主义学习心理学主要关心的内容。

人类身上的累积过程，从它们真正的本质上来说，对于生命的最早阶段具有特别重要的意义，这时大量的心智图式得以建立，不过在以后又总会发生一些情况，在这些情况下人类必须要学习一些东西，它们是无法联系到过去任何已有知识的。一个很好的例子是背熟电话号码的任务。开头几个数字可能指代地区，这使得它们比较容易被记住——它们可以被联系到某些事物上。但最后的几位数字通常是随机的，并没有和什么事物有系统性的联系，它们必须被强记下来，或是通过某些人"发明"的一种将它们与他所知事物联系起来的方法，类似于某种记忆术而被记下来。如果你将它们强记下来，这就是累积学习——这也可被称为机械学习。如果你使用某种记忆术，事实上就是你将它们连接到你已知的一些东西上，连接到业已建立了的某个图式中，这就成了一种同化。

教育情境中，累积过程通常与一些旧式学习相联系，如死记硬背赞美诗、国王年表以及单词表等，不过累积同样发生在一些运动技巧的最初掌握过程中，如骑自行车、滑雪等。总而言之，累积学习是以刻板性为其首要特征的。

累积学习成果的特别之处在于：它只可能在一些主观上体验到的相对应的学习环境中被"记起"或回忆出来。这使得累积学习在一个多变的世界中不是那么有用，但是，它作为一个开端，对于人类准备发展更多东西是极为重要的。绝大多数动物的情况是相当不同的，它们没有潜能在单独的累积学习基础上再进一步，对于具有更高发展水平的动物来说，它们通过累积也只能实现一些有限的一致性图式。累积学习有着复杂的程序特征：某种冲动或刺激激发了某种反应。

因此，通过这种形式学习的知识也将有助于解释为什么动物试验对于理解人类学习的意义是很有限的，这是一条规律。很简单，动物没有或只有非常有限的可能程度去实现更为复杂的学习形式，而这些形式的学习是绝大多数人类学习的基础。

4.4 同化学习

来自环境的感官印象通过同化学习被接收、合并，作为增加物进入业已建立的心智图式之中，并发展这些图式。由此，我们可以谈及与同化相联系的附加学习（additional learning），而且我们应该立即加以注意的是，它是我们所有人在日常生活的很多情境中实践着的学习的普遍形式。

本书开篇所描述的一个数学课堂场景可以用作一个典型案例。这一场景预设学生们早已掌握了计数与算法的某些知识，即某种心智图式已经得到了发展，从而掌握和结构化了那些已获得的数学知识。它所假设的工作方式是，教师解释一种以前从未在课堂上使用过的新的运算方法，这时学生们通过他们数学图式的一种同化性扩展方式来掌握这些新知识。

在同化学习中，学习者将来自其所处周边环境的印象加以改造适应、合并吸收，使之成为早期学习所构建的心智图式的一种扩展和分化。学习成果通常是知识、技能以及经验性机遇，它们可在一系列范围较广、具有某些同样特定特征的情境中被激活，从而能够在某种程度上得以改造，以适应变化了的新的学习情境，只要它们在主观上是与同一图式相联系的。

同化学习在其"纯粹"形式上的特征表现为一种持续稳定的累进发展，在发展过程中学习成果被构建、整合及稳固下来。这一类型的学习可以涵盖我们教育体系中传统的知识与技能学习的主要部分——在多个科目中投入了系统性的努力以全面地拓展已有知识与技能的范围。

与此同时，这也可以说是一个缺陷：学习被连接到了某个科目，被连接到了学校，而在其他情境中的连接则不是那么通畅——即使它是相关的，人们可能也不会记起它。例如，物理老师常常抱怨在物理课上学生们不能主动运用他们的数学知识，又或文学老师说，学生们不会把作者与他们所学历史知识中的相关年代联系起来。

因此，同化性的学习成果在特征上表现为它们受限于某种心智图式，这在现代世界中可能成为一种局限，因为这个世界中的变化是极为迅速且不可预测的。原则上我们可以设想所有的学习都是同化性地增进的——这实际上是隐藏在传统课程背后的假设，传统课程中所有的教学以科目的方式来组织，每门课由某位教师负责，有特定的课程大纲。如果我们生活在一个稳定不变的世界中，我们可以通过这种方式学到我们所需的所有东西。然而我们现在生活的世界并非如此，因此，事实是我们有着其他更为灵活的潜能，它正是人类相对于其他物种（也许要排除很少一部分高度发展的灵长类动物）的一种神奇力量。这就是接下来一节所要阐述的内容。

4.5　顺应学习

前面已经提及，顺应学习关系着对业已建立的心智图式的整体或部分重构。在我们身处以下情境时，即一些来自环境的刺激因某种不一致或其他不匹配的原因而不能立即被连接到现有的图式时，这种形式的学习就被激活了。为了创造必需的情境，我们可以实现对相关图式的整体或部分突破，而且通过变化或重构，创造一种基础，允许这些刺激能够以一致的方式进入。

由此，顺应学习意味着对已有准备状态的一种质的超越，它的特征表现为一种超越性学习（transcendent learning），当有了必要的前提条件，顺应学习的过程可以是快速和突然的——学习者立即理解了事物是如何运作的。不过它也可能是一个比较漫长的过程，学习者挣扎于某个问题或某种困难的关系，逐渐地、一步一步地发展出一种新的理解或解决方案。

还应该提到的是，尽管绝大多数的顺应学习是有关通过创建新情境来攻克一个问题情境的，因此可被描述为一种"进攻性顺应"（offensive accommodation）。但在一些特殊情况下，也存在着"防御性顺应"（defensive accommodation），这时候，问题是通过一种超越性退缩（transcending withdrawal）得以解决的，这意味着个体建立了一种防御机制以对抗现实经验、处理该问题领域的问题。我将在 9.3 节中再次论述这个问题。

在所有的环境中，首要的是通过顺应学习和重构过程，使学习的特征决定性地发生改变。顺应性重构的特征在很大程度上是通过个体的理解和理解的特定形式表现出来的，而且甚至与诸如数学、形式逻辑领域中的最清晰结构相关。对于科目知识的认知也存在着个体化的方式。皮亚杰宣称个体性——使我们即使在相同的外部环境下也能发展成为独特个体的差异性——存在于顺应的多样性之中：

> 结构中有着高度的多样性——顺应引起了无限的分化——一个数对于每个人来说都是同样的，全部数字的系列对于每个人来说也都是同样的，但这一事实并不能阻止一个又一个的数学家成为独一无二的个体。存在着如此多样化的结构……
>
> （Piaget，1980b，转引自 Furth，1987，p. 4）

　　不过，顺应过程的个体化也导向了同化过程的个体化。因为当图式通过顺应被个体化时，它们也必然被打上了个体的印记，而当个体化的图式发生了同化时，尽管对于某些个体来说影响可能是同样的，但同化过程将极有可能是有个体差异的。因此，即使在最富学识的逻辑学家或数学家的知识图式当中，也总是存在着差异：即使他们显然"知道"同样的事物，他们也是通过不同的方式知道的，这可能会在这些知识何时被记起、它们有可能在什么领域被超越方面导致一些差异。

　　因此，对于一位教师来说，不仅要关注希望学生们学习什么，同样重要的是还要关注他们知道什么。与此同时，这一方式清楚地表明了为什么学生们学到的东西常常是不相同的，即使他们接受的是同样的教学：每位学生都有着唯一的和个体化发展起来的心智图式，当某种影响与这些不同的图式相遇时，产生的学习结果在根本上将是不同的。

　　关于同化与顺应过程之间的关系，皮亚杰与尼森之间在理论上存在着有意思的分歧。皮亚杰的立场在约翰·弗拉维尔（John Flavell）的下述总结中或许得到了最为充分的表达：

　　　　尽管也许有必要将同化与顺应进行分别和更加深入的描述，但它们仍应被认为是在一个鲜活的认知过程中同时发生、不可分离的。适应是一个整体事件，同化与顺应只是从这个整体实体中抽象出来的。一些认知活动表现出的同化因素占据了相对的优势地位，另一些活动则似乎在顺应的分量上更重一些。不过，"纯粹的"顺应和"纯粹的"同化在认知生活中是无处可寻的；智力活动总是在某种程度上预示着这两种活动的存在。

（Flavell，1963，pp. 48–49）

　　不过，应该注意的是，尽管皮亚杰持有这些基本观点，但他的著作中仍有很大的篇幅在分别对待这两种过程。

尼森的著作则几乎反其道而行之。与我在这里所做的工作相同，他的出发点是将同化与顺应作为两种本质上不同的学习形式分别处理，但与此同时他又保留了一个综合的观点：

> 下面，我们假定有三种学习形式：累积、同化和顺应。它们出现的时候并不会那么"纯粹"，但是对它们的分别考察可以……作为一种尝试，以构建可能指出有关学习的重要观点的探究模型。
>
> （Nissen，1970，p. 43）

接下来如尼森一样，我也保留了同样的观点。同化与顺应或多或少地结合在一起，它们都是某种程度上相互依赖的过程，这在原则上毫无疑问是正确的。不过从教育学的观点来看，分别来审视和分析它们将会获得更多的成果。通过这一途径，我们能够比较容易地看到它们不同的基本条件，以及它们所带来的学习的不同品质。

首先，认识到这一点很重要：顺应学习一般来说比同化学习要求更多。比起进行顺应学习所意味的必要的破坏、重组和重构，附加一些东西到业已存在的图式上要简单得多。特别是，突破或放弃一种早已掌握的识见或理解将很可能是令人紧张的。我们并不只是放弃了我们努力获取到的位置，还放弃了我们某种程度上习以为常的构建基础。这要求我们动员相当大的心智能量，还要求我们有去做这些事情的主观性的充分理由，或如尼森（Nissen，1970，p. 68）自己所描述的："真正的顺应学习对于个体来说是一种紧张状态，表现的特征有焦虑、慌张和困惑，要求某种程度的力量。"

一般来说，顺应学习比同化学习需要更多的能量，因此，如果我们对于所学的课题没有特殊兴趣的话，往往会倾向于避免这种类型的学习（在第九章中我将会对此做深入阐述）。不过，作为一种回报，我们通过顺应过程获得的学习成果通常在性质上更为持久，更有适应力。通过突破与重组，一种从已有图式中的解放同时发生了，这可以使人们在更容易记住它的同时，也使其作为一种基础更容易被进一步地运用。

例如，一个人面临一个问题，或长期被某个他不能理解的东西所困扰，此后他通过顺应过程找到了解决办法，那么与此同时，他也就建立起来了一种更具持久性的理解，并可以将其运用到一系列的心智图式中。更简而言之，学习者"明白了"（主观上）正确的脉络，并且积累了一种创造印象和坚持的经验。与托马斯·尼森有着亲密合作的丹麦心理学家延斯·比耶格（Jens Bjerg）有着如下表述："顺应过程提供给个体以行动机会，在多种情境中对其加以运用，无论背景如何均是如此。这里我们所涉及的是开放度、敏感性、创造力、灵活性之类的基础。"（Bjerg，1972，p.19）

我们可以更为概括地指出顺应学习必须有以下先决条件：首先，相关可被重构的图式早已构建到位（例如，相关主题、态度或社会关系这些条件的存在）；其次，个体需要或者愿意动员这种类型学习所需的能量；最后，在该情境下的个体感知到充分的许可与安全，从而"敢于"放开业已构建起来的知识。顺应学习的这三种前提条件在本质上并没有截然分开、相互独立，它们发生在一种互惠的互动关系之中，例如，强烈的推进动机可以降低对前提条件和安全度的需求，反之亦然。

更为通俗地来说，顺应学习可以与诸如反思和批判性思维等概念以及情感和行为类型（我将在第五章中回到这个话题）相关联，并且很显然它是一种对于当今的能力概念（这一概念关乎学习可以在一些目标性连接中怎样被加以利用）来说具有重大意义的学习形式（我将在8.4节中对此进行讨论）。在很大程度上，通过顺应过程，无论情境怎样不同，是已知的或未知的，抑或是不可预测的，我们的学习都具备普遍可运用性，而这正是能力概念的核心所在（见8.4节）。

4.6 转换学习

不过，在近几十年间，出现了一种迫切的需求，它特别与终身学习、成人教育项目的相关要求相联系，使得我们发现还有这样一种类型的学习存在——它在性质上比皮亚杰所定义的顺应学习更加影响深远。我们可以先看看这一学习类型的心智图式的基础、发展及重组方面的特征。这一类型关注的学习涉及所有三个维度，大量重要图式被同时加以重组，或者，当学习关乎学习者的身份认同或自我理解时，它会是一种更为直接的格式化建构（Illeris，2014）。

从历史上看，这一类型的学习在精神治疗领域早已广为人知，但人们并不知晓它与学习的关联，也没将它与学校教育教学相关联。指代这一类型学习的最古老术语可能是"宣泄"（catharsis），弗洛伊德早在 19 世纪末就发展了这一概念，将其作为一种成功的精神治疗方法，以激发心智突破（Freud and Breuer，1956［1895］）。

首先将这种突破与学习理论联系起来的人，似乎应是美国的精神治疗学家卡尔·罗杰斯（Karl Rogers，1902—1987），他被视为人本主义心理学的代表人物之一。在他涉猎广泛的研究工作中，通过将精神治疗学与学习相联系，他发展了他称之为"来访者中心疗法"和"学生中心教学"的程序（Rogers，1951，1959，1961，1969）。在此背景下罗杰斯发展了"有意义学习"（significant learning）的概念，它包含了"一种在自我的组织中的变化"（Rogers，1951，p. 390），并且，在这种情境下，"完整的人，包括他的情感和认知，都被卷入到了学习之中"（Rogers，1969，p. 5）。后来他在以下阐述中对其进行了更为精确的定义：

> 使用"有意义学习"这一名词，我的意思在于指出该种学习不仅仅是事实的累积。这造就了差异化的学习——这种差异化的学习存在于个体的行为之中，他未来进行选择的活动过程之中，他的态度之中，以及他的人格之中。这是一种深入渗透性的学习，不仅仅是一种知识的增长，而且与个体存在的每一部分都相互渗透和影响着。
>
> （Rogers，1961，p. 280）

很显然罗杰斯关于"自我的组织"、"完整的人"以及"个体存在的每一部分"的表述，超越了前面所描绘的顺应学习。不过，与尼森对于顺应学习中所包含的紧张状态的描述有相同之处的是，罗杰斯一次又一次地指出：

> 任何有意义学习都包含了某种程度的痛苦，既有与学习本身相联系的痛苦，也有放弃某种过去学习的失落。……包含了在自我的组织中、在自我的认知中的变化的学习是具有威胁性的，人们常倾向于抵制它。……所有的有意义学习在某种程度上都是痛苦的，包含着个体之中和系统之中的动荡。
>
> （Rogers，1969，pp. 157-159，339）

只有当一个人面对的情境或挑战超越了他在自己已有的个人基础上所能处理的情况，而且他还不能回避，必须要克服困境或赢得挑战从而向前迈进（常常在性质上是有关个体存在的危机状况）的时候，他才会投入到有意义学习中去。

在罗杰斯表述其有意义学习的概念之后，社会的发展使得更多的人们感受到了存在性危机，而与此同时社会又对教育体系，特别是成人教育和个体发展应对这种危机抱有更高的期待。社会发展带来极为迅速的变化，全球化突破了国家边界与文化，以及对宗教、意识形态、阶级和传统性等的传统诠释模式，这都将越来越多的人抛入动荡不安的境遇之中。突如其来的被迫失业、离婚以及其他亲密关系的丧失，使得个人危机越发加深。与此同时，在这些危机之中还有一种日渐增长的经济条件下的社会利益要被迅速解决，以便当事人能够重新回到劳动力市场。

当人们开始关注成人教育项目进行过程中实际发生了些什么的时候——这些成人教育项目是提供给那些没有特定资质的普通人的——很显然这在很大程度上是一种危机，促使人们进行"有意义学习"，但这并不能够自然而然地，通过那种冗长且费用不菲的个体精神治疗过程而得以解决。这就是为什么当事人在完成了不同类型的成人教育时，作为参与者还需要"复原"、"保持"或"个人发展"（Illeris，2003，2004b，2014）。非常惊人的是，贯穿于同一时期，发展出来了彼此相互独立的（至少）三种不同学习概念，它们在非常不同的方法的基础上，将这些课题在一个学习理论的脉络中归结到各自的主题之中。

首先是芬兰学者恩格斯托姆的扩展学习（learning by expanding），在前面我对它已经有所讨论（见 4.1 节，Engeström，1987）。如前所述，它是通过将文化历史学派的学习视角、最近发展区的概念和贝特森关于学习分类的理论体系相结合而形成的，主要观点是：在学习者超越了个人的"一般"的同化与顺应学习的基础性条件时，这种特殊学习类型就会出现。

其次是德国社会学家和自传研究者彼得·阿列特（Peter Alheit）20 世纪 90 年代提出的过渡学习（transitory learning）或自传式学习（biographical learning）（Alheit，1994，1995，2009）。根据这一概念，学习被认为与学习者的生命周期或自传相关，学习者通过社会决定的事件而面临一些超越过去生活基础的要求，使学习从一个生活阶段过渡到另一个阶段。

最后是美国成人教育家杰克·梅齐洛（Jack Mezirow，1923—2014）提出的转换学习（transformative learning），它现在已经被深入地讨论。梅齐洛的最新界定如下：

> 转换学习指的是这样一种过程：通过改变我们认为理所当然的参照框架（意义视角、智力习惯、心智背景），使得我们更具包容性、有鉴别力、开放、情绪上能够应对变化以及能够进行反思，进而使得我们可以产生信念和观念，这些信念和观念将被证明可以更为真实或公正地引导行动。
>
> （Mezirow，2000，pp. 7–8）

在此必须特别指出的是，尽管比起其他本书所提到的界定，梅齐洛的定义乍一看似乎更为认知导向，但他后来也很注意关注情绪和社会行动领域（Illeris，2014）。

　　由此，作为整体来说，我将有意义学习、扩展学习、过渡学习和转换学习视为基于不同视角的不同表达，它们基本上覆盖的是同一类型的学习。以下我只选择梅齐洛的转换学习概念，因为它的使用最为广泛，在所有这些术语中最广为人知，而且也因为从语言学上来说，它与已经讨论过的累积学习、同化学习和顺应学习是相一致的。

　　近年来我本人也试图更进一步解读转换学习的概念，因为日益复杂和多变的全球化现状，越来越直接地影响到教育、工作场所的学习以及个体发展。在这一背景之下，我认为转换学习实际上更可被理解和界定为"意味着学习者身份认同发生改变的所有学习"（Illeris，2014，p. 40）。这一定义很显然指的是作为整体的个体领域，并且包含了所有三个学习维度，它不再把学习限制在学术性和专业性的范畴类型之中，而将其置于一个和当代世界心理学、社会学中心课题进展相联系的背景之下。

　　与此同时，很显然转换学习的要求是极高的，并且是一种极为紧张的状态，它只在学习者处于没有其他能够维持现状的路可走的时候才会发生。尤其是像恩格斯托姆所指出的那样，在某些情况下这样的学习可以作为一种突然间的突破而发生，但是更通常的情况是，它需要一个漫长的过程，在此过程中社会关系发挥了重要的作用。在所有情形下这都是一种关系到学习者自身和外部世界的联系的学习类型。其中有一种我们比较熟知的情形叫作危机解决，它很典型地会被体验为一种心智上的解放，常常在生理上也同样被体验为一种放松。一个人会在成为一个新的、更好的个体时，感觉到"获得了新生"，这种情形我在自己从事的丹麦成人教育研究项目中经常碰到，还在很多涉及身份认同的青年教育中多次出现。

　　不过，与此同时也很清楚的是，教育通常不是为满足这种类型的学习需求而设计的，教师们也通常不会被培养成为满足这一需求的教育者。因此，当成人教育项目触发这样一个学习过程时，该成人教育项目本身是没有这样的教育目标的，在很大程度上它是由学习者自身的努力和坚韧来驱动的，并且十有八九在给定条件下并不能发生这种类型的学习。

4.7　联系与迁移的可能

至此我已经考察了四种不同的学习类型，每一种的特征基本上都是通过其与我们的心智图式的关系表现出来的。我考察它们的先后次序显然并不是随机的，而是依照其复杂程度进行的，而且，后两种学习类型的情况都在某种程度上需要经历紧张状态，消耗心智能量。

不过，我们并不应该由此得出结论认为，发展程度更高级的学习类型比起较为低级的类型来说"更好"。所谓"好"或者合适的情形是：一个人能够在各种类型的学习之间进行灵活转换，能够在给定的情境下激活相关类型的学习。有理由认为，当前对普通的同化学习的运用有加倍的趋势，这一部分是由传统教学导致的，因为我们对于学习是什么的最初理解通常设定在同化过程的舞台中；另一部分则是由顺应过程带来的，顺应要求的条件更高，当今人们常常处于心智过度紧张的状态，倾向于避免顺应，更不要说转换学习了，转换学习只有在很充分的原因下——这是解决一个紧急问题或危机的仅有出路——才会进行。如前所述，我将在第九章中对此单独进行讨论。

不过，在这一章关于学习类型的论述的最后，我将简短地聚焦于学习心理学中最为经典的领域之一，即学习从一种情境向另一种情境迁移的问题，因为依据这里所概述的学习分类理论，这个话题将呈现出另一种特征。

在实践中，迁移问题特别出现在这样一种广为人知的情境下：当一个人面对其他情境或仅仅是学习其他学校科目时，应用或唤起他在学校或某种教育情境中所学到的东西很可能很困难，而且更为普遍的是，为了能够利用它，很多学习要求的情境在某种程度上是一种具有回忆提示性的学习情境。出于这种原因，差不多从学习心理学开始存在的那一天起，就必须要去发现是什么使得学习能够在学习情境之外也具有使用价值。

前面提到的美国心理学家爱德华·李·桑代克及其同事罗伯特·伍德沃思（Robert Woodworth，1869—1962）对此问题做出了经典回答。他们的理论是：为了使迁移能够发生，在学习和应用的情境中必须要有"相同要素"（identical elements）（Thorndike and Woodworth，1901）。不过，几年以后，另一位美国心理学家查尔斯·贾德（Charles Judd，1873—1946）提出了另一种更为开放和乐观的理论——包含形成迁移基础的一般原则、规律和理论（Judd，1908）。

从那时到现在，这两种基本立场似乎针锋相对，与此同时，其他的解释试图寻求学习内容、学习者特征以及所学成果如何被利用之间的关联（Illeris et al.，2004）。

然而，上述四种类型的学习定义所必然带来的理解是：不同的学习意味着不同的迁移可能性，在这种连接中比较有意思的是英国教育研究者迈克尔·埃劳特（Michael Eraut）的研究，他对迁移做了大量的研究工作。他没有提及任何形式的学习类型，但提出了一种类似的关于四种不同知识的理解，他将这四种知识命名为重复（repetition）、应用（application）、诠释（interpretation）和联系（association）（Eraut，1994）。

通过这种方式产生了四种类型的有关学习、知识、迁移和应用的可能性的理解：

- 通过累积学习，限定性的、重复导向的知识或行为得以发展，它们能以明确无误的方式，被运用在与学习情境相同的情境之中。
- 通过同化学习，某一主题（或图式）导向的知识或行为得以发展，它们可被应用在能够将所面临的主题或行为与过去相联系的情境之中（相同要素理论）。
- 通过顺应学习，理解导向或诠释导向的知识或行为的个体模式得以发展，它们可被灵活运用在一个较广的相关情境范围之中（一般原则理论）。
- 通过转换学习，人格的整合和身份认同要素的贯通得以发展，基于此，人们可以在所有与主观性相关的情境中建立联系、进行应用。

需要注意的是，这是一种非常一般性和抽象性的列举。阐明这些事实的重点是，在各种类型学习的发生、获得的学习成果以及具备的可能性应用之间，存在着非常关键的联系。

4.8　小结

　　本章总结了一种涵盖四种学习类型——累积、同化、顺应和转换——的学习分类理论，这四种类型的学习与学习的获得过程相联系，它们的特征也与组织我们知识、理解、思维、记忆以及情感与行为模式的心智图式相联系。四种类型的学习在不同的情境下得以实现，导向不同类型的学习成果，并且拥有不同的应用与迁移潜能。

　　坚持这一点非常重要：更为复杂和发达的（因此同时也是要求更为苛刻和令人紧张的）类型的学习不能被理解为比普通类型的学习"更好"。对于个体来说，在某种相关情境下适合的和发展性的学习、其自身条件能够得到运用的学习，才是"更好的"。在日常生活中同化与顺应学习之间的交替转换通常会促进进一步的学习，而累积和转换学习则会在更为不平常的情境下发生。

第五章　学习的内容维度

本章将以此作为开篇：相比知识、技能以及态度等一般教育学理念，我们必须在一个更广的范围内理解学习内容。基于这样一种广泛的对学习内容的定义，本章将考察一些更为前沿的、不同学习研究者们的研究和学习理论，它们以不同的视角涉及着广泛的学习课题。本章将用两个部分阐述结论：第一部分阐述反思与元学习这两个迄今为止在学习内容维度的理解中最为关键的概念，第二部分则阐述在学习的日益紧迫层面——将学习者的自我和自我理解作为学习内容，自反性和自传性这两个关键概念。

5.1　学习内容的不同类型

以下观点在 3.1 节的阐述中占有相当基础性的地位：所有的学习都有其内容，否则学习就无从谈起，而且需要郑重加以说明的是，学习内容可以具有知识、技能、意见、理解、洞见、意义、态度、资质和（或）能力等的特征。不过它也可以用一种更为广泛的视角来考察，从而具备更为普遍的文化获得的特征；或者它也可以与工作方法有关，具有"学会学习"（顾名思义）的特征。而且，一些重要的个性素质，诸如独立、自信、责任心、合作能力以及灵活性等，也在很大程度上能够通过学习加以发展和强化。这也是一些能够纳入另外两个学习维度中的内容，因此我将在第八章中回过头来考察它们。

某种程度上比较明确的是，学习的内容维度比教育领域中盛行的传统观点走得更远，教育领域中从内容角度出发的学习目标，常常指向种种知识、技能，也许还有态度。例如，直至 1987 年，彼得·贾维斯这样的当代学习研究者还将学习定义为"将经验转化为知识、技能和态度"（Jarvis，1987，p. 8），他在后来对这个定义进行了相当大的扩展（Jarvis，2006，p. 13）。

很自然地，我们可以把许多不同以及重合的术语归结到一些重要并且充分的种类中去。不过值得注意的是，在工业社会中产生并发展了一种反思，反思那些被局限了的教育理解，这也涉及上一章中已经提到过的对同化学习的单边导向的反思。例如，在教育学的三个经典方面中，都没有"理解""洞见""意见""一般观点"或其他类似的名词，更不要说更具文化性、社会性或个性的"资质"了。这当然并不意味着教育者根本没有尝试给予学生有关理解和人格发展的努力，而且，有人也宣称知识通过这样或那样的方式，包含了理解和人格发展。但是，所有这些都并未被视作学习的中心，也没有被作为有着独立价值的东西而加以保持。

关于"资质"的概念，它的使用大多数时候是与职业教育联系在一起的，这是一种语言学上的用法，特指"硬"资质，即知识与技能，但更为现代的用法也涵盖了"软的"或"人格的"资质（例如，Andersen et al.，1994），这样就使这一名词与"能力"的新概念相一致了。在第八章中我将再来谈这个问题。

在学习研究和学习理论中，传统上也有这样一种倾向：将学习中的内容维度非常狭窄地视作知识和技能。本书的导言曾经提及，研究者的主要兴趣在于发现学习或学习过程的基本形式，因此研究的主要重心放在了形式最简单的知识与技能的获得上。德国学习研究者赫尔曼·艾宾浩斯（Hermann Ebbinghaus，1850—1909）甚至达到了这种程度——聚焦于对诸如 nug、mok、ket、rop 之类无意义音节的学习，以避免任何意义可能对学习产生的影响（Ebbinghaus，1964［1885］）。

当然其他一些研究者超越了这一局限，最重要的学习研究者们都具有这样的特征：在他们的研究工作中，理解和意义的掌握至少也是处于中心地位的；不过，更具个性的、动力的、社会的和人际交往的方面，常常只是作为能够影响"学习本身"的因素而被纳入研究，这里的学习被理解为知识和技能的获得。接下来我将特别聚焦于这样一些学习研究者和相关理念，是他们的努力使得内容维度超越了知识和技能的狭窄边界——当然，这并不是说我不把知识与技能的获得视为学习非常重要和占据相当比例的部分。

还应指出的是，前面章节中有关皮亚杰最基本观点的评述，已经为我们分析内容维度打下了非常重要的基础，他的那些观点是与这一维度最为相关的。在本章中我将进一步考察其他研究者们大量的最新研究，他们在一些重要领域中，对学习内容相关问题的研究超越了皮亚杰。

5.2 库伯的学习圈

美国心理学家大卫·库伯（David Kolb）是一位著名的学习研究者，他选择了皮亚杰的成果作为自己的出发点。1975 年他与罗杰·弗莱（Roger Fry）合作完成了一篇论文（Kolb and Fry，1975），概述了一个学习模型，这个模型后来在其著作《经验学习》（*Experiential Learning*；Kolb，1984）中得以进一步发展。可以说，库伯在这本书中所提出的学习模型似乎在很多地方是存在问题的，由于它的基础并未得到清晰的阐述，所以存在一些相当不确定的结论。不过，在其中还是有一些关于皮亚杰理论的重要的深入阐述的，这些阐述中的学习突破了皮亚杰主要研究兴趣的局限性，这种学习被库伯称为聚合型学习，即学习内容是对是错一目了然的认知领域学习。

然而，在这种确定性的学习与其他领域中大量多样的构建可能性之间，存在一个巨大的鸿沟，比如，在现代社会的日常生活中，识别出大量混乱不堪的情况与印象的分散型学习。皮亚杰聚焦于逻辑结构，试图抓住他所认为的知识核心，并由此解释一些知识中的基本特性。尽管与此同时，其他一些日常生活中更具重要意义的性质被排挤到了外围，甚至干脆被驱逐到了视野之外。

不过，随着对学生学习的测量和评估从 20 世纪 90 年代起逐渐成为当代学校与教育实践中占据中心地位的工具，库伯有关聚合型和分散型学习的区分就变得格外重要了，而且很显然主要受到关注的是聚合型学习领域，因为在这个领域的测量能够做得相当精准。但与此同时这也意味着一种强烈和格外引人担忧的趋势：对分散型学习内容和活动的重视程度越来越低，因此也就削弱了学习的丰富性和实用性（Illeris，2016）。在此背景下，我这里对库伯理论的关注点将主要放在我所发现的有重要意义之处，从而更好地借鉴他对学习模糊性与清晰性问题的处理。

库伯的研究从评述皮亚杰和美国哲学家、教育理论家约翰·杜威（John Dewey，1859—1952）、德裔美国格式塔心理学家库尔特·勒温（Kurt Lewin，1890—1947）的视角开始。库伯将这三种视角的精华转化为三个简化的模型，借此他发现他们都把学习理解为一个有着四个阶段或适应性学习模式的过程，可用一个学习圈来描述（见图 5.1）：从具体经验，通过反思观察和抽象概念化，到主动实验，然后再回到新的具体经验（Kolb，1984，pp. 30，32–33）。

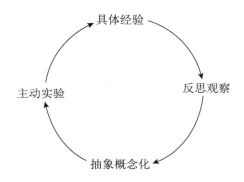

图 5.1　库伯的学习圈（1）（Kolb，1984，p. 33）

库伯基于三种学习理论中各不相同的要素，在同一模型中将它们进行的整合表述，被贾维斯等人认为"也许是……所有有关学习的示意图中最为著名的一个"（Jarvis et al.，1998，p. 48）。库伯根据勒温的活动研究和实验室训练的模型探讨实践过程（Kolb，1984，p. 21）。从杜威那里，他发展出了一种关于"学习如何将具体经验带来的冲动、感觉以及期望转化为更高级的目标行动"的一般水平上的描述（p. 22）。而从皮亚杰那里，他吸取了前面提到的认知发展阶段理论中从新生儿到成人四个主要阶段的学习模式顺序（pp. 24-25）。因此，该学习圈涉及的不是单一的学习过程。

从单纯一个观点出发并不能明显地看到这三种理论中的三种非常不同的要素能够用以表达三种学习概念的中心主题，而库伯对此根本没有加以讨论。

不过，这也可被视作库伯研究工作的一种重大革新：三位理论家视角的巨大差异导致他们的理论第一眼看上去并没有多少重叠之处，而库伯却能够发现它们的相同点。

至少，库伯的学习圈模型对学习过程进行了体系化，在很多情境下它可以作为一种有效的分析蓝图，不过，它也包含了一种对现实多样性的强行理论化。由此，它促使人们考虑不同的科学方法模型，用以发展对研究过程的系统解释。但是，在这种逻辑的体系化理论下，无论是学习还是研究都不是在现实世界中所发生的那样。在学习或研究中，更多情况是这样的：一个人的学习或研究从自己知道的、认为是重要的抑或好奇的东西开始，无论这东西是一种经验、观察、知识、理解、推测、问题，抑或只是怀疑和某种误解，由此他试图在一个获得与澄清的过程中取得进步。对此进行文献阐述的学者中，尤为著名的是另一位美国心理学家和学习理论家唐纳德·舍恩（Donald Schön，1930—1997），后面我还将经常提到他。舍恩研究了"反思性实践者"（reflective practitioners）如何通过抽取、整合他们的实践中已有的相关要素来应对不同的情境（Schön，1983），梅齐洛（Mezirow，1991，p. 103）曾对库伯理论中的该要素有一个简短的批评。

这里我想阐述的库伯理论发展中的第二步是：在经历了有关学习性质的冗长讨论后，库伯得出这样的结论——在所有的学习中都存在着两个维度，一个是掌握（grasping），或者用库伯自己的术语来说是理解（prehension）；另一个是转换（transformation），在转换中，那些已经掌握的内容作为学习者的心理结构性元素深植其中。很清楚的是，这种区分与我对两种学习的整合性亚过程的理解（见 3.1 节）之间有着重合之处，但也存在着很明显的差异。库伯的转换维度更类似于我所说的个体内部的获得过程，但他的理解维度也仍然是个体性的，而我则重点关注个体与环境之间的互动过程。因此，根据库伯的理论，学习作为一个整体就完全成了一种内部现象，而在我的理解中，学习既是一种内部的过程，也是一种互动性的过程。因此，正如皮亚杰的理论那样，库伯对学习的理解，很大程度上缺失了社会维度。

所以在我看来，库伯研究工作中最具创新性的方面，并不在于他所提出的上述学习维度，而在于他对这些维度的深入分析，因为他发现每个维度都在辩证对立的适应性方向的两极之间展开，伸展的方向与学习圈的四个阶段是一一对应的。理解维度在学习圈的纵轴上伸展：一极代表一种真实具体的感知，指向具体经验；一极代表一种适应性的或反思性的领悟，指向抽象概念化。相应地，转换维度在学习圈的横轴上伸展：一极代表内在反思（intention），指向反思性观察；一极代表外在行动（extension），指向主动实验。根据库伯的理论，学习过程的结构基础存在于这四种导向之间的互动中（Kolb，1984，p. 41）。由此，库伯发展了一个学习模型，富有启发性地展现了一幅图景，描绘了有关学习的掌握过程（见图5.2）。

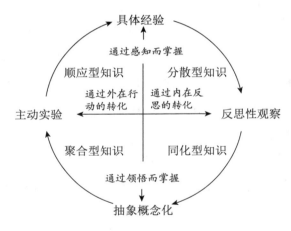

图 5.2　库伯的学习圈（2）(Kolb，1984，p. 42)

两个互动维度在学习周期中划分出了四个空间，分别代表四种适应性的方向或知识的四种基本形式。库伯在进一步的研究中放弃了对学习圈存在的问题的研究，而集中关注这些知识的形式，这正是我认为他超越了皮亚杰的地方。

同化、聚合、顺应和分散这四种知识的命名显然从以下而来——同化和顺应的概念很明显来自皮亚杰的理论，聚合和分散的概念则源自乔伊·P. 吉尔福特（Joy P. Guilford，1897—1987），他主要致力于智力和创造力的研究。前面已经提到过的聚合型（确定）知识从一种既定输入中关注某个特定的输出结果，即我们通常所说的推论或演绎的知识，而分散型（模糊）知识意味着从同一输入中得到多种潜在的可能输出，即我们通常所理解的创造性和多样性的知识（Guilford，1967，pp. 213f.）。

另外，该模型揭示了每种知识形式的典型条件：

- 同化型知识通常从领悟和内在反思中得到发展；
- 聚合型知识通常从领悟和外在行动中得到发展；
- 顺应型知识通常从感知和外在行动中得到发展；
- 分散型知识通常从感知和内在反思中得到发展。

与皮亚杰的理论相比较，似乎在这个模型中将四种知识形式置于同等的地位是有问题的，乍一看它与皮亚杰的平衡理论并不一致。不过我们仍然有可能把同化与顺应作为两种基本的过程类型，然后基于库伯的研究，做重要的增补：同化和顺应这两种过程在某种程度上都具有聚合或分散的性质。由此，其与皮亚杰概念的重要区别在于：一些生活中的关系不能够被诠释为必然的，它们没有可供清晰判定对与错的标准。而且库伯的模型在某种程度上——尽管只是比尼森的论述处在一个更理论化的水平上——揭示了哪些情境将会促进多种知识的发展。

最后应特别指出的是，库伯本人将自己的理论视作经验学习（experiential learning）理论，这是其专著标题清晰表明了的。不过，他并未详细说明一般学习与经验学习之间的任何清晰区别。相反他宣称从根本上来说所有学习都是经验性的。与此同时他只研究了我所理解的学习的内容维度——这也是我将自己对库伯理论的考察放在本章当中，而不是后面关于学习与经验的相关章节中的原因。

5.3 从活动理论到文化心理学

在 4.1 节中我们曾经提及，心理学中的文化历史理论和源自此的活动理论视角，其根基在第二次世界大战时期的苏联，著名人物有维果茨基、列昂节夫和鲁利亚。这一传统于第二次世界大战后在其他地区——斯堪的那维亚半岛、德国以及美国——得到了广泛的传播（例如，Holzkamp，1983，1995；Engeström，1987，1996；Cole，1996；Engeström et al.，1999；Chaiklin et al.，1999；Chaiklin，2001）。

文化历史理论有这样一种基本观点：人类的系统发展以及人之所以区别于动物的核心在于人类文化的发展，而且，人类基本的心理结构是在与文化发展的互动之中得到发展的。其中列昂节夫（Leontyev，1981［1959］）对此做出了最重要的贡献，他透彻地论述了这一观点；另外，鲁利亚通过对乌兹别克斯坦农民的知识发展过程变迁的考察，验证和肯定了这一视角，那些农民在 20 世纪 30 年代早期，经历了从落后的封建领地农耕社会到共产主义农业集体社会的突然转变（Luria，1976［1974］）。

文化历史理论的中心点是，心理因素只有在一个历史的视角中，基于与文化环境的互动才能得到理解。这种互动具有列昂节夫所称的客体反思（object reflection）的性质：

> 有机体的适应总是……一种对它们周围环境性质的反思，……它在它们的客观联结和关系中……获得了……环境的情感性质的反思形式。这也是一种精神的、客体反思的特殊反思形式。
>
> （Leontyev，1981 [1959]，p. 45）

这一客体反思的概念从某种程度上来说，与皮亚杰的建构主义视角是一致的，两个概念都包含了一种积极的心理结构的发展，这种心理结构建立在个体与其环境之间的互动之上。不过，在文化历史视角中，心理结构是从一个相互反映的过程中得到发展的，而皮亚杰的建构在很大程度上可以包含从环境条件而来的诠释和背离。

在文化历史视角中，人类与环境的互动是通过活动这一关键概念表现其特征的。通过活动，个体获得了他作为其中一部分的文化条件，与此同时，他也影响着社会中的文化发展：

> 人的个体意识与其社会存在之间在心理特征上的具体联系是什么？从基本的心理事实出发，对此问题的回答是，人的意识结构是通过一种常规方式与他的活动相连接的。所以，人的活动的结构只能被造就自己的特定社会条件以及人际交往关系所创造。
>
> （Leontyev，1981 [1959]，p. 231）

必须加以强调的是，活动是目标导向的（goal-directed）努力。只有当个体通过努力追逐明确的目标时，这一过程才能被视作活动。活动被看作由不同的行为构成，可以被再次分解为不同的操作，并且个体的活动中存在着其独有的特征，人能够利用各种工具，这些工具不只是简单的物质用具和设备，还包括语言、社会习俗、理论等。

活动有很多种类，但是最为重要的种类——活动理论家们常常要关注的——是"游戏、学习和工作"，这些分别是学前期、学龄期和成人期占主要地位的活动形式。然而，丹麦学习理论家麦兹·赫尔曼森发现，在这种设定中，学习更突出地表现为活动的结果，学龄期的主要活动形式也许应该被称作学校活动（Hermansen，1996，pp. 63f.）。

由此，我们进入了文化历史理论中更为专业的学习视角的领域，这是维果茨基加以发展的，特别是在他有关研究思维与语言的主要工作中（Vygotsky，1986 [1934]）——在我看来，客体反思与活动是一般的理解，而维果茨基将学习处理为发生在学校和其他"教育"情境中的更为特定之物。我想这与维果茨基将学习与游戏、工作看作一个水平上的特定活动形式是不一致的，因为这个概念关系到这样一个事实情境：某人要学习在该情境中至关重要的东西，其潜在的思维模式似乎包含了一个更有能力的人与其他（一个或更多的）不太有能力的人之间的互动——那个人代表了进化的文化，其他人则是需要去获得这种先进文化的人。

如果我们试图将维果茨基的学习概念置入教育学理论、指导或实践当中，即把最近发展区的概念（Vygotsky，1978，pp. 84ff.，1986［1934］，pp. 187ff.）和科学概念（Vygotsky，1986［1934］，pp. 146ff.）这两个中心概念放在一起考虑，情况就更是如此。维果茨基界定最近发展区为"独立问题解决能力的实际发展水平，与在成人指导下或与其他更有能力伙伴的合作下进行问题解决的潜在发展水平之间的距离"（Vygotsky，1978，p. 86）。科学概念就是真实的与真正的概念，即它们必须是精确的，是在一个系统性的情境中加以界定的。

我总是对文化历史理论中的这两个关键概念抱有一定的怀疑态度，因为很清楚的是，在这两个概念中，成人及其他权力人物能够决定对于儿童和教育参与者来说特定最近发展区是什么，以及什么样的概念可以被称为科学的。因此，一旦应用维果茨基的学习概念，教学就很容易走向一种同质性的教师导向型方式，这样，就容易获得最接近所谓最近发展区的结果，而这个最近发展区的概念只是在学术体系的视角中构想的，例如，教科书中的"下一章"就是这样的最近发展区［这样的逻辑和心理安排变得令人困惑，这是杜威加以强烈警告的（Dewey，1902）］。因而，科学概念将成为与那些权力人物的概念相同的东西。

这不太会是维果茨基的本意——他的学习理论和论述很容易导向一种目标导向的活动形式，在这种形式中，教师和其他成人在很大范围内控制了这个过程。在 20 世纪 70 年代末和 80 年代初的丹麦，当受维果茨基启发的所谓"结构性学习"（教学法上极具控制性的）理念在学前教育机构中广泛传播时（Brostrøm，1977），我们目睹了这会在实践中导向什么。但是在丹麦也有其他一些实验，同样是基于维果茨基的学习概念的，却没有上述那种教师的独断控制，它更强调学生自己对于发展概念的贡献（Hedegaard and Hansen，1992）。

我认为，文化历史理论首要地来说，是运用历史发生方法构建起了一个重要基础，从而实现对生物性的、历史性的和社会锚定（societal anchoring）的心理过程的理解。它进入了学习的内容与互动维度之间的张力区域，尽管维果茨基已经足够清晰地表述了情绪的重要意义（Vygotsky，1986［1934］），但在一般水平上来说，情绪在文化历史理论的框架中作用并不十分显著。这也许是因为该理论是在没有冲突的共产主义社会理念中发展起来的，其基石中缺失了对社会性冲突及其基本结构性重要意义的理解，而且延伸来说，很有可能出现这样一种观念：某个特定个体的文化与社会状态的改变过程可以没有多少摩擦地发生。这将意味着对学习概念理解的简单化，在实践中将会导致有关权威的一系列问题的发生。

不过，近年来一些有关学习理解的文化历史视角方面的传承，似乎已经超越了这一局限。我在这里要特别指出的是先前已经提到过的芬兰学习研究者恩格斯托姆，他扩展了学习理论（见4.6节），我认为他向前迈出了具有决定性意义的一步。例如，当恩格斯托姆采用文化历史理论中维果茨基的最近发展区概念时，他并没有毫无批判地接受它。相反，他对其进行了类似于我在此提出的批评——在对它的长篇讨论之后，他认可了下述对维果茨基的最近发展区的重新诠释，这是由美国的佩格·格里芬（Peg Griffin）和迈克尔·科尔（Michael Cole）提出的：

> 成人的智慧不能够为儿童的发展提供目的论。社会组织和领导行为为儿童发展创新性制造了一条鸿沟。……Zo-ped（即最近发展区）是儿童与其未来之间的一种对话，它不是儿童与成人的过去之间的对话。
>
> （Griffin and Cole，1984，p. 62）

但恩格斯托姆没有止步于这一重新阐述。这样一种对概念定义的激进改造必然能够产生更深层次的结果。在儿童与其未来之间以新的分析形式进行对话显示出了创造性的过程，因此，这一重新诠释包含了将最近发展区作为一种创造力空间的理解。这显然是对维果茨基理解的扩展，并且恩格斯托姆认为这是必要的：我们必须停止高谈对早已发展了的东西的掌握，而要去理解那些重要的、创造性的过程（Engeström，1987，pp. 169ff.）。

不过，要具备这样过程的先决条件是，个体必须面临一个紧迫的问题或利益冲突，且这一问题或冲突不能在现有的选项中得到解决。这种本质上的打破通常来说发生在处于问题情境中的学习者这样问自己的时候："这个问题意味着什么？有什么意义？我为什么一定要努力去解决它？它是如何出现的？谁设计了它？出于什么样的目的？为了谁的利益？"（Engeström，1987，p. 151）

问题解决、社会与人际交往的情境成为中心，通过这一视角，恩格斯托姆还间接地使自己站在了学习的建构主义理解的联盟阵线中。

与此关联，我们很自然地要提到美国心理学家杰罗姆·布鲁纳（Jerome Bruner）。回溯 20 世纪 40 年代，他着手于个性心理学和认知心理学的多种研究，这些研究逐渐挑战和超越了传统的行为主义，并且在认知科学的发展中占据了一席之地（Bruner et al.，1956，1966）。正是基于此，他在 1957 年当选为专家组主席，主持"卫星震惊"（其时苏联人发射的世界上第一颗人造卫星进入太空）后的美国教育体系改革，"卫星震惊"动摇了美国人在技术与科学上处于最高水平的信心。这中间最为重要的成果体现在《教育过程》（*The Process of Education*）、《教学论》（*Toward a Theory of Instruction*）和《教育的适合性》（*The Relevance of Education*）几本书中，这些著作也成为所谓"科学中心课程"（science-centred curriculum）的传播中心。科学中心课程是一种教育学理念，即教育过程应该被组织为一种渐进式理解，在很大程度上，学习者自己揭示事物结构化的途径并且创造意义（例如，Taba，1962）。

但是，布鲁纳在其研究的视角和方法上逐渐变得更为人文主义和文化导向，如他的著作《真实的心灵、可能的世界》（*Actual Minds，Possible Worlds*）、《有意义的行为》（*Acts of Meaning*）以及《教育的文化》（*The Culture of Education*）所体现的那样——最后一本是他在 82 岁高龄时出版的，很可能被视为他最主要的著作。在这些著作中，他转移到了一个文化心理学的立场之上，在此学习是有关积极地与他人一起获得与发展文化表达的过程。

通过这一过程，布鲁纳在其漫长生涯中，从一个较为狭窄的认知与个人导向的起点，走向了一种较为宽广的人文和社会导向的视角。他常常表示说，他能够有这样的跨越历程，是由于站在了皮亚杰和维果茨基的肩膀之上，而这两个人与他都有私交。而且，最终他特别靠近了文化历史学派，并以高龄之身参加了一些与此学派相关的研讨交流会。

与此同时，他还吸收了叙事理论的思想。根据叙事理论，人们的生活故事，也就是一个人有关他自己的故事，是不断发展和重新诠释的故事，串起了生活、自我理解和学习之间的红线。2002 年布鲁纳出版了《故事的形成：法律、文学、生活》（*Making Stories*: *Law*, *Literature*, *Life*；Bruner, 2002）一书。

5.4　成人教育、转换与批判性思维

另一个研究学习内容维度的重要视角，是在美国和加拿大的成人教育相关领域中发展起来的。这一视角并没有清晰一致的理论基础，但它仍有着某种共同的灵感来源，这可以回溯至杜威（Dewey, 1916, 1965 [1938]），特别还有他在纽约哥伦比亚大学教育学院的同事爱德华·林德曼（Eduard Lindeman, 1885—1953）、马尔科姆·诺尔斯（Malcolm Knowles, 1913—1997）20 世纪下半叶的，以及加拿大人艾伦·塔夫（Allen Tough, 1936—2012）20 世纪六七十年代的研究（Lindeman, 1926；Tough, 1967, 1971；Knowles, 1970, 1973）。这里我将梅齐洛和斯蒂芬·布鲁克菲尔德（Stephen Brookfield）作为该视角中的两位最近也是最重要的学习理论家，并讨论他们的研究。

杰克·梅齐洛于 20 世纪 70 年代末回到美国，开始自己理论层面的研究工作，而在此之前，他有着多年在多个不同发展中国家做成人教育咨询师的实践经验。除了前面提及的更为一般水平的北美成人教育传统，还有三个其他的重要思想来源影响了梅齐洛。首先是巴西的保罗·弗莱雷（见 7.7 节），他影响了发展中国家贫苦文盲的解放教育学（Freire, 1970）。其次是德国哲学家和社会学家尤尔根·哈贝马斯（Jürgen Habermas），他具有德国批判理论的背景（尤见 Habermas, 1984–1987 [1981]，也参见 7.4 节）。最后是来自美国妇女运动的经验，在 20 世纪 70 年代有许多成人女性开展行动，希望回归教育体系

（Mezirow，1978）。

转换学习的概念在梅齐洛的理论中占据了中心地位，在 4.6 节中我早已经指出过这一点，该处还同时引用了梅齐洛关于这个概念的定义。根据梅齐洛的理论，我们对那些通过学习构建起来的理解的组织，一部分是在一系列意义图式中进行的，不同的内容领域可粗略与皮亚杰的理论相对应；一部分则更经常地在某种意义视角之中进行，它构成了我们意义创建的主要参考框架。我们在童年和青少年时期发展起来自己意义视角的绝大部分，它们既有意识地，在很大程度上又无意识地发挥着作用，控制着我们的态度和理解模式（Mezirow，1990，1991，2000）。

从根本上来说，转换学习是对于个体的意义视角以及随后的心智习惯的意识、思考和评论。这通常发生在这样的时候：一个人发现了一种或其他联系，过去的意义视角并不适用于他所赋予意义的或所做的事情。然后，矛盾或进退维谷的局面出现了，他感到自己必须解决这个问题，而且这首要地来说是通过反思而发生的，反思导向了意义视角的修正或转换，即转换学习。

梅齐洛再三强调转换学习在很大程度上包含了情感方面：

> 认知有着强烈的情感和意欲维度。一个人所有的敏感性和反应性都参与到了意义的创造、发现、诠释和转换之中。转换学习，特别是在它包含了主观性重构时，常常是一种非常紧张的威胁性的情感体验，在其中我们不得不逐渐认识到支撑我们理念的那些假设以及那些支持我们对变化的需求做出情感反应的东西。

> （Mezirow，2000，pp. 6-7）

然而，已被很多人指出来的是，梅齐洛关于转换过程的描述显然在很大程度上还是落脚于认知和内容的。这与意义及理解模式的转换有关，而且，当情感被提及的时候，它们通常作为一种伴生现象出现，而不是作为被转换的一部分出现。社会与人际的维度似乎也不是转换学习中一个直接的部分，尽管梅齐洛的思考很清楚地与教育学思考、强烈的社会与民主义务联系在一起（Iller-is，2004b）。

与上一章中我加以界定和使用的转换学习概念相比，目前出现了这样一种倾向：梅齐洛自己关于该概念的理解并不强调学习的三个维度具有同样重要的意义。他有时候使用转换学习一词所指的学习，根据本书的观点，应该被视为顺应学习；他甚至还提到，在某些情况下转换可以通过顺应发生（Mezirow，1998，p. 191）。然而，我并不认为梅齐洛和我在使用这个概念的意图上有什么关键性的区别，区别只是我们的理论赖以构建的学术基础不同。

布鲁克菲尔德出生且成长于英格兰，并在那里接受教育，但20世纪80年代开始他在美国定居和工作，他在纽约哥伦比亚大学教育学院和梅齐洛做了一段时间的同事，和他开展了大量的讨论。

尽管布鲁克菲尔德与梅齐洛有非常类似的视角，但他们非常小心地坚持自己的一套概念和特殊视角：对于梅齐洛来说是转换学习，对于布鲁克菲尔德来说是批判性思维（critical thinking）和批判性反思（critical reflection）。布鲁克菲尔德对此进行了清晰的解释：

> 根据梅齐洛的转换理论，很清楚的是，没有批判性思维在所有阶段的涉入，转换学习就不能发生。考虑到这一点，在梅齐洛的解释中似乎比较符合逻辑的推断是：这两种过程相互之间是等价和同义的。然而这将会是一个错误，梅齐洛很小心地避免了这一点。批判性反思当然是转换学习的必要条件，所以后者的存在依赖于前者的出现。不过，这并不是一个充分条件，换言之，批判性反思发生了，并不意味着转换学习不可避免地也会跟着发生。在实践中发生了一段批判性反思的小插曲，这并不会自动导向转换。如梅齐洛所承认的那样，一个人在他经过批判性反思后所持有的假设可以和他以前所持有的完全一样。
>
> （Brookfield，2000a，p. 142）

由此，在布鲁克菲尔德的观点中，批判性思维或批判性反思是非常有价值的，对自我提升来说非常重要，即使它并不一定导向条件很高和任务繁重的转换学习。在布鲁克菲尔德看来，能够进行批判性思维，习惯于进行批判性反思，这才是中心，而转换学习是偶尔在某种环境下才会伴随批判性思维出现的。

根据布鲁克菲尔德的理论，批判性反思不同于单纯的一般反思，而是超越了单纯的一般反思。它：

- 识别并界定受到挑战的假设。
- 挑战意义及其情境。
- 试图运用个体的想象，并且探究其他可能。
- 由上述理念和探究导向反思性怀疑。

（Brookfield，1987，pp. 7ff.）

布鲁克菲尔德使用的诸如"假设"和"一系列假设"的表达，或多或少类似于梅齐洛使用的"意义图式"和"意义视角"。布鲁克菲尔德把批判性反思和批判性思维视作一个民主社会的基本，体现于日常生活和工作，乃至政治以及成人教育项目中。同样地，他很谨慎地在一个更广和更普遍水平的理解上，而不是仅在所谓的法兰克福学派中，研究了批判理论的概念（Brookfield，2005）（我将在 7.4 节回到这一课题）。

布鲁克菲尔德还认为成人教育教师的关键任务是鼓励参与者实践批判性反思，而且他指出，他们自己必须掌握和实践这样一种方式（例如，Brookfield，1990a，1995）。更进一步地，他对于实践中如何能够以不同方式做到这一点非常感兴趣，例如，通过参与者批判性地分析他们自己所经历的环境做到这一点（Brookfield，1990b）。

对布鲁克菲尔德来说，始终非常关键的是，一个人能不断提出自己的问题和推理，质疑他人的假设和推理，质疑设定的背景舞台的情境和与之关联的事务。

同梅齐洛一样，他明确地强调，"批判性思维既是感性的，也是理性的"（Brookfield，1987，p. 7）；但是，也和梅齐洛一样，在布鲁克菲尔德的描述中，内容和认知还是走在了前面。他的主要关注点放在了思维和反思上，而不是经验、感觉以及互动上。但是，如前一章所述，对于梅齐洛来说，首要的是他研究了所谓的转换性的学习过程，尽管他没有明确地将其与顺应过程界定开来。而布鲁克菲尔德则几乎完全相反，他绝大部分的研究聚焦于批判性思维和批判性反思所隐含的顺应过程中，而转换学习则被视为在特定情况下的某种延伸物。

5.5 反思与元学习

最后，我将在这里讨论一些关于学习内容维度的非常重要的概念，它们拓展了获得维度上普通即时学习的范畴。这些概念包括：反思（reflection），在这一节中我将它与元学习（meta-learning）放在一起；自反性（reflexivity），我将在下一节中将其与自传性（biographicity）一起加以讨论。

不管是在日常用语中还是在学术研究中，"反思"一词都包含两种不同的主要含义。一种指的是"事后再考虑"（afterthought）：某人对某事在事后进行重新考虑或更深思考，这件事也许是个事件，也许是个问题。另一种含义的最贴切特征是"镜式反映"（mirroring）——与该词原始的光学含义相一致：某事反映在学习者自我之中的经验或理解，即自我的重要意义是处于中心地位的，经验被以个人身份认同为准绳加以评价，这是自我反思（self-reflection）也在这个意义上被运用的原因。它特指一种能力或倾向，这种形式的反思在今天常被界定为自反性，尽管必须说明的是，在该领域中并不总有非常精确的词汇来描述它。

不过我将暂时把关注点集中在"事后再考虑"这一认知含义的反思上。近年来这日益成为有关学习的政治性与学术性争论的一部分，甚至到了这样的程度：其已被看作教育和社会化的重要基本目标，因此也被作为现代理念的中心要素。

这种反思的特征是：从与环境的互动中产生的新冲动并不能直接发生——"事后再考虑"和"反思"这样的用词就包含了这种时间滞后的元素。当然，这一过程是通过与环境的互动引发的，而且很有可能的是，在这种互动中已经发生了一些即时的学习。然而，事情仍未完结，冲动没有结束，还存在一种认知不调（cognitive dissonance）的成分（Festinger，1957），当一种适当的情境出现时，也许是一个安静的片刻，事后再考虑就发生了。如梅齐洛曾指出的那样，当先前所学被运用于后来的情境时，或检验、修正已获得的理解时，反思会在这些情况下发生（Mezirow，1990，1991）。

我前面提到过的德国心理学家邓克尔（Duncker，1945［1935］）是第一位考察这种情境的学者，他是最先系统研究问题解决心理学的学者之一，而一般来说，事后再考虑在某种形式上具有问题解决的性质。最初的互动遗留下一些不确定和未解决的问题，它们必须在以后通过详尽的解释来解决。作为一个学习过程，反思由此表现出顺应学习的特征，它并不出现在冲动被激发的那一刻，而是出现在一段时间以后，这意味着一种对冲动的更精心的加工。

因此反思基本上来说与其他顺应学习过程具有同样的性质，但是它还包括了一种更深层的思考。由此，反思也需要更多的心理能量，同时还需进行比起即时的顺应来说更为深入的加工。因此反思对于能力发展来说也有着显著的重要性，因为"能力"就意味着我们要把已经学到的东西迁移、应用到实践中去。

在当今有关教育与学习理论的争论中，反思也已经成为一个关键词。这正是因为近年来人们日益强烈地感到，在学校和教育项目中所学的东西，必须要能够被运用于实践当中，特别是工作生活中。越来越清楚的是，反思在这种情境下发挥了决定性作用。极为常见的是，仅仅通过反思和加工，这种转化的顺应过程就可以发生（见 4.7 节）。因此，教育结构必须保证这种反思能够在个体和共同体之中发生，而且，通过这种方式所学的知识能够被连接到相关的实践情境当中。

反思成为很多现代学习理论（如已提及的梅齐洛和布鲁克菲尔德的有关批判性反思的概念等）的关键要素，这是非常重要的理论背景。前述的美国组织心理学家唐纳德·舍恩曾提出教育项目中的"反思性回看"（the reflective turn；Schön，1991），但这里需要注意的是，他自己的"行动中反思"（reflection-in-action）概念（Schön，1983），并不属于稍后出现的如上所描述的反思的概念范畴。

舍恩认为，行动中反思是一个过程，人在这个过程中通过找寻新的可能解决方案、利用与当前问题领域相类似的共通元素等，对某个问题或情境做出即时反应——如果没有什么检验或新的思考，那么这就是一个我在前面一章中所阐述的"普通"顺应过程的典型案例，即一种对与周围世界互动中的刺激的直接学习反应（Mezirow，1990，pp. 112ff.）。

不过，舍恩的表述显示出，与此同时要支持这种区分是比较困难的，因为根据舍恩的概念，行动中反思也包括这种情境：一个人在某个行动中停下来、思考，并且找到如何继续的方法，再继续行动。这实际上是一个及时的短暂转变，但仍然是处在某个过程之中的——也许更为精确地来说，像澳大利亚的戴维·保德（David Boud）等人所说的：反思性实践（reflective practice）是一个行动、经验和反思多多少少交织在一起进行的过程（Boud et al.，1985；Boud and Walker，1990）。

关于元学习的概念，也有着两种不同的理解或视角。其中之一是有关"学会学习"这一广为人们所知的术语的，即在今天，学习是极为重要的，一个人必须要学习如何最好地应对它。其二是让自己习惯于对自己的学习进行批判性和分析性思考，即把自己的学习放置于一种个人和社会的一般性视角之中。

流行语"学会学习"是一种现代标语，当我们从学术视角来审视它时，可以回溯至学习心理学中的一些观察——如果个体持续让自己在一个给定领域中学习，通常将会出现一种学习速度的逐渐提升［大概是因为一个人逐渐在自己的学习中拥有了越来越多的相关预设、编织起了更为接近的结构网，或者他更喜欢这样做了（Bateson，1972，pp. 166ff.）]。不过，这一原始含义似乎已经丧失了，"学会学习"这一现代标语似乎更为神秘化了，就好像一个人不得不接受训练才能够学习某个东西一样。

由此，如先前指出的那样，我们必须坚持的是，学习能力是人类的天赋技能之一，而且，在下一章中我们会进一步看到，这从根本上来说也包括了学习的欲望：学习一般来说是一种求生本能。当这个标语警句在教育争论中反复出现时，自然必须对它有所回应。这种回应的一部分必然是基于下述的事实的：学校和机构中的制度化学习会很容易破坏学习的欲望，至少在某种情境和某种形式下如此。

很自然，这并不意味着这种标语在某些时候不会敏感于获得有关不同形式学习的适当习惯和程序，包括反思、检验和应用等，或非常外部的事务，如安排合适和组织良好的学习环境，发展有助益的和具有共情作用的合作气氛，等等。不过把它称作"学会学习"实在是夸大其词。它很大程度上阻碍了人们去学习——尽管人们可能并不总是在学习其他人认为他们所应该学习的东西。

相对广义一些的术语——元学习或是元认知（meta-cognition）的概念则更为复杂（例如，Engeström，1987，p. 128）。它们被理解为一种普遍性的学习类别，将其他学习过程囊括在一个集合性的全面视角之中。我们也许可以通过前述贝特森学习理论中的"学习Ⅲ"这一类别实现对这一概念最接近的理解，它包括通过理解普通同化学习所需的基本条件以及顺应学习和某个领域中的实践训练，掌握一些本质上全新的东西。

不过，这正是恩格斯托姆所走过的道路，由此他发展了扩展学习的概念，我将这一概念放在了转换学习的水平上来理解（见4.6节）。类似地，如果我们审视梅齐洛的转换学习定义，同样可以看到：潜在的意义图式和意义视角必须被重构，以实现更加全面的理解。

结论是这样的：如果顺应学习是在一个比较有限的领域中而言的，在这种方式中理解的元学习就是与顺应学习相同的；如果转换学习是在一个比较大的领域中而言的，包括更多的个人要素，元学习就是与转换学习（或扩展学习）相同的。差别似乎仅仅在于：当我们说元学习的时候，我们通常是从内容和学术的视角来谈的，由此，我们也许会寻求一种学术性的结论或方法；而其他概念的界定则是基于学习者的视角的，并会因此预示一个更高水平的基于学习者情境的解决方案或方法。

不过，坚持这一点还是值得的：元学习能够在任何有重大利益冲突出现的时候、在具备了卓越适应性时发生。学习过程会采用成功度过危机的形式进行，学习者经过了长时间的努力奋斗来面对具有主观紧迫性且重要的问题——这既是反思，也是元学习。但是元学习的发生也可能是一个更短和更为紧张的过程，甚至在最为极端的案例中表现出一种类似爆炸的状态。

在现代创造力理论中，严格说来，这种充满冲突和没有秩序的情境可被视作一种典型的创造性的超越情境（例如，Joas，1996［1992］），瑞典人费维尔·库普费尔贝格（Feiwel Kupferberg）曾指出项目学习会形成一种包含这种类型潜能的教育性框架（Kupferberg，1996）。更为一般的教育观察报告则显示，如果这种类型的学习要发生的话，必须存在一些使学习者感到要被迫去应对的挑战，而且还必须有应对这些挑战所需的潜能和投入。

5.6　自反性与自传性：作为学习内容的自我和身份认同

近年来具有镜式反映含义的自反性成为许多当代社会学、文化理论以及社会化理论方法的中心概念，例如，从英国的理论家安东尼·吉登斯到德国的理论家如乌尔里希·贝克（Ulrich Beck，1944—2015）、尼可拉斯·卢曼（Niklas Luhmann，1927—1998）和托马斯·齐厄（Thomas Ziehe）的研究。这与从工业社会到服务与知识社会的转变有关，或者从一种文化和意识视角来看，与向"晚期现代"（late-modernity）或"后现代"的转变有关。

关于学习和个体发展，德国青年与文化理论家托马斯·齐厄口中的文化解放（Ziehe and Stubenrauch，1982，pp. 17ff.）已成为发展的中心。我们——特别是青年人——已从过去控制我们生活的旧观念和旧传统中解放出来，不论好坏与否，在一个大得多的范畴中去选择和塑造我们自己的生活。这意味着个体性在一种全新的方式中成为焦点，这包含着一个人持续不断地处理的关于自我的认识，即一个人对自我和身份认同的理解，以及一个人所面对的影响对其自我具有怎样的意义。齐厄非常简要地将自反性定义为"一个联系自我的机会"（Ziehe，1985，p. 200），并在另一个情境中进行了如下描述：

> 设想我们不断地用一个摄像机拍摄我们的自我，观察我们自己并做评论。现代社会的成员基本上都是那种结构的一个部分，但这种结构最为显著地体现在青年人中间。……成为"现代的"人在今天意味着能够为自己确定和正式提出明确目标，这些目标让一个人能够具有战略性，能够在他的自我反思中运用这些目标。
>
> （Ziehe，1997，p. 29）

齐厄后来给这些发展及它们的社会背景提出了一个术语——"第二次现代化"，并且指出，20世纪70年代以来发生的教育变革与青年人所处的情境和意识形式不在一个水平上（Ziehe，1998）。

英国社会学家吉登斯对此也非常感兴趣，并以有些不太一样的视角来看待它：

> 人们常说现代性是以对新生事物的渴求为标志的，但这恐怕并不完全准确。现代性的表现特征不是出于新生事物本身的缘故而对它展开的一种拥抱，而是大规模的自反性的假设——这当然包括对反思本身性质的反思。……现代性构建于自反性应用知识，但是确定性知识的平衡却被发现是被误解了的。我们在一个彻底通过自反性应用知识构建的世界中感到发慌，但是与此同时我们又从未能够如此确定，那些知识的任何给定元素都将被修正。
>
> （Giddens，1990，p. 39）

　　齐厄和吉登斯都强调自反性不是一种单纯的智能现象，而在很大程度上是经验性和情感性的，一般来说指向自我理解和身份认同的塑造。吉登斯走得更远：他还使用"身体的自反性"（reflexivity of the body）一词表示身体意识的现代性提升；他界定了"制度的自反性"（institutional reflexivity），即今天的社会部件和机构也必须反思性地发挥功能，持续不断地讨论和合法化它们的存在与功能，并且在一般水平上谈论作为时代特征的"现代性的自反性"（reflexivity of modernity）（Giddens，1990，1991）。

　　在同样的水平上，德国社会学家乌尔里希·贝克界定了作为"自反性现代化"（reflexive modernisation）的新纪元，因为自反性已经成为个体和社会之必需，而且考虑到对宏大叙事的突破、市场机制和全球化的统治等，他还讨论了"危机社会"（risk society），因为个体必须在没有任何确定性可以遵照的情况下，选择自己的生活历程（Beck，1992［1986］）。

　　最后，我想提一下德国社会学家尼可拉斯·卢曼的有关成果，他的视角可被称为系统论的——系统的概念被运用于个体、群体、组织以及诸如市场这样的功能体系等——并且这些系统表现出来的特征有：自我参照（self-referential）、自我再生（self-reproductive）、对不构成系统部分但对其存在来说是一种条件的周围世界的封闭等。卢曼认为当今世界是通过某种浮现出来的秩序来表现其特征的，即这种秩序不能被理解为源自某一或某些普遍性的原则，相反，每个范畴和每个系统有着它们自己的基础。作为一种自我参照的系统，晚期现代社会中的人们处在一个不断变化的世界中，他们必须控制自己的存在和功能，这就要求其具有自反性——在此情境下这似乎表现为当今人们生存的一个中心条件（例如，Luhmann，1995［1984］）。

　　乍看起来，这些现代观察者们有关个体与他们自我的关系的聚焦点，与人本主义心理学的许多经典性导向之间表现出一种联系，例如，高尔顿·奥尔波特（Gordon Allport，1897—1967）的"成熟个性"（the mature personality）理想（Allport，1967），卡尔·罗杰斯的"完全功能人"（fully functioning person）（Rogers，1961），或亚伯拉罕·马斯洛（Abraham Maslow，1908—1970）

的作为存在终极目标的"自我实现"理念（Maslow，1954；见6.5节）。但是当这样一些导向受到诸如个体主义的广泛批评并且在社会中没有根基时，这里提及的这些概念就只是在将社会条件作为一种理解个体中典型发展的出发点。这些发展的中心是自反性或自我反思，它们既属于心理学的范畴，描述晚期现代中人类的功能模式特征，同时也属于社会学的范畴，关注社会的运作模式以及个体与社会之间的关系。

由此，自反性的晚期现代概念并不主要关注学习和思维，而是包含了有关学习性质的大量结果。它可以被广泛地连接于个性发展和多种更为特殊的个体素质发展上。但是，关系到学习，自反性首要地聚焦于自我和自我功能的发展，或者从更广义上来说，聚焦在身份认同的发展上，它也包含了个体对自身存在与外部世界的理解及这二者间的关系（Illeris，2014）。

自我是一个哲学和心理学概念，多少有些争论不休的历史，它可以被诠释为对不同时期个体与社会关系的发展的一种反映。其中心点是自我具有一种关系层面的性质，它与个性概念形成对比，这一关系或知觉是个体所拥有的，存在于他与自己之间，而个性概念的中心点在于个体拥有或可以归结为其特性的素质。在精神分析的传统中，对自我的定义、自我的心理学以及自我与本我之间的关系，也有着漫长的和更为琐细的讨论（例如，Kohut，1977；Goldberg，1978）。

然而，在各种社会建构主义和后现代的理论方法（见7.8节）的视角下，对于较为传统的对"自我"的理解在今天是否仍然适用，产生了很大的争议。由此美国的肯尼斯·格根（Kenneth Gergen）把今天的"自我"特征概括为一种"饱和的"状态（Gergen，1991），英裔澳大利亚人罗宾·厄舍（Robin Usher，？—2013）发现在当代，"自我"十分脆弱和碎片化（Usher，2000）。与此在某种程度上形成对照的是，澳大利亚心理学家、成人教育家马克·坦南特（Mark Tennant）则发现这种理解过度渲染了自我的瓦解分裂，他宣称通过学习和成人教育，学习者的自我能够得到重建，那种破裂和间离至少能够在某种程度上得到减少和规避（Tennant，2012）。

不过在当下的情境中，我想把自我的概念认定为早先提到过的美国心理治疗学家卡尔·罗杰斯所发展起来的概念，因为他直接将自我组织中的变化连接到了"有意义学习"的概念之中，有意义学习的概念我已经在前面讨论过。罗杰斯基本上把自我视作一种行为上的上天赋予的倾向，它通过与环境的互动，发展进入"组织化的、一致的概念格式塔（完形）中，这一完形由对'我'相对于他人、相对于生活多种侧面特征的认识，以及依附于这些认识的价值观组成"（Rogers，1959，p. 200）。

如果我们坚持认为"有意义学习"和转换学习是重叠的（见 4.6 节），就能够产生这样的观点：自我和身份认同中的变化通过转换而发生，这种转换是组织起来的、一致性的、概念化的整体，这个整体构造起个体对自己、他人以及生活多个侧面的认识。因此，这是一种特殊种类的转换学习，其特征是自我经验和自我联系的卷入，即个体联系到他自己——这一点是在反思和镜式反映的概念中所隐含了的，它并不局限在一个内部过程中，还可以包含着人际话语交流。

这又一次引导我们思考"身份认同"这一概念，近年来对它的探讨热度逐渐盖过了对"自我"的探讨热度，这可能是因为它还包含了自己与他人的联系，以及我们想要被其他人如何去看待。从这一点来看，这些有关自我和身份认同的思考是切中要害的，并且实际上，有关我们如何被他人看待的问题、我们希望自己如何被他人看待的问题，已经变得越来越重要（Jenkins，2004；Illeris，2014，2016）。一些之前所提及的在这一领域中的分析还强调，这样的自反性过程不是仅限于内部的过程，它也可能通过人际对话发生。在人际对话过程中，一个人把其他人当作一种争执对象，积极地、外部性地进行着镜式反映，通过观察他人的反应、倾听他们的评价，来帮助自己获取有关自我理解的洞见。

今天，自反性必须首先被理解为会与一般社会条件相联系。这意味着个体持续不断地选择属于他们自己的方式，不仅仅外在地在所有提供的选项中选择，而且也内在地在生命历程、生活方式和身份意义上进行选择。因此，自反性同样对诸如独立、自信、社交力、敏感性、灵活性等个性特征显示出重要意义，这些个性特征在今天的劳动力市场上受到了高度评价。但也应该提到的是，这些过程不能总是被直接理解为有远见的或积极的。个性发展和自反性也包含一些抵抗、防御、扭曲和阻滞性发展，它们在多种方式上对当事人来说具有刚性和限制性。我将在第九章中回到这个话题。

自传性是另一个重要概念，也可以说是涵盖了自反性与个性发展的、与它们有着紧密联系的概念。该概念是由德国传记研究者彼得·阿列特提出的，我曾在 4.6 节有关"过渡学习"和"自传式学习"的内容中提到过他。他将自传性描述为现代人所拥有的能够在很大程度上塑造他们自己生活的经验：

> 自传性意味着我们能够反复地重新设计，在我们（不得不）消磨于其中的特定情境中，为我们的生活打草稿、画轮廓，我们体验着这些"可成形的"或"可设计的"情境。在我们的传记中，我们不支配所有可能的机会，但是在我们被结构性地限定的限度框架内，我们仍然有着相当的开放活动余地。主要的问题是解释我们传记知识中的"剩余意义"（surplus meanings），这反过来意味着要去察觉我们未曾发现的生命潜在可能。
>
> （Alheit，1995，p. 65）

这种自传性在近年来得到了相当大的传播，它与对"正规传记"（normal biography）构建规则的突破同步，即人们不一定要在家庭背景、教育、工作和身份认同之间有某种自然的连续性，但要有这样一种认识：构建这种连续性是一个人能够而且必须去承担和付诸实施的。

重要的是要意识到：自传性与我们如何认识和解释我们的生活有关，这样的生活是与我们拥有的机会和我们所做的决定相关的。因为在其中还存在这样的事实：自传性可被理解为一种通过自反性来学习的全面框架，它在突破了外在传统理念导向的框架之后，将个体的自我理解和身份认同结合在了一起

（Alheit，2009）。

最后，这里还应提到的是，自反性和自传性的概念关注的是涉及自我和身份认同的学习，它们正是通过这种方式进入学习内容维度的一个特定方面的。但是，自我和身份认同包括整个个体，因而包括学习的所有三个维度，所以这种学习同时指向其他两个维度，由此落脚在所有三个维度的学习整体的边缘，对此我将在第八章中进行探讨。

5.7 小结

学习的内容维度是有关学习"什么"的。传统上这种内容被视为知识、技能，在某些情境下也包含态度，这些自然是非常重要的内容层面或部分。但是在现代社会中，对于学习的内容还必须在一些更为深远的领域中加以理解。

首先也是非常核心地，我们必须坚持：学习，以及特定程度上的顺应学习和转换学习，也关注我们用诸如理解、洞见、意义、连贯性和概括之类的词描述的所有课题。这在人类的脑功能中是与生俱来的，因此，我们会很自然地试图针对我们所学的知识创造意义，也正是学习的这个方面在不断发展，并与社会日益复杂的步调相一致。尽管传统上学校和教育比较容易倾向于聚焦一些指尖知识（fingertip knowledge）①，但是，不加理解地获得知识在我们生活的现实中是越来越不够了。

接下来很重要的是：学习内容还包含一种更为普遍的文化获得，包括对我们作为其中一部分的社会情境的掌握。在传统教育学语言和目标表述中，这就是被称为"塑造"（formation）的东西。早先人们还试图界定这样的塑造"自上而下"覆盖了什么，但在今天这般文化多样和不间断变革的情况下，要在一种固定的内容描述表达中保持它，已经很难说有多少意义了。更多地来说，它指向的是获得一种对理解、追随和批判性地联系我们周边世界的准备

---

① 指尖知识指能够脱口而出的一些知识，但实际上它们对于个体来说并无什么重要意义。例如，某位大人物在 1772 年出生，从 A 地到 B 地的距离为 174 千米，等等。——译者注

性。在这种联系中，反思被理解为事后再考虑和对学习日益增长的重要性的新评价。

最后，学习中一个日益显露紧迫性的内容领域是：认识自己，理解自己的反应、倾向、偏好、优势和弱势等，将其作为一种做出有意义决定的先决条件，而且由此在某种程度上，参与到管理自己生活的历程中去。自反性和自传性逐渐成为这一点上具有关键意义的学习挑战。学习者自我理解和身份认同的发展，越来越必须被纳入有关"学习是什么"的理解之中。

第六章　学习的动机维度

学习的动机维度关注的是我们通常以情绪、动力、意志等名词来表达的那些内容。在这些概念的基础之上，我们动员起学习所必需的能量。它们也会成为我们学习过程的一部分，影响着学习发生的质量，例如持久性和有用性。内容与动机维度之间的联系是在对皮亚杰与弗洛伊德理论的基本比较的基础上产生的。此后，两种更为现代的视角出现了，即关注情绪智力的理论以及一种学习导向的现象学人格理论。在本章的最后一节中，我将关注焦点放在动力心理学、混乱和冲突引发的动机以及当今社会中的动机问题上。

6.1　被分裂的整体

如第三章所述，学习的获得过程既有内容维度，也有动机维度。过去，学习研究几乎是排他性地只关注内容维度，而动机的相关问题通常是在个性心理学、发展心理学、动力心理学以及临床心理学中才得以研究。

也正如我已经陈述过的那样，认知与情绪（情感）之间的经典区分不仅作为一种学术规律存在于心理学中，而且在我们的文化和语言中也是一个普遍特征，这可以追溯至遥远的古希腊时代对逻辑（logos）与心智（psyche）的区分。关于学习，用更简单的语言来说，这种区分的结果是：一方面导向我们如何学习，另一方面则导向我们如何成为我们自己。我可以将前面提到过的美国学习研究者罗伯特·M. 加涅（Robert M. Gagné）作为一个典型案例，他在其代表作《学习的条件》（*The Conditions of Learning*）的导言中写道：

> 从最为综合的意义上来看"学习"一词，动机和态度当然必须被认为是要学习的。但目前的论述除了在一些稍有关联的附加意义上进行探

讨之外，并不试图去研究这样的学习。这样的论述将范围限制在可以被称为智力或主体事务的内容上，它们导向了人类行为的提升，在个体的职业或专业追求中起着根本性的作用。

（Gangé，1970 [1965]，p. 25）

与此相反的是人格与发展心理学，它们通常广泛关注人类的心理发展，但却从来不曾在具体知识、技能或资质的获得上有什么兴趣，由此把相当部分的最具教育性的过程排斥于它们的视野之外。

类似的倾向也会含蓄地出现在很多当前的进步教育思想中。人们对作为一个整体的人类发展感兴趣，在这种发展中社会和主观条件都被包含在内，学习被设想为带有预想（该预想既是个人的，也是社会所造就的）的活动个体与充斥着经济结构、权力结构、媒介和意识形态结构的外部世界这两者之间的互动。但是，人们却对这样一种事实鲜有兴趣：绝大多数教育也包含着主体性的内容，它的获得对于个体以及社会来说都是极为重要的。只要看看我们是多么在意我们的公交车司机、技工、社会工作者、医生等必须具有的适当资质就知道了。

因此，一个充分的学习理论必须超越这种经典的区分，使自己的关注点涵盖作为整体的人，既包括理性的部分，也包括主体性的内容，以及动机、情感和亲密关系等方面，并且，尤其还要关注它们之间的互动。

6.2　弗洛伊德的驱力论

我在前面以皮亚杰的学习论作为出发点，是因为我把他看作在学习的内容维度上最具经典和先锋意义的研究者，与此类似，在这一章中我将从西格蒙德·弗洛伊德开始，将他作为动机视角中最具经典和先锋意义的人物。而且也正如对于皮亚杰理论的处理那样（我陈述了他的基本学习论而绕过了他更为知名的认知发展阶段理论），我将直接切入弗洛伊德的驱力论，这是动机维度的基础，而把他更著名的性心理发展阶段（口唇期、肛门期、生殖器期以及潜伏期）和人格理论（本我、自我和超我）暂且搁置一边。

从根本上值得我们注意的是：皮亚杰和弗洛伊德的理论中都有这样一个自发因素的存在，尽管他们都没有直接用这种方式表达过，即学习过程的出现源自动机和情绪领域。这个领域是动力产生的源泉和能量聚集之地。在这里他们与现代脑科学的研究者们是一致的，认为情绪（感受的一般稳定状态）和感受是一种调节机制，它们接收来自身体和环境的冲动，激发对这些冲动的无意识和有意识反应，这些反应的形式有活动、思想，还有学习（例如，Damasio，1999，pp. 35ff.）。

弗洛伊德将这整个领域看作被我们的驱力调节的，但他也多次改变了对驱力结构的基本条件的理解。毫无疑问的是他最为著名的关于下面两者之间的区分：基本生命或性驱力，牵涉欲望、性、营养以及其他生命的支持性功能；死亡或求死驱力，与厌世、攻击以及对死亡的终极追求等有关。不过这一理论是他在 1920 年前后形成的，后来受到了多方面的激烈批评。例如，这样一种死亡驱力如何能够与其他基础性的达尔文主义的物种适者生存概念相提并论？难道这种想法不是弗洛伊德在其临床工作中所一直面对的消极行为所带来的结果之一吗？

因此，回到驱力论的早期版本会比较有意义，在该版本中弗洛伊德区分了这两种驱力：本我驱力（例如，营养等），服务于维持生命；性驱力，服务于物种延续（例如，Freud，1940 [1915]）。这两种驱力后来被合并进生命驱力的分类中。这更符合弗洛伊德的基本观点，符合后来发展起来的动力心理学，更符合现代脑科学的研究成果。不过，关于死亡驱力，关于厌世、侵犯以及无法说明的自我毁灭的行为形式又该怎样解释呢？我认为弗洛伊德已经通过他有关防御机制的概念，给了我们部分回答这一难题的钥匙。其他部分的回答与我们阻抗的潜能有关。我将在第九章中回到这两个课题。

弗洛伊德的驱力论在其他领域可能是有问题的，如他有关总体心理能量守恒的观念——正如在物理学中的能量守恒，它特别关涉这样一种观点：当某种需求被压制，与之相联系的能量就使其转移到其他领域。"神经系统的能量在弗洛伊德看来就像蒸汽机中的蒸汽。它推挤着、压迫着想要跑出去，通过这样做，使得车轮滚动起来。"（Olsen and Køppe，1981，p. 329）

当然这作为一种一般观念来说有些天真。人类有可能以多种方式动员和储存能量。但这并没有排除被链接到的能量，例如，维持一种心理防御，以及当这种防御被克服时感到一种轻松的状态。

但是，为什么我们从根本上要把自己的注意力放在弗洛伊德的驱力论上？首先是因为，弗洛伊德是第一个对心智能量运用于学习最为基础性的前提条件进行了系统思考和关注的人。其次，通过运用本我驱力、性驱力和生命驱力的概念，弗洛伊德指出了对于学习来说什么是基本的——人类学习的惊人潜能嵌入在生命实现的紧迫要求中，这一要求的发展过程既是生物性的也是遗传性的；这一潜能首先是一种生存的潜能，并且由此在其实现过程中，基本上表现为性驱力，并与其他生命支持行为相一致。这一观点值得我们将其作为人存在于这个世界中的出发点来坚持，在这个世界中社会不断施加压力，我们要通过整个生命去学习很多东西，而针对这些东西我们并不总是会找到什么特别的兴趣或关联。

奥裔美国心理学家、皮亚杰研究专家汉斯·富尔特（Furth，1987）著有一本书，题为《作为欲望的知识》（*Knowledge as Desire*），在书中他试图将皮亚杰和弗洛伊德的学习理论结合起来。我会在下一节中回到这个话题（我已经全面地对此做过分析，见 Illeris，2002，pp. 64ff.）。这里可以明确的是：皮亚杰和弗洛伊德已经为获得过程的两个维度的建构主义视角创建了一个基础，使得人们有可能将学习作为基本生命延续与发展、资质提升和性驱动的过程来进行分析，而且由此也能够思考，在今天的现实世界，当并不总是这种情况的时候，什么是至关重要的。

6.3　内容结构与动机模式

在我继续对动机维度进行深入探讨之前，我必须要先回到本章开篇谈及的被分裂的整体上，更贴近地考察内容与动机之间的联系。在这一工作中我将延续对前面提到的汉斯·富尔特（Furth，1987）著作的讨论，因为他集中关注了皮亚杰和弗洛伊德这两位理论家的联系，这两位人物也是我开展本研究的起点。

在他的引言中，富尔特强调皮亚杰和弗洛伊德不仅分别发展了认知和人格领域最为知名和最为全面的理论，而且他们还——尽管在他们的理论中有着极为显著的不同——共同拥有某些重要的基本特征：他们都曾接受过生物学的培训，他们都将自己的理论扎根在儿童的生理发展上，他们都曾对儿童的生理发展做过详细的经验研究。

然而，弗洛伊德并未直接研究学习概念，而且尽管他的一些思考涉及本书中学习概念的范畴，但比起我在这里考察的一些有关学习的思考来说，他关于认知和动机之间关系的贡献是在一个完全不同的水平上的。

不过到了皮亚杰那里，情况则有所不同，因为尽管他没有就情绪进行过很多研究，我们仍可以在他多年的研究中找到一些与众不同的论述。例如下面的引文：

> 所有图式，不管它是什么，都同时是情感的和认知的。
>
> （Piaget，1946，p. 222，引自 Furth，1987，p. 127）

> 情感生活，就像智力生活一样，是一种持续不断的适应，这两者不仅仅是平行的，还是相互依赖的，因为情感表达了行动的兴趣和价值，而智力则为行动提供了结构。因为情感生活指向着适应，所以它也意味着早先拥有的情感生活在当下情境中的不断同化——同化催生了情感图式或情感反应的相对稳定模式——以及在当下情境中个体对这些图式的不断顺应。
>
> （Piaget，1951［1945］，pp. 205–206）

　　　　　显然如果智力要发挥功能，它就必须由一种情感的力量来驱动。如果
　　　一个问题不能让一个人感兴趣，那么这个人将永远不能解决问题。所有事
　　　务的推动力都在于兴趣，在于情感动机。……如果面前的问题是对结构的
　　　重新构建，情感的作用作为动机来说当然是十分关键的，但是它并不能解
　　　释结构。

（Piaget，1980b，引自 Furth，1987，pp. 3–4）

　　这三段引文是在大约 35 年跨度的时间段中阐述的，因此，我们不必惊讶
它们乍看起来不是那么前后一致。第一段引文关注的是与同一时刻的动机和内
容都相关的图式。第二段引文谈论的则是动机图式，不过这种动机图式可被描
述为"情感反应的相对稳定模式"，即它们与皮亚杰常常描述为结构的内容图
式不具备同样的性质。在第三段引文中，刺激存在于结构之外，但又像动机一
样是必需的。应如何解释和说明这些不同呢？

　　在对这一问题的探索中，我将首先触及在德国"批判心理学"（见 7.4
节）中发展起来的一种视角，其中乌特·霍尔茨坎普 – 奥斯特坎普（Ute Holz-
kamp-Osterkamp）特别关注同样的问题：

　　　　　通过一种对来自生活过程的情绪性分化条件的彻底功能历史分析，
　　　我们已经能够明确，……情绪包含对环境条件的评价，这些条件是以它
　　　们的主观性意义和个体的行动潜能作为标准被认知性地感受到的。因此，
　　　情绪对有关认知性感知的环境和事件来说，是一个非常重要的界定因素。

（Holzkamp-Osterkamp，1978，p. 15）

　　在霍尔茨坎普 – 奥斯特坎普这里，内容和动机很显然被认为分属两个不
同的领域，且以一种特定方式在密切互动中发挥着功能。这一观点与皮亚杰的
最后一段引文显得很相似，它关注的是通过情绪力量动员起来的认知结构。但
霍尔茨坎普 – 奥斯特坎普接着写道：

　　涉及个体行为调整评价的反应反映了个体生物体在环境条件的所有水平上都不是孤立的，而是作为一个"复合品"，即一个复合的情绪状态，自动地综合所有单个评价进入一个复合的行动方向，只有这样才使得目标导向的行动成为可能。

（Holzkamp-Osterkamp，1978，p. 15）

　　由此，动机对内容的影响被看作一种全面的影响，其特征表现在它把来自周边环境的不同影响转变成为一种总体印象。尽管这种总结或多或少地说是由霍尔茨坎普－奥斯特坎普加以直接描述的——毕竟一个人很容易在某个给定情境中经历既不同又对立的情绪——这仍然与皮亚杰的视角有着某种重叠：它关注"情感反应的相对稳定模式"。在两个案例中，都有一种对多样情绪可能性的调节形式，但其不像在认知领域那样有着固定的结构。或者我们可以用其他方式来看：在认知领域中作为一种规律来说，一个人知道什么、不知道什么、理解什么、如何理解是很清楚的，而在情绪水平上，这更是一种渐进的转变过程，对于一个个体来说，不论怎样，他会遵循某种会随着时间流逝而发生改变的模式，而且根据皮亚杰在上面第二段引文中的视角，这些变化是通过同化和顺应，以与内容结构相同的方式而发生的。个体在内容领域中构建结构与图式的所在，在情绪领域中将成为发展动机模式的一种情况。

　　不过，霍尔茨坎普－奥斯特坎普继续阐述了其他一些相关的观察结果：

　　通常情况下这样的情绪评价只在对习惯性的和"自动化"的活动结果有"干扰"的时候，以及对行为能力有切实威胁的时候，或在一个"新的"情境要求提升"注意"的时候，才会主动出现。因此它们以有机体"重新定位"与周围世界的联系中的状态为特征。

（Holzkamp-Osterkamp，1978，pp. 15–16）

如果把这些论述用这里所采用的皮亚杰和弗洛伊德的术语体系来解释，就可以看到霍尔茨坎普－奥斯特坎普认为情绪在同化过程中或多或少是无意识的，而在顺应中它们更多地走在了最前线，并且变成了有意识的。例如，如果你确实是在努力掌握社会立法的原则和历史，你通常不会特别意识到在讨论的东西上你所附加的情绪，但如果在这一工作中，你开始抓住一些对你实际认识的人们很有意义的事物，这种情况下情绪就会成为有意识的，并且很是持久。以皮亚杰的一些零星论断为基础，并且以霍尔茨坎普－奥斯特坎普的视角为过滤器，我就能够对六岁左右所发生的相对分裂的内容和动机之间的结构性关系总结如下。

在学习中，一个人可以区分出两个方面：一是认知或认识论方面，其关注的是学习内容；二是动机方面，其关注的是学习的动力。通过认知过程，内容结构和图式得以发展，而情绪经验则发展出了一种具有相对稳定性质的动机模式。内容结构和动机模式两者都是通过同化（增加、巩固）和顺应（超越、重构）过程的互动发生变化和得以发展的。在累积和同化中动机通常在大部分情况下是无意识地发挥作用的，而在顺应和转换中它则通常会变得更有意识一些。

不过，内容和动机在实践中是从一个共同的整体中发展起来的，并且总是在密切的互动中发挥作用。那么下一个问题就必然是：这种互动是怎样的？它的功能是什么？这里，我将回到富尔特所引用的皮亚杰的另一段话：

> 举两个男孩和他们的算术课程作为例子。一个男孩喜欢它并且扎实地取得进步，另一个男孩……感到自卑，表现出所有不擅长数学的人所具有的典型综合特征。第一个男孩将学得更快，第二个则慢一些。但是对两人来说，二加二都等于四。情绪丝毫不会改变获得的结构。
>
> （Piaget，1980b，引自 Furth，1987，pp. 3–4）

这个例子显然很有说服力，毫无疑问是正确的，然而它并没有告诉我们全部的故事，这受制于前面提及的皮亚杰视角中的一个薄弱点：它仅仅关注这样一种学习情境，即聚合型知识的学习，其中的对与错可以被清晰地区分出来。

但是如果它关注分散型知识，即在学习情境是模棱两可的、可以出现很多同样"正确的"学习结果的时候，情况是怎样的呢？在这种情况下，情绪仍然对所学的东西没有什么重要意义吗？而且尽管从内容来看，两个男孩都学了同样的东西，情绪或动机对于学习结果的本质就没有重要意义了吗？例如，他们在多大的程度上记住了学习结果，他们有多少可能会在新情境中运用学习结果（迁移潜能）；或者，这种学习结果作为一种与新学习相联系的元素，在他们的处理方法中占有怎样的地位？

如果我们对皮亚杰这个极为简单直接的例子稍做超越，就很容易看到动机将对学习结果具有重要意义（即使所学的东西显然还是同样的）。实际中存在这样一种规律：很好地被动员起来的男孩将会更好地记住他所学的算术，尽管没怎么被动员起来的男孩也付出了辛苦的努力，最后学习了同样的东西。动机强的男孩将更乐意在所有相关的情境中运用他的算术技能，而动机弱的男孩则比较倾向于躲开这样的情境，或避免从一种数学的视角去看待它——这反过来也将使他更容易遗忘以前的算术学习结果。

更为普遍的是，学习的动机总是会影响学习结果，尽管它不影响认识论的内容本身。运用弗洛伊德术语体系中的一种表达方式，我们可以说，认知学习总是受情绪"困扰"：待发展的知识总是附加有情绪的气氛和印记。并且通常会出现这样的情况：在学习情境中出现的动机越强烈，情绪困扰也会越强——你只需要想想弗洛伊德所描绘的恋母情结中极为强烈的紧张状态，以及其是如何影响个体以后的人生的。

不过，互动在两个方向上都发挥着作用。情绪也同样被知识所影响，"在对情感的研究中，如果你发现了某种结构，它是知识的结构，例如，在相互的情感传递中，有理解的元素，也有感知的元素。它们都是认知的"（Piaget，1980b，引自 Furth，1987，p. 4）。理解和感知、知识和洞见均会影响动机模式。

但是由于这些模式在本质上与内容结构是不同的，性质也更不明确，所以互动也就有所不同。我们不能说，某种特定的情绪特征被某种特定的理解所"困扰"。动机模式具有这样的本质：如皮亚杰曾描述过的，是"情感和反应的相对稳定模式"，而且准确地说，这种"相对稳定"意味着这些模式通常是通过同化性质的过程逐渐转变的，而这些同化过程是在来自个体与环境之间持续互动（包括新知识的构建）刺激的影响之下发生的。

然而，强烈的内容顺应过程也可以伴随着强烈的动机模式的顺应性重构。如果一个突发事件或者某种认知过程（如早先曾讨论过的反思或元学习）引起了个体对一系列条件与情境的理解的根本性重构，那么在情绪模式中也将会有相应的根本性转变，不像是"困扰"，而更像是"调节"：情绪模式特定部分的性质逐渐在方向和强度上发生了转变。例如，基于多种经验和影响，如果一个人最终消除了自己对异性或其他种族的偏见，这可能会带来他对这些群体情感上的普遍性转变。

6.4　情绪智力

1990 年以前，有关学习的动机维度几乎只在动力心理学中得到研究，但自 20 世纪 90 年代起，依靠现代脑科学研究的背景，许多具有更宽路径的重要学术成果出现了。在本节及下一节中我将探讨我所认为的该领域中的两种重要视角，它们在一种创新性和启发性的意义上，将情绪生活作为一个整体，与学习和教学联系起来。本节关注的是美国的丹尼尔·戈尔曼在情绪智力上的研究（Goleman，1995），下一节探讨的则是英国心理学家约翰·赫伦（John Heron）的基于现象学的人格理论（Heron，1992）。

关于戈尔曼，应该加以注意的是，他不是一位传统学术意义上的研究者，而是一名科学记者。不过，他获得了心理学博士学位，他的学术背景是没有问题的，他以现代脑科学研究作为自己的起点，开展了高质量的研究工作，在情绪对于我们日常生活的意义以及我们处理它的能力方面，进行了探索和交流。

尤其令戈尔曼的研究闻名世界的是他使用的"情绪智力"概念。智力一般来说涉及常识、思维以及天分，即认知领域中的内容（这涉及的是本书中所指的内容维度）。但是，美国心理学家霍华德·加德纳（Howard Gardner）提出了多元智力的概念，将其拓展到了更广的视野（Gardner，1983，1993；见10.2节）。戈尔曼自己说他是从彼得·沙洛维（Peter Salovey）和约翰·迈耶（John Mayer）的一本书（Salovey and Mayer，1990）中接受了"情绪智力"的概念。

尽管戈尔曼没有提供对这个概念的任何实际定义，他还是在其著作中的一些场合，在不同的上下文中，选择稍有不同的语词，对情绪智力做了描述。例如，他的描述包括这样的文字：

（情绪智力包含）自我觉察、自控、共情、倾听艺术、冲突解决以及合作等能力，……能够激励自己并使自己在面对挫折时坚持不懈、控制冲动、延迟满足、调节心态并且阻止思维能力陷入不良心态之中。同情和希望……（是）一种元能力，决定了我们能够在怎样的水平上运用我们所拥有的其他技能，包括原始智力（raw intellect）。

（Goleman，1995，pp. xiv，34，36）

在导言中他引用了亚里士多德（Aristotle，前384—前322）如下的话："每个人都会生气，这很容易。但是对正确的人生气，以正确的程度生气，在正确的时间生气，为了正确的目标生气，以及用正确的方式生气，这并不容易。"(Goleman，1995，p. ix)

主要来说，戈尔曼发现人有两种思维——理性的和感性的，而且它们持续不断地相互作用。感性的思维是本原的，如同在该书封面上的雄辩描述的那样，它"比智力更重要"：

从源头上说，在感性与理性思维之间存在着一种平衡：情绪充实并报告理性思维的运作；理性思维提炼情绪，有时也拒绝情绪的输入。而且，感性和理性思维不是完全独立的能力，……反映着脑中独特但又相互联系的神经通路的运作，……作为较新的脑生长出来的根基，情绪领域是通过无数神经联结、通往新的脑皮质（包括工作记忆）的回路相互相系起来的。这赋予了情绪中心极为强大的力量去影响脑的其他部分功能的发挥——包括它的思维中心。

（Goleman，1995，pp. 9，12）

戈尔曼一方面赞同加德纳认为的智力的范围比能力宽广得多的观点，另一方面又批评加德纳没有充分承认情绪的重要性。他列举了很多例子，在这些例子中情绪对于恰当发挥能力是完全具有决定性的，尤其是对于理性思考和决策具有关键意义。

戈尔曼还强调，高智商对于保证一个人能够很好地生活来说是远远不够的，能够以合适方式运用和控制自己情绪的能力至少是同样重要的。他强烈建议学校做出下述改变：让我们的孩子能够认识他们自己的情绪并且学会恰当地联系它们。后来，他也对工作生活中情绪智力在一般意义上以及生涯发展方面的重要性进行了研究（Goleman，1998），另外，他还与两位合作者一起，对情绪智力管理的相关问题做了一些研究工作（Goleman et al.，2002）。他在一本篇幅更小的著作中进一步总结了关于情绪智力的一些近期脑科学研究成果，包括对人脑中认知与情绪间必不可少的互动关系的理解拓展：压力会降低甚至完全阻塞新的学习，心理投入度是有意义学习的必要条件，等等。

戈尔曼高度强调情绪与理性拥有同样地位的重要性和必要性，强调两者之间的相互作用，由此他的理论与对学习动机维度重要性的理解是相一致的，而且他也是这种重要性的强有力的宣传者，而这些理解正是本书的中心主题之一。

6.5　赫伦的情绪与人格理论

英国心理学家约翰·赫伦的学术贡献是建立了一个具有宽泛基础的人的理论，他选择了这一理论的应用可能性来阐明有关学习的课题。赫伦的理论基础是"宽域的人类经验现象学……以及人类关系与人的哲学"，其涉及"自我实现的心理学"（马斯洛、罗杰斯）、"精神哲学与心理学"（福西特、海德）、"超越个人的心理学"（格罗夫、威尔伯）（Heron，1992，p. 1），而且还暗含着一些东亚哲学与系统理论。在赫伦看来这是不言自明的：一个人既不能将理智从生理中分割出来，也不能将理智从情绪中分割出来。在其著作《情感与人格：另一种基调中的心理学》（*Feeling and Personhood: Psychology in Another Key*）中，他提出了一个综合性的和相当复杂的人的模型（Heron，1992；Yorks and Kasl，2002）。这里我将仅展现这个模型的主要特征，它们对于理解学习至关重要（见图6.1）。

首先，赫伦界定了四种不同的基本"精神模式"或"功能发挥的主要模式"，这些模式的一部分被他置于一个相当复杂的人的模型当中，该模型很容易令人回想起库伯的学习圈（见5.2节）；一部分出于他所谓的一种"上层级"模式，它"不意味着较高的层级控制和主导较低的层级"，而"意味着较高的层级从较低的层级分枝、开花、结果而来"（Heron，1992，p. 20）。

上层级模式中的最低层级是感情的（affective），它从情绪（emotion）和情感（feeling）之间延伸出来。接下来是想象的（imaginal），它从直觉（intuition）和意象（imagery）之间延伸出来。第三层级是概念的（conceptual），它从反思（reflection）和辨别（discrimination）之间延伸出来。在顶端的是实践的（practical），它从意图（intention）和行动（action）之间延伸出来：

"上层级的隐喻指出了在所有时间里精神层面发生了些什么，尽管也许因为阻碍和变形，它是以一种默会的、扭曲的和未被认识到的形式进行的。在其未受阻止的形式中，它描绘了一个完整的人持续发挥功能的动态程序。"

（Heron，1992，p. 21）

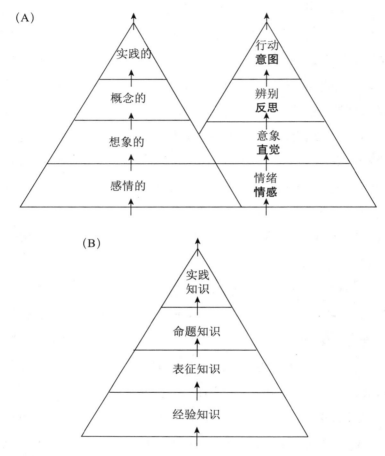

图 6.1　赫伦的（A）心智导向模式以及（B）知识形式（Heron，1992，pp. 20，174）

　　另一个上层级模式与这四种心智导向模式相对应，并包含四种知识形式。这里最低的层级是经验知识（experiential knowledge），从情感和意象之间延伸而来。接下来是表征知识（presentational knowledge），从观念和概念之间延伸而来。再上面是命题知识（propositional knowledge），从概念和实践之间延伸而来。最后出现的是实践知识（practical knowledge），从实践与情感之间延伸而来。引人注目的是，在知识形式中有一个清晰的回路运动：从情感到观念、概念和实践，然后又回到情感——这很显然与库伯的学习圈是有相同之处的。

不过，赫伦指出，当涉及学校、教育项目以及相类似情境中的正规学习，或是一个人有意识地努力去学习什么的时候，这个过程是有所不同的，因为两个中间的模式发生了位置改变：概念出现在观念之前，命题出现在表征之前。当一个人决定去学习某个特定事物，或当他去组织其他人的学习过程时，他首先设定某个框架或概念，然后努力去填满它，但是在日常学习中，先出现内容，接着才是概念和情境。

我认为，和库伯一样，赫伦也会因此而受到诟病：这是一个垂直的体系，它太过于极端地列举了有关不同心智过程与水平的清晰序列规则。学习在实践当中并不会如此运作。人的脑相对于这个模型中的运作模式来说要灵活得多，而且它能够持续地使用它认为恰当的相关过程——正如赫伦在一般水平上所阐述的正规学习与偶然学习之间的不同那样。不过，这个一般系统能够提供一个总体看法，给很多读者以启示。我们只是必须注意不要将其理解为应用于所有实践和所有场合的固定不变的系统，而且赫伦似乎比库伯更愿意对他自己的系统模型持一种灵活的态度。对他来说重要的是，人和学习都被视作整体的、动态的，而且在经验、情绪、理智和社会实践之间有着持续不断的互动，它们创造了学习和个体发展中的平衡。出于这一原因，有关学习的视角也必须给这种互动提供空间、灵感和信息，而且在这里参与者之间的关联发挥了决定性的作用。

赫伦的理论被很多人加以运用和进一步阐述，例如，美国的莱尔·约克斯（Lyle Yorks），他与伊丽莎白·卡斯尔（Elisabeth Kasl）合作，开发了一个有关种族身份认同的课程，这一课程是在赫伦的启发下组织和实现的（Yorks and Kasl，2002）。他还与朱迪·奥尼尔（Judy O'Neil）和维多利亚·马斯克（Victoria Marsick）一起，基于类似的理论基础，出版了题为《行动学习》（*Action Learning*）的著作，提供了一种最新型员工教育的重要内容（York et al.，1999；Illeris et al.，2004）。

6.6 情绪、动力、意志和态度

如标题所示，本章内容是围绕我所称的学习的动机维度展开的，但是在前面的探讨中，我常常只是谈到了情绪、情感，并且将它们与认知，与学习内容相对比。但下面这点还是很重要的：坚持一般广义的动机概念，尽管许多研究涉及的还只是日常用语和一些学术情境中的情绪——在这个领域中有很多语义上的模糊之处，很容易引起困惑。

一般说来存在着一个心智状态的长系列，我们可以直接将其理解为情绪，例如，快乐、愤怒、悲伤、恐惧和憎恨〔它们常被作为五种"基本情绪"（例如，Campos et al.，1983，p. 814）〕。但是在日常语言和专业性的心理学中，还存在着大量其他情绪，举例来说，即使可以证明存在着与不同情绪相联系的脑的某种状态和某种其他一定程度上自动化的反应，它们通常也不能被精确地定义，不能被截然分开，而且一个人仍然可以同时经历某些不同的情绪。而且，在脑科学研究和心理学中常常会做出这样一个区分：即时的情绪，它的出现和消失与个体和环境的互动保持步调一致；潜在的更为一般水平的情绪，它常常具有持久的性质并给我们的"心情"打上印记，由此也给我们单纯的更为特定的情绪体验及其反应打上印记（例如，Damasio，1999）。

不过动机维度还囊括了动机、意志和态度，它们正规来说并不在情绪的概念之下——即使情绪这一概念的边界也不是很清楚——但它们在很大程度上构成了情绪的一部分，至少与学习有关的动机、意志、态度是如此。例如，当涉及学校和教育项目中的学习时，提及参与者动机的地方要比提及他们情绪的地方多得多。

这里，我们又一次进入了一个没有明确定义和清晰边界的领域。例如，如果一个人有意愿去学习某个特定事物，这很明确就包含一种动机形式和某种态度，它们在与某种学习方法相联系时也会被激发起来或被打消掉。在日常用语中，作为一种规律，我们毫无困难地处理那些我们自己或其他人所说的概念和理解，因为每个概念都有其自身的特定含义以及应用范围，我们对此十分熟悉。但是如果涉及更为专业的理论定义，很多问题就会出现，有很多人尝试要界定和理顺情绪这个术语，但没有一个是被明确和普遍承认的。

关于学习，最重要的是坚持把动机维度视作一个整体，视作所有学习中一个重要的、不可或缺的要素。如果我们希望能够更加深入地探讨这一维度，也许最为恰当的是将情绪与动力区分开来：情绪更为直接地与学习环境相关；而动力——也包括意志与态度——则更为普遍地与内容和情境相关，这其中有一部分是学习塑造的。

本章的第一部分探讨了动机维度的特征，并将其置于学习的整体当中，其中情绪占据了最大的篇幅，因为传统上，无论是在专业还是日常语言中，它们是有关动机的观点的中心所在。这一节中我将更加近距离地审视动机中的动力性要素。对于所有以这样或那样的方式来处理学习课题的人来说，相当清楚的是，动力在其中发挥了关键性作用。动力心理学在传统上还是一门更多探讨学习而不是探讨与情绪相关的内容的学科，与此同时，它通常出现在所有类型的教师培训中。

人们常常提起的第一个动力理论，是由美国人威廉·麦独孤（William McDougall，1871—1938）从20世纪初开始提出的人的12种本能论（McDougall，1963［1908］）。极富特征性的是：很多国家的，特别是美国的动力心理学致力于列举和讨论多种动力，这扩展到了一个比情绪心理学更广泛的程度，最终进入一个死胡同：动力分类成了中心，而不是把动力的意义与功能、互动与对立的复杂模式作为中心，这里至少还应该将动力作为其中一部分并将被其形塑的情境作为研究的中心。

如果要说流传最广、最受欢迎的动力理论，那么十有八九是由美国心理学家亚伯拉罕·马斯洛在1954年提出，并在以后逐渐完善的著名的需要层次理论（Maslow，1954）。马斯洛与罗杰斯一样，是美国在那个时代人本心理学的重要人物，他在当时的背景下造就了这一理论，这特别表现在他将自我实现置于需要层次理论的最顶端上。需要层次理论的观点还有：所有不同的需要是以一个恰当的分组排列的，这些分组是有层次的，其中层次最低也是最为基本的需要必须在一个合理的水平上得到满足，然后下一组需要才能够出现。

在层级底部的是基本生理需要（食物、水、性等），接下来是安全需要（稳定、安全、保护等），之后是社会需要——它首先是一种共同体需要（归属、爱等），然后是尊严需要（自尊、成就、威望等）。处于上部的首先是认知需要（知识、理解、洞见等），然后是审美需要（美丽、和谐等），最后是前面提到过的自我实现需要（实现自己和自己的潜能）。后来马斯洛又分解出来一种特殊的"超越需要"，是找寻生命意义和对生命的一种整体性理解的需要（Maslow，1971）。

除了这些分组，需要层次理论中还包含一些让人产生困惑的假设，即假设这些分组之间存在某种顺序。这令人回想起对脑的三个主要区域层次的诠释（见 2.4 节），它传播得更早，但到今天才被一种精致得多的理解所代替——后面的区域从早先的区域发展而来，以确保形成一种巨大的联结、合作和分化网络。相应地，我们可以得出马斯洛的某种论点。但在现实世界中事情要复杂得多，人们的需要构成了一种复杂的模式，它在个体中间、在不同的人类群体中间得到发展，并且基于他们的经验基础、他们目前的情境以及他们的未来前景，而得到不同的运用。

至少在日常生活中找到与马斯洛需要层次理论不相符合的例子并不困难，例如，人们忍受饥饿、挑战安全和社会关系来实现某种对他们来说更为重要的目标。问题的关键是，这些需要种类脱离了它们存在情境中的普遍的人类实体。人们一旦认识到了这一点，就会很容易发现，这个意义美好的需要层次理论是作为美国 20 世纪 50 年代中产阶级崛起的理想画面出现的。另一方面，作为一种极端的例子，基于马斯洛的需要层次理论来解释当代自杀式袭击者的行为是很困难的。

差不多同时期中，另一个非常著名和广为传播的有关动力的美国观点涉及戴维·麦克利兰（David McClelland，1917—1998）等人关于成就动机的扩展研究（McClelland et al.，1953；McClelland，1961）。这一动力与最广泛意义上的经济层面的意义有着密切的关系。麦克利兰引用了马克斯·韦伯（Max

Weber，1864—1920）的以下观点——在发展中国家，人们的意识形态会受到影响，所以他们就教育自己的孩子树立更强的成就动机，这就会加速经济层面的增长。他试图用实证研究来证明这个过程中单个步骤之间的联系（McClelland and Winter，1969）。

麦克利兰的研究遭受了很多批评，因为他的所有研究对象都是白人男性大学生，这些人勾画了局限于描绘男人画面的故事。委婉地说，在此基础上把所有人类动力的相关课题进行普遍化并非毫无问题（Horner，1974）。另外，他有关美国白人中产阶级养育儿童信念的观点似乎也是站不住脚的。

我把这两个动力心理学的中心案例提出来以说明以下重要观点：即使所有人都同意动力对于学习来说是至关重要的，这个学科仍然没有对理解和组织实践中的学习做出很大的贡献。这主要是与将研究聚焦于确定多种动力种类，而没有集中精力研究不同群体的学习者有关：没有聚焦于是什么激发和打击了这些学习者；没有聚焦于在个体和社会的水平上，是什么隐藏在这些东西的后面；以及没有聚焦于能够从相应结果中得出的有关学习结构与条件的结论。

不过，也有许许多多的教师和其他人，包括学习者自己，沿着这个思路在思考并达到了很高水准，这些思考将在本章和本书的其他部分中以各种方式出现，尽管它们并不总是直接引用动力的概念。

6.7　混乱和冲突引发的动机

不同种类的混乱和冲突引发的动机是学习实践中一种重要的动机。正是联系到学习动机维度的重要意义，人们才常常会意识到学习不同于，甚至超越了获得这一层面，其推进过程很少是平坦的；与此同时，促进个体发展的学习可能性常常是以一个人形成或打破现有的个体或社会平衡作为起点的。这也许会是一个简单的"认知不协调"问题（Festinger，1957），即一个人经历的事物是与他的观念相冲突的，或者与他的社会关系及社会理解存在着一定程度上的矛盾。英国学习研究者彼得·贾维斯（见 8.6 节）通常情况下用"分裂"

（disjuncture）一词来表达这一现象，他认为对于所有学习，而不仅仅是在性质上有所改变的学习，它都是某种形式的出发点（例如，Jarvis，1987，2004，2006，2012）。

该领域经典的心理学成就，当数加拿大人丹尼尔·伯莱因（Daniel Berlyne，1924—1976）将好奇心作为学习动机的理论（Berlyne，1960）。其核心是，冲突意味着对当下情境的理解和早已存在的知识或期望之间有着矛盾和差距，如果这种经验是挑战性的，并不是压制性的，那么就会导向一种伯莱因称之为"觉醒"（arousal）的动机形式，一种产生于"觉醒潜能"的心智对抗手段，这种潜能可被理解为人类准备状态的一个方面，我将在后面将其作为"阻抗潜能"（resistance potential）进行讨论（见 9.5 节）。在行动水平上，根据伯莱因的观点，其结果是好奇心。这种好奇心或者是知觉性的，导向探索性的行为；或者是概念性的，导向寻求回应或认识性的行为。在伯莱因理论中具有教育学意义的核心是，学习是通过适当的挑战得到促进的，挑战既不能太小（否则人们就不会去学），也不能太大（否则人们就会在环境面前退缩或选择绕开）。这是一种很多教师都从内心接受的基本理解。

智利生物学家、系统理论家乌韦尔托·马图拉纳（Huberto Maturana）和弗朗西斯科·瓦瑞拉（Francisco Varela，1946—2001）后来继续把这个主题与他们的"自创性"（autopoiesis）[即自我支持体系（self-maintaining system）；Maturana and Varela，1980] 理论联系起来，在一种更为一般水平的形式上进行研究，而其他一些人则在学习领域的以下方面继续深入研究：探讨学习冲突大小的重要意义。在著名德裔美国发展心理学家艾瑞克·H. 埃里克森（Erik H. Erikson，1902—1994）的研究成果中，冲突和危机创造了不同生命发展阶段之间的转换点。例如，进入青年时所出现的从儿童期环境释放出来的危机，必须用一种可持续的方式加以解决，从而形成适当的自我同一性（Erikson，1968），这可以被理解为一种具有深远影响的转换学习过程（见第八章和第十一章）。

在丹麦，心理学家延斯·贝特尔森（Jens Berthelsen）研究了在心理学习项目中有意利用困境来促进个性发展和自我觉知的观点（Berthelsen，2001）。困境意味着在两种错误中进行选择，人们可能会对引进这样的选择情境作为教育项目的一部分非常谨慎。然而，正是当它出现在对心理学工作者的培训中时（这一培训是由另外一批更有经验的心理学工作者主导的），贝特尔森发现，它既是有意义的又是实用的，是一种富有成果和负责任的方式。这个例子表明了我们以矛盾为起点能够走出去多远。

从学习的视角看，从最轻微的挑战到戏剧化的个人冲突，都可以提供冲动，使得顺应与转换学习的过程更加深入，并由此将教学提升到一种常规的复制水平，这样个体就可以用同化过程管理教学。无论是教师个体，还是更普通的教育概念的建构（如项目学习或其他问题导向的学习），都可以实现这一点。

相当清楚的是，正是这些产生于困境中的矛盾、问题中的小混乱的挑战，一般说来，是适合于把学习决定性地推向深入的。但是，在记住伯莱因理论的同时，同样重要的是要理解，不管一个人处于什么样的水平，挑战如果在原则上有太大风险，对参与者来说就不再是"适合"的了。对个体学习者来说，学习总是在一个或高或低的程度上，通过与环境之间的相互作用，以同化过程为标志平稳、渐进地发生的，而这一情况一般来说可被描述为"学习飞跃"（learning leaps），在此之中顺应或者可能的转换学习占主导地位，一个人可以在自己的发展中果断地更进一步（见比耶格的学习模式，8.7节）。

即使他们自己面临的挑战能够很容易地被维持在一个内容和认知的水平上，但在这样的情境中，学习的动机维度仍然很快会具有关键意义，因为混乱、问题、挑战和冲突会像作用于洞见和理解那样，作用于情绪和动力。

6.8 现代性中的动机问题

今天我们生活的社会有着各种名头，其中一个常用的是"全球化的知识社会"，这个词是一些国家和国家组织发明出来的，这些国家组织成为竞争性盟友，在它们内部，所有政治与行政工作的基础是提升国际竞争力，社会成员的能力水平以及由此推及的学习就成了竞争的关键参数（Cerny，1997, 2010；Pedersen，2011, 2013；Illeris，2016）。在不同国家中，这一背景使得人们日益认识到需要更多的学习和个人发展，并感受到日益增长的压力，这是普遍现象，尤其体现在与商业相关的领域中。在政治舞台上，这种压力以竞选活动、立法以及行政的形式遍布于各个方面：设立更大和更为集中的机构，运行上更注重效率，强化激励框架，启用独断的领导者，引入更多的考试和评估手段，给学生更大压力迫使他们选择所谓更充分的教育序列并尽可能快速地完成它们。总之，所有这些情况都加大了学生和教育从业者的压力，降低了他们在决策上的参与度。

这是一个直接扎根于狭隘的经济思维的环境，导向了一种持续不断的变化和革新潮流，在其中学习被当作一种商品，它可以被生产、被控制，仿佛它只是一个工业生产过程，而不存在对这样一个事实的思考和理解：这是一个完全不同种类的人类活动过程，它与学生的自我觉知和投入度相关——更多更好的学习并未能够如期出现，反而导致了更大的两极分化、退学，以及特殊教育需求。

当然所有这些也同样高度影响着社会和教育大气候中的教育机构，今天这种压力对大多数教育项目和个别的教学环境也有很大的影响。而且，它还作为一种潜流影响了教育中的教师和其他参与者，这意味着人们常常感到处于压力之下，直接体现在财政上对于班级限额、咨询便利条件、教学资料等的收缩，而且也表现在学习上。

因此，在教育体系的几乎所有部分中，我们都发现自己或多或少地持续处于这样的情境之中：参与者的动机处于压力之下。当然在内容和互动维度中也有很多压力存在，但这种在动机领域内的压力是最为令人紧张的，它以动机问题和矛盾心理的形式出现。在第十三章中，我将在更为一般的水平上回到这个话题，不过这里我想比较直接地谈谈动机问题，它们正以日益增长的显著度出现在大部分的教育体系之中。

在具体的情境中，问题通常表现为一种动机上的双重压力。一部分来自个体，表现形式是不确定性，一个人通常对自己应该优先努力学习什么和怎样学是不确定的，对自己是否足够胜任学习也是不确定的。与此同时，压力也来源于外部，表现形式是要求或期望更严格的纪律和更多的控制。也许有些人喜欢这样的情境：压力让他们更努力地工作，当他们能够应对它、能够有所进步的时候，它是有积极强化作用的。但是，对于那些已经是最为脆弱的人们来说，应对这种情境也将是最有困难的。他们感到更加没有安全感，他们的动机变得非常矛盾：在某一时间点上，他们想要提升自己的素质，因为毕竟这是必须的，但他们又强烈希望能够逃避，因为这是一种过度紧张的状态，他们害怕这种状态反而会给自己的已有经验增加更多的打击。

今天，在动机问题开始出现并影响工作氛围以及学习之前，没有必要更深入地探讨小学阶段中的此类问题。这种情况仅仅会在青年教育项目中变得更糟糕，实际上在其中动机问题已成为过高辍学率的一种重要背景因素，在成人和继续教育中这个问题也在某种程度上持续出现。在广泛的非学术性教育项目中，矛盾性动机多年前在一个参与者导向的项目中就被证明是一个关键问题，而在工作生活中的学习领域，同样的情况也会特别出现在低技能者中（Illeris，2003，2004a，2006）。

为什么这些问题存在的范围如此之大？当然是因为它们是一些关键因素的扩展，这些关键因素出现在一般社会中，特别是教育部门中，也就是说，我们把知识社会理念中的所有东西、把今天竞争社会方式下的东西加起来，堆积成为学习的压力。所以，关键是要理解这些东西特别影响到了动机，而且大多数情况下把动机弄得充满矛盾，即在同一时间内既是积极的又是消极的（见9.4节）。只有这样，才有可能在学校的日常生活中，在教育机构中，在咨询中和工作生活中，通过系统性地寻求积极因素、顺应参与者、为符合他们条件和兴趣的行为打基础、倾听他们的关注点、给予他们自我决定和适应挑战的最大可能限度，这些矛盾动机才能够如参与者和教育项目所秉持的观点中那样是恰当的；与此同时，还必须同样系统性地致力于避免支持消极面，如，轻视参与者，无礼地对待他们，在他们感到不安全的时候继续下去，以及"偶尔"在日常生活中做一些让他们敏感和很容易体验为侮辱的某些小事情，等等。

如果一般教育政策继续建立在一个对人类学习如何发挥功用、怎样才能得到支持和发展的错误理解之上，那么它在基础层面只可能在有意识地付出额外努力的情况下，联系学习者动机中的积极因素，做到关注细节、关注结果。这听起来非常简单，但在实践中却并非如此。同时，实践也表明，某种程度上，确实越成功越有可能减少动机问题。

6.9 小结

学习的动机维度涵盖了有关心智能量的范畴和特性的内容，这种心智能量是学习的驱动力，即通常来说的动力、情绪、态度和意志，个体将其投入学习情境或学习过程之中。

在学习的获得过程中，内容维度和动机维度之间存在着紧密的相互作用，因此所学的内容受到了心智能量在性质和强度上的影响；与此同时，动力、情绪、态度和意志也受到学习内容的影响。当具有相对明确特征的心智图式和结构在内容方面发展起来的时候，在动机维度，相对稳定的动力、情绪和意志模式也发展了起来。在累积和同化学习中，动机维度在很大程度上是无意识地发挥作用的，而在顺应和转换学习的情况下，学习在性质上则更多是有意识的。

坚持以下观点是很重要的：动机维度是学习中的一种重要和不可或缺的要素，它以动力、情绪、态度和意志的形式出现，至少与学习的内容和结果同等重要，因为这是个体恰当地、在社会中有目的地发挥功能的能力。正是这些被称为"情绪智力"。

学习的动机维度的中心点是，与学习有关的挑战要与学习者的兴趣和资质相一致，或至少与它们在本质上并不冲突。与此同时，它们是相互平衡的，挑战既不能太小，以至于不能对学习产生任何重要意义；也不能太大，以至于让人觉得不可忍受，并因此导向逃避策略。在当今社会中，几乎所有水平上都存在着学习的压力，存在一种倾向，即这些挑战，特别对于在内容和动机上比较薄弱的参与者来说，常常不恰当地沉重，促使他们将学习体验为艰难的或失败的体验。

第七章　学习的互动维度

本章将对学习的互动维度进行详尽的阐述和分析。首先，所有的学习都是"情境性的"，即都是在一定的情境中发生的。一定的学习空间既决定了学习的可能性，也给所发生的学习的过程与性质打上了印记。另外，学习的情境性可被理解为是在不同水平上的，这里首先要对直接的人际交往情境与潜藏的社会框架条件进行区分。学习者与环境之间的互动本身也会在性质上有所不同，本章将列出六种互动的典型形态。接下来我将探讨社会与人际交往条件影响学习的方式，以及一个人与其如何关联。最后，我还会对社会学习与合作学习、集体学习概念之间的关系进行讨论。

7.1　情境学习

本章探讨的是学习中有关学习者与环境之间互动的维度。这一从个体水平和内部获得过程出发的旅程，转而聚焦于个体与社会及人际交往水平之间的联系。与此同时，讨论的基础也从人类的生物－基因构造及其在这种联系中的个体与人际发展，转变到社会的历史性发展结构以及个体对其的塑造上。在内部心理的维度上，个体是框架，行动通过个体与环境的相遇（meeting）而发生。在互动维度上，环境才是框架，行动是个体与该环境在联系中产生的。

从学习的观点来看，如第三章中早已指出的，将环境作为一种学习中的要素纳入进来的必要性扎根于这样一个事实——所有学习都是"情境性的"，即学习情境不仅仅影响学习，而且也是学习的一部分。这是一种非常基本的情况，我们对此都心知肚明，都有直觉性的经验，但这仅仅在最近几十年中才被真正纳入学习研究之中，而且情境性这一概念直到 1991 年才被美国人让·莱夫（Jean Lave）和埃蒂安·温格在其所著的《情景学习》（*Situated Learning*）一书中加以介绍（Lave and Wenger，1991）。

不过，莱夫和温格没有认识到，这种情境性总是有着双重性质，而且这会成为这种基本特征并未被纳入很多扩展文献的原因之一，尽管这些文献受到了他们视角的启发，例如，温格自己有关实践共同体的书，以及两位意大利人主编的有关组织中知识形式的书（Wenger，1998；Wenger et al.，2002；Nicolini et al.，2003；Gherardi，2006）。不过，后来温格也在这个方向上拓展了自己的理论，指出学习环境和学习共同体常常是一个更为广泛的所谓"学习场域"的一部分，这个场域提供了最为重要的学习条件（Wenger，2014）。

这种双重性质存在于这一事实之中：学习情境总是在同一时间内，既被视为一个或多个学习者自己所在的直接情境 [例如在学校中，在工作场所中或在休闲活动中（见第十二章）]，也被视为一种社会性情境，它更普遍地受到在最广泛可能含义上的当前社会规范与结构的影响。因此，我们可以建立一种互动情境的三角模型，它是第三章中所发展的学习三角的倒转。在这一模型中基线是从即时人际交往情境和潜在的一般社会情境之间伸展出来的，互动针对的是作为整体的个体获得过程，再加上两个角，由此诞生了更加复杂一些的学习模型（见图 7.1）。

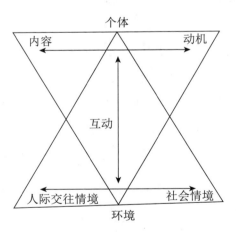

图 7.1　复杂学习模型

对于这一学习模型，需要补充很多重要的诠释。

首先，人们也许会提出疑问：为什么我不在第三章中构建这个模型？答案是，我发现示例一个基本模型是非常重要的：这个模型能够展示学习对学习者来说是如何直接推进的，而且在这个视角中可以最为清晰地描绘环境及学习者与之互动的对应关系。因此这个复杂的模型只有在这个需要把环境在更为详尽的水平上进行说明的时候出现，才是恰当的。

其次，非常重要的是，个体水平上的学习只能在内容和动机维度上加以适度的详细说明，因为它对应于我们脑发展和发挥功能的途径，而在情境维度上则可以根据一个人所希望强调的方面，用不同的方式进行详细说明。因此我的选择是指出直接的、贴近的情境与潜在的社会条件之间的区别，将其作为一般学习视角的最重要的环境特性。这与我在《工作生活中的学习》（*Learning in Working Life*）一书（Illeris et al.，2004，pp. 44ff.，pp. 67ff.）中所强调的重点形成了对照，在那里我选择的重点是：作为学习环境的工作场所的技术组织性和社会文化方面的特殊性。它与我的同事克里斯蒂安·海尔姆斯·约根森（Christian Helms Jørgensen）和尼尔斯·沃林（Niels Warring）发展的"工作场所学习"（workplace learning）模型相一致（Jørgensen and Warring，2003），而且更为一般地来说，其对应于德国社会学家和哲学家哈贝马斯在"批判理论"中提出的"系统世界"（system world）与"生活世界"（life world）之间的分化（Habermas，1984–1987［1981］）。

再次，必须指出的是，上面提到的目前在这种背景下研究情境学习的绝大部分文献，都是有关我所称的直接和临近的学习情境的。关于学习的潜在社会情境的重要意义，我们可以更多地在 20 世纪 70 年代的批判社会化与教育的文献（例如，Bernstein，1971；Bourdieu and Passéron，1977［1970］；Willis，1977），以及在该领域 20 世纪 90 年代以后更为社会学导向的文献中找到根基（例如，Giddens，1990，1991；Beck，1992［1986］；Jarvis，1992；Castells，1996；Usher et al.，1997；Sennett，1998；Bauman，1998；Beck and Beck-Gernsheim，2002）。社会建构主义对此也有所贡献（例如，Gergen，1991，1994；Burr，2015），我将在本章稍后回到这个问题。

最后，也许让人感到惊讶的是，即使学习的互动情境关注的是个体与环境在最广泛含义上的互动，但我还是要将这种环境放在一个直接的人际交往的，以及更为普遍的社会性水平上加以定义。学习者与物质环境之间、与环绕学习情境的地点之间、与人们利用的工具和设备之间，以及与大多数学习发生的机构之间的互动中，究竟发生了什么呢？

当然个体无时无刻不在卷入与物质环境的互动，但这种互动的性质总是被社会性地和人际交往性地加以传递。今天的社会中，这种传递是十分突出且非常显眼的——物质世界中的人类烙印在今天是如此普遍，使得找到某种"未被触及的自然"元素变得极端困难。以学习的相关观点来看，环境的物质面是服从于更具控制性的社会面的。这基本上意味着人类的心智状况是一种社会性的存在，其心理功能只可能在一个社会空间中得到发展——因为我们谈论的是特定社会性维度中的人类。

而且，尽管找到某种"未被触及的自然"也许是可能的，但我们对这种自然的认识必然是受社会影响的——我们知道，"海"被称作"海"，或是"星星"被称作"星星"，人们以特定的方式联系这些现象：海是一种你可以在其中游泳、航行甚至沉溺的东西；星星构成了多种星座，它们距离我们遥远得难以想象；等等。因此，要在心理学的、学习的情境中，将与物质环境之间的互动和与社会环境间的互动分离开来是不可能的，它们构成了一个整体，总是被社会性地加以传递。

另外，今天社会中的一个重要因素是，这种传递既会发生在一个直接的社会互动中，也会间接地通过大量不同媒介来进行，这些媒介已经从书面和艺术表达形式延伸到了极为广泛的电子设备领域。当然，这对于丰富学习机会来说是具有重大实践意义的，但是，当这种传递关系到学习的时候，我们一定不能基于媒介的视角来对待这些传递形式，而要基于心理学的视角来对待它们：从个体作为学习者如何面对他所处的环境的视角，无论涉及的是直接传递的还是通过媒介的传递。

7.2 互动的形式

一般说来，学习者与环境之间可能发生的互动形式似乎是无限的。人们既不可能限定互动的形式和种类，也不可能限定体验这些互动的方式和数量，因此要像我们给内部获得过程进行分类那样，也去发展一个有说服力的有关互动形式的分类理论，是不可能的。不过，我们可以尝试实现某种一般性观察，对最重要和最广泛的互动形式提出一些看法。我在下面将努力做到这一点，同时保留的观点是，这在本质上并不是一种分类理论，而仅仅是一种获得一般观察结果的努力，力求尽可能地做到恰当和充分。

从心理学的观点来看，可以说互动开始于可称之为**感知**（perception）的这种最简单的形式，周围世界是作为一个完整的、没有任何中介的感觉印象进入个体当中的。个体是被动的，这种印象逐步侵入并保存下来。这可以用对气味的感觉来进行最简单的示例：人们几乎不会去主动地找寻它，但是处在具有某种气味的环境中时，人们都会感觉到它。

当我们谈到**传递**（transmission）的时候，情况就有所不同。这一互动通常卷入了某个外部的人，他有兴趣在某种程度上传递某个东西给其他人，或影响某些人，或泛泛地或面向特定的他人传递某种感觉印象或信息。接收者会多少对这种传递感兴趣，由此也就会对它多少比较主动积极。

关于互动，我们谈得最多的是**经验**（experience）。在一般的语言使用中，感知和传递都可以被囊括到"经验"这个术语当中，不过我们也可以限定这个词的用法，这样经验预示的就是一种特定的活动，即学习者不仅仅只是接收，而且也行动着，从而从互动中获益（在第八章中，我将回到"经验"的概念并尝试构建一个更好的定义）。

学习中还有一种特殊形式的互动，吸引了人们相当大的兴趣——学习者主动地按照学习机会（的提示）去做，这就是**模仿**（imitation），学习者在模仿中努力用其他人作为指导者所示范的那种方式或在一个更为目标导向的形式中去行动（Bandura，1977）。模仿在学前时期是一种非常普遍的互动形式，既有直接的模仿复制，也有角色扮演，等等。孩子们在感知他人的同时会更为普遍地去模仿他人。但模仿也在教学和类似的情境中发挥了很大的作用，例如，美国的德赖弗斯兄弟（Dreyfus and Dreyfus，1986）指出，计算机将永远不能取代教学和社会学习的原因之一是，它们没有可供模仿的能力。

接下来，我想指出的一个广泛存在的互动形式是**活动**（activity），之前我已经解释过（见 5.3 节），活动意味着学习者积极地寻求能够影响他所感兴趣的特定情境中的事物。

最后我想提到的，最广泛存在也是最为一般水平的互动形式是**参与**（participation）。它的特征表现为：学习者处于一种有着共同目标导向的活动当中，处于一个温格所称的实践共同体（Wenger，1998）之中，在其中，相关联的人拥有被承认的地位，并因此也拥有一定的影响力。

正像已经出现的情况那样，这种互动形式的多种类型的延伸，是基于学习者在互动中的卷入状况而建构的。我们可以很容易地想到基于其他参数的其他分类方式，但从学习的角度来说，选择卷入程度这一维度作为建构要素，就将学习发生的可能性、学习的注意程度和"方向"（与机会相对）纳入在内，即一个人越是积极，他就越能够投入，学习有意义的东西的机会就越大，而且，他就越可能用一种能够记住和运用于相关情境的方式去学习。

还需注意的是，这里所列举的互动形式——感知、传递、经验、模仿、活动和参与——与第四章所阐述的获得形式的相关分类理论存在着某种对应。越简单的获得形式——累积和同化——越容易与具有较少积极性和投入的互动形式相联系，而顺应则更可能会与具有更多积极性和投入的互动形式相联系。对于转换来说，这种获得形式极少出现在一个简单的情境之中，而最有可能通过那些包括活动和（或）参与，以及教育、指导、治疗课程的过程而引发。

最后，在本节中应该再一次指出的是，这种对互动形式的分类仅仅提供了某种有关互动如何运作的结构性思路，并强调了积极卷入的重要意义。我并不想以这些互动形式作为下面章节的起点，因为它们并未被清晰定义和证实，而且在实践中它们也常常是重叠的。但当谈到我认为对理解学习中的互动过程有重要意义的多种路径和理论时，它们可以提供一种参考框架。

7.3　学习的社会嵌入

　　紧密的人际互动过程对学习具有直接的重大意义，但在学习心理学中，传统上这并未得到很好的研究，在社会和群体心理学情境中，而且仅仅在扩展的或有限的学习相关情境中，它才能得到一些关注。对此的综述我们可以在 20 世纪 60 年代和 70 年代早期的一些编著作品中看到（如 Krech et al.，1962）。

　　社会学习（social learning）的概念首先是由美国人阿尔伯特·班杜拉在研究学习的紧密社会联系的重要意义时创立的。他主要关注榜样学习和通过模仿的学习——以前的研究者也常常会对此进行研究，至少在皮亚杰那里是这样的（Piaget，1951［1945］）。班杜拉和他的研究同伴也涉及对传统行为主义模式的研究。他们得出的一个结论是，学习不仅受榜样行为的影响，而且也受到榜样看到了学习者自身行为（正如学习者观察到的那样）后做出的肯定或否定反应的影响。

　　从这里，班杜拉及其他研究者发展了替代学习（vicarious learning）理论，认为学习的强化性影响不仅仅直接针对学习者——这又一次预示了某种心智调节过程的发生，它不能被测量或登记，因此也就超越了传统行为主义范式的理解范畴（Bandura and Walters，1963；Bandura，1977）。由此，班杜拉的研究与这里所称的模仿这一互动过程类型联系了起来，并有所超越，因为它揭示了行为主义路径在对学习进行解释时的局限性。

　　与此同时班杜拉开辟了一条深入阐述社会学习主要概念的道路，维果茨基的学习概念特别是皮亚杰的相关理念开始对美国的心理学产生重要的影响。我们可以从当时教育心理学最重要人物的研究工作中找到它们的影响，如杰罗姆·布鲁纳（Bruner，1960）和戴维·奥苏贝尔（Ausubel，1968）的研究。差不多同时代的巴西人弗莱雷出版了《被压迫者教育学》（*Pedagogy of the*

Oppressed)，在相当大的程度上，以他对南美农民社会状况的雄辩和阐释，颠覆了人们对学习的部分理解（Freire，1970；见7.7节）。此外，在欧洲，前面已有提及的新马克思主义和社会语言导向的社会化理论，开始将发展心理学和社会心理学一起放置于一个全新的视角中。由此，传统的美国群体与社会心理学学科以及社会学习的新概念在压力下产生，人们开始越来越关注社会条件的重要意义。

当前，这一情况出现了一幅不甚明朗的图景。传统的群体与社会领域的心理学已经在某种程度上得到回归，但是是以一种新的和更为复杂的形式回归的，混合了一些源自20世纪70年代的推动力，这些推动力现在大多数以一种更为中立的形式出现。"社会学习"一词突然出现在许多情境中，但尽管这样，它还是不能作为一个独立的研究领域——这个词不会被当前该领域中最卓越的人使用，早先提到的英国学习研究者贾维斯就更喜欢谈论"在社会情境中的学习"和一些类似的表达方式。我会在这里简单概述一下贾维斯的概念，因为我把他看作今天研究社会学习的典型代表人物，至少在英语国家中如此。

贾维斯强调学习发生在一个介于个体和社会之间的张力领域中：

> 学习过程产生于人们所处的生物环境与社会文化环境的连接处，因为在这里，经验得以发生。……当儿童出生时，他们生于一个社会之中，这个社会的文化先于他们出现，并在他们生命结束之后依然延续。因此，文化看似是客观的和外在的。但是由于儿童没有或只有极少的遗传本能能够帮助他们生活在这个社会中、遵守它的文化，因此他们不得不去掌握这种文化。那么首先对于个体来说，学习就是一种对客观事物的内化和转换。……然而，这样的时刻最终会到来：他们开始为自己思考，问问题，并且经常要去实验。……儿童逐渐变得更为独立：他们常常发展出自己的思想，然后加工外在的文化刺激，并以多种方式对它们做出反应。……个体开始反过来对塑造他们的社会和世界发生作用。

> （Jarvis，1992，pp. 17，22–23）

　　毫无疑问的是，贾维斯承认了本书中所称的内部获得过程和互动过程的存在。他的研究起点是社会学的和哲学的，但是逐渐也涵括了心理学的课题，并强调了学习者所起的积极作用。通过这种方式，他代表了一种趋势，即将内部过程整合入社会过程，这里的社会过程包括更为一般的社会化过程、更为目标导向的教学以及影响过程，还有学习者自身的自我导向性活动（这被我称为传递、经验和活动），而模仿则多多少少滑出了视野。

　　不过，近年来贾维斯出版了一系列有关成人学习和教育的著作（例如，Jarvis，1987，1992，2001，2006，2007，2008），他的兴趣在很大程度上转向了终身学习这一口号，他十分热衷于此，同时对于这个口号进入实践的途径有了更多的批判（例如，Jarvis，2002）。在此过程中贾维斯也逐渐从一种压倒性的社会学视角转向了一种更为存在主义的视角，我将在 8.6 节中回到这个话题。

7.4　批判理论与社会化

　　社会化意味着个体通过获得当前社会的规范与结构，由此成为这个社会一部分的过程。根据本书中的学习概念，这个过程既包括个体的方面，也包括社会 - 人际的方面。如果要把社会化表示为学习过程的一个特定部分或学习的一种特别形式，那么可将社会化看作一种特定的有关学习和发展的观点，也就是说，一种社会性的观点。在这里潜藏了一种理念：学习的重要意义被认为建立在个体和社会之间所发展的关系的基础之上，而且它会直接通过教学和其他目标导向性的传递而产生，在很大程度上也会间接地通过个体获得事情如何运作以及人们行为会如何不同的经验而产生。

　　因此，在学习、发展、人格和社会心理学中，总是存在着相当多的社会化理论元素，但更为直接和更具目标导向性的社会化理论方法，首先是由法兰克福学派在其有关思维科学学派称之为批判理论（对该概念的广义理解，见Brookfield，2005）的扩展工作中正式发展起来的。

这一研究视角起源于第二次世界大战期间法兰克福的社会研究所（Institut für Sozialforschung）、欧洲的其他地方以及1933年希特勒掌握政权后美国的一些地方，直至20世纪50年代早期再一次在法兰克福发展起来。第一代法兰克福学派的中心人物主要有马克斯·霍克海默（Max Horkheimer，1895—1973）、西奥多·阿多诺（Theodor Adorno，1903—1969）和后来的赫伯特·马尔库塞（Herbert Marcuse，1898—1979）。其主要的学术观点落脚于哲学、社会学和精神分析之间的交叉领域中，而且，它以很多种方式将问题聚焦于个体和社会的关系上，并常常在一个当代历史视角中对其加以审视。这种视角结合了马克思主义的社会概念与精神分析学的个体概念以及应用于当前社会政治问题的理论，但它对马克思主义和精神分析学都进行了批判性的诠释，同时也为其他一些视角保留了空间，而某些马克思主义（至少是在苏联占有统治地位的马克思主义中的辩证唯物主义概念）和精神分析学的诠释则被拒斥了。

在早期阶段，有关批判理论的主要著作是霍克海默和阿多诺的《启蒙辩证法》（*Dialectic of Enlightenment*），它虽然采用了提纲和对话的形式，却仍旧描绘了法兰克福学派的批判性启蒙目标（Horkheimer and Adorno，1944）。在阿多诺那里，审美和艺术的维度也占据了中心地位。在当时的背景中研究者的直接兴趣更多是对独裁人格结构的广泛探索，这种人格结构被认为是纳粹主义上台的基础（Adorno et al.，1950）——我在本章稍后部分会回到这个话题。最后，还必须提到的是，马尔库塞获得了某种程度上作为学生运动哲学家的地位，尤其是，他的著作《爱欲与文明》（*Eros and Civilization*；Marcuse，1955）和《单向度的人》（*One Dimensional Man*；Marcuse，1964）以不同方式研究了第二次世界大战后新的分裂形式。

最知名的第二代法兰克福学派代表人物是哲学家尤尔根·哈贝马斯，他在1965年开始成为研究所的掌门人。哈贝马斯的研究覆盖了广泛的课题领域，包括理论与实践的关系（Habermas，1988［1963］），知识所涉及的各种利益（Habermas，1989a［1968］），还有语言与交往。简要地概括起来，哈贝马斯试图用交往理性、话语、理想化的言语情境和生活世界来反对正日益成为现代社会特征的现代性的技术或工具理性，他认为这些方法能够维持一种人类的解放实践和知识建构兴趣。

哈贝马斯还在一本小册子中阐述了社会化的理论（Habermas，1971），不过这是法兰克福学派的分支——有时被称为汉诺威学派（Hanover School）——最先在研究兴趣上关注的。汉诺威学派对社会化概念进行研究的主要文献是阿尔弗雷德·洛伦佐（Alfred Lorenzer，1922—2002）在20世纪70年代伊始所做的一个唯物主义社会化理论草稿，他试图把马克思与弗洛伊德的视角结合起来：

> 这种探究追问的问题是：儿童的发展如何能够同时被视作在同一时刻中发生的一种自然过程和一种社会发展过程？……这里所暗指的不是那种没有害处的老生常谈——自然脾性与文化影响的交织。而是说，这种探究完全是两种理论的对质，它们似乎是相互排斥的：精神分析与历史唯物主义。……如果精神分析解释的是人类的经验结构——行动、思维、情绪、认知，它们是由冲动所决定的，历史唯物主义就一定会支持以下观点：这些结构必须被视作依赖于历史的，存在于人与外部自然的相遇之中，因为它在这里，在当下……
>
> （Lorenzer，1972，p.7）

在此基础上洛伦佐将自己的重点放在了儿童早期互动过程的一般社会化上，这个过程至少是嵌入在无意识当中的社会化或个性形成中的一部分。因此他主要关注的是儿童与其主要关系对象间最早期的互动——他将这一关系客体称为母子二分体（mother-child-dyad）。这里儿童通过和谐的亲密互动或交流关系形成了其最为基础的主体性结构。洛伦佐指出：即使在这种情况下，挫折的存在也是必要的。母亲不能够完全满足儿童的需要，挫折对儿童发展成为一个社会个体来说也是必需的。

此后，互动领域进一步拓宽，儿童的结构得到了发展，出现了个体差异，在无意识的、感觉上自发的互动形式之外，两种更深层次的互动形式逐渐补充进来：内化进入意识层的语言符号互动形式和原符号（protosymbols）创造的感觉符号互动形式，原符号的特点是更为广阔和开放，这些符号传递了涉及社会规定实践的意识与无意识层之间的张力，形成了身份认同和想象的基础。

不过，在任何发展过程阶段中，都会出现洛伦佐所谓的系统性断裂实践（systematically broken practice），即重复出现的不协调、对儿童来说不可理解的东西，它们会导向有问题的互动形式，这种互动超出了语言表达的范畴，成为一种无意识的习惯，"使主体能够在现存秩序的功效范围中存身，（并且）回避对属于问题行为的行为常模的潜在探讨"（Lorenzer，1972，p. 143）。

因此，社会化是一个既孕育发展又包含限制或损伤的过程，而且，永远不能毫无摩擦地将社会性条件转移到个体身上，这在很多发展心理学中是一种潜在的基础。

今天，洛伦佐的社会化理论本身的重要性也许相当有限，但其思考的批判性模式还是毫无疑问地启发了他的很多同事，产生了一整套在现代资本主义社会中对理解多种有关社会化的、学习的互动维度的重要课题有帮助的理论，具有重要的学术意义。

首先要提及的是社会心理学家彼得·布吕克内（Peter Brückner，1922—1982），他出版了具有高度批判性的著作《资本主义社会心理学》（*The Social Psychology of Capitalism*），将人们的注意吸引到了社会化的众多压迫面上（Brückner，1972）。另一位需要提及的是意识社会学家奥斯卡·耐格特（Oskar Negt），他的研究是关于经验形成的，我还会在 8.2 节中提到其更多的研究。我在后面还要回到社会心理学家托马斯·莱特霍伊泽那里，他不仅草创了"日常意识"（everyday consciousness）理论，还对工作生活中的生活世界怀有极大的兴趣，这将在 9.3 节中有所阐述。

还有一位重要人物是阿尔弗雷德·克罗沃扎（Alfred Krovoza），他对感观压抑特别感兴趣，并对人的阻抗潜能给予了特别关注（Krovoza，1976），他的这些成果成为本书 9.5 节中所描述的阻抗概念的灵感来源。还有雷吉娜·贝克－施米茨（Regina Becker-Schmidt），她主要针对低技能妇女的社会化和矛盾状况进行了研究，详见 9.4 节。最后还要提到的人物是托马斯·齐厄，他有关文化解放的理论以及他对当前青年与教育问题的研究兴趣，我在前面已有所介绍，并且还将会多次提及他的研究，特别是在 11.2 节中。

因此，毫无疑问的是，批判理论在本书很多地方的阐述上具有非常重要的意义，至少通过它证明了这一事实：互动维度是学习的一部分，它常常是充满矛盾和冲突的，尤其是当它们在主观上成为有意识认知的一种负担时，很多影响会在无意识中积累。这是一个非常简略的概要，不过如前所述，在其他很多相应章节中还会继续讨论这些多种多样的学术成果。

7.5　文化历史传统的遗赠

现在我要回到俄国的文化历史学派，它一直强调从社会性的视角来审视学习，因此原则上，其将内部学习过程和互动过程紧密联系在一起来看待。维果茨基特别雄心勃勃地希望将这两个方面结合在一起：

> 维果茨基所追求的是一种综合性的视角，它使人们有可能用自然科学可接受的术语来解释和描述更高级的心理功能。在维果茨基看来，解释意味着很多。它包括对暗含着一种特殊功能的脑机制的识别；包括对同一行为所表现出来的简单和复杂形式之间所建立关系的发展历史的详细解释；而且，很重要的是，它包括对行为发展所处的社会情境的详细说明。维果茨基的目标是极富雄心的，也许这样做并非理智之举。他没有实现这些目标（他自己也很明白这一点）。但他确实也在这一方面取得了成功：给我们提供了一种敏锐和前瞻性的现代心理学分析。
>
> （Cole and Scribner，1978，pp. 5-6）

维果茨基在语言、思维、学习和发展上的深度研究是扎根于唯物主义的社会理解框架之中的，这种框架如果联系到学习的互动维度，就使得他的理论比起其他两次世界大战之间发展起来的学习理论（诸如皮亚杰的理论，以及后来在美国具有统治地位的行为主义理论）更具决定性。不过，在当今的背景下，特别是当它出现在一种教育视角中时，它的社会性联结是如此明显地连接在了那个时代苏联马克思主义的社会概念上。尽管它包含很多重要和积极的理解，特别是在工作与社会共同体的重要意义等方面，但不论好坏，从苏联到今天的晚期现代资本主义市场社会之间仍有极为遥远的距离。

不过，文化历史学派的视角一直得到了传承，即使是在俄罗斯之外的综合研究，也将列昂节夫的人类行为概念（Leontyev，1981［1959］；见 5.3 节）特别作为一种主导性观点来看待。我特别要将恩格斯托姆的研究看作当代文化历史传统的一次重要发展，与此同时也把它看作从苏联马克思主义所具有的某些局限中的一种解放。在第五章中我介绍了一些恩格斯托姆的研究，特别是他的内部学习过程概念。这一概念是在一个成熟的框架中发展起来的，在此框架中个体处于一个共同体或社会之中，这个共同体或社会发展了约束性规范、可使用的工具——既有物质的也有符号的——以及一种社会性的劳动分工（Engeström，1987，pp. 73ff.，1996，pp. 131ff.）。恩格斯托姆的研究的另一个重要特征是，将文化历史传统与贝特森的双重束缚（double-bind；Bateson，1972）概念连接在了一起，这为其理论带来了一种强烈的冲突，与理想化的共产主义和谐观相矛盾（Engeström，2009）。在拙著《学习的当代理论》（Illeris，2009a）中，题为"扩展学习——朝向活动理论的再概念化"的一章就是对恩格斯托姆理论的一次更新和更为深入的解读。

另一个对文化历史传统的综合性发展可以在德国所谓的"批判心理学"或"柏林学派"中找到踪影，它们在心理学家克劳斯·霍尔茨坎普（Klaus Holzkamp，1927—1995）的领导下发展成为独立的心理学方向或领域。我在前面（6.3 节）曾经引用过乌特·霍尔茨坎普－奥斯特坎普关于动力心理学的综合研究，其对于知识和情绪之间的关系有着重要和明确的观点。克劳斯·霍尔茨坎普自己最重要的贡献体现在其关于学习的一本综合性著作中，他从根本上把学习看作一种主观性活动的特殊形式，因此从学习者的主观性视角来开展研究——这与外部决定的学校与教育中的学习的统治性视角存在着强烈的对立（Holzkamp，1995）。

　　与文化历史传统以及与本书提到的霍尔茨坎普自己的早期研究相矛盾，在这本书中主观性的概念占据了中心位置。不过这与在洛伦佐、耐格特、莱特霍伊泽和贝克－施米茨等德国法兰克福学派研究者主导下发展起来的主观性概念完全不同。法兰克福学派的主观性概念构建于精神分析学中，其特征表现为内部的紧张与冲突，霍尔茨坎普的主观性概念则是理性的和目标导向的。在霍尔茨坎普的概念中，个体从根本上来说能够掌控自我，并确定自己的需求和愿望，以及如何实现它们。在外人看来，这两个德国"学派"之间的对立关系似乎是非常徒然的，但除此之外，霍尔茨坎普的最后一部著作为我指出了在主观重要性的理解方向上的重要一步。

　　最后，关于文化历史视角的延续还应该提到的是，从 20 世纪 60 年代末开始出现在美国，以迈克尔·科尔、芭芭拉·罗戈夫（Barbara Rogoff）、西尔维亚·斯克里布纳（Sylvia Scribner，1923—1991）、詹姆斯·韦尔茨（James Wertsch）等作为领军人物的研究，特别是他们与恩格斯托姆合作的一些研究。一方面，他们做了一些工作，使维果茨基的研究在英语世界中得到了更好的认识；另一方面，他们延续和应用了文化历史学派的视角，而不仅仅局限于对"最近发展区"的特别兴趣（例如，Scribner and Cole，1974；Cole and Scribner，1978；Wertsch，1981，1985，1998；Rogoff and Lave，1984；Rogoff and Wertsch，1984；Cole and Cole，1989；Cole，1996；Cole and Wertsch，1996；Rogoff，2003）。如 5.3 节所述，布鲁纳也与这个团队有着某种联系。

7.6　实践共同体

　　在对文化历史传统的拓展中，最为重要的突破是前面提到过的让·莱夫和埃蒂安·温格（Lave and Wenger，1991）对于"情境学习"，以及温格（Wenger，

1998）对于"实践共同体"的研究。通过结合莱夫的社会人类学背景和温格的心理学和心理技术背景，他们将文化历史传统拓展到了一个相当大的领域。

在学习的互动维度脉络中，莱夫和温格的著作具有决定性的重要意义，因为从 1990 年开始，人们极大地接受了对这一学习维度关键性地位的理解——即使在理论上他们对"情境学习"概念的定义是模糊的，因为与此同时，它被认为是提升与传统学校教学相对照的学徒制学习的价值的焦点。从表面上看，这个概念处理的是发生在特定情境中的所有学习，这个情境对学习过程的本质和学习结果具有重要的意义。由此，莱夫和温格表述这一概念如下：

> 以一种一般理论的视角来看，这一概念的基础涉及以下方面：知识和学习的相关特征、意义的协商特征、参与学习活动的人的相关（投入的、矛盾驱动的）性质。这种视角意味着没有什么活动不是情境性的。
>
> （Lave and Wenger，1991，p. 33）

在这一背景下莱夫和温格提出了另一个很有意思的观点，更加深入地揭示了情境对于学习的普遍重要意义，他们认为：

> 即使那些所谓的一般知识，也只是在一个特定的环境中才是有效力的。"一般性"常常是与抽象的表征联系在一起的，并被"去情境化"了。但是抽象表征是毫无意义的，除非它们可以和眼前的情境特别对应起来。而且，一个抽象原则的形成或掌握，其本身就是一种在特定环境中的特定事件。知晓一个一般性规则本身，完全不能够保证它在与其相关的某个特定环境中能够拥有任何的一般性。
>
> （Lave and Wenger，1991，pp. 33–34）

因此，根据莱夫和温格的观点，具体情境不单单影响了学习的发生，而且这个情境对已有学习结果的激活也有着重要意义。当学习发生在现有结构和新冲动之间的互动之中时（见 4.2 节），环境和学习情境影响的不仅是学习者对新刺激的感知，还包括内部加工过程中所卷入的现存结构。

在我看来，如果莱夫和温格坚持这些立场，他们的情境学习概念将会成为理解学习的一种清晰而富有成果的贡献。然而，他们似乎并不是非常愿意承认这些一般观点，也不愿对其详加阐述，因为他们走的是另外一条不同的道路。他们最终给出的信息是，并非所有的学习都受其所发生的情境影响，但是有一种特定类型的情境具有某种特定的学习特性，这些情境可通称为"合法的边缘参与"（legitimate peripheral participation），通常它们的出现与"学徒制"有关。我将在 12.4 节中回到这个主题。

不过，合法的边缘参与这个相当令人费解的概念现在似乎已经逐渐销声匿迹了，在莱夫和温格自己的研究中也是如此。温格研究的要点是继续以"实践共同体"的概念作为学习的关键框架条件，这部分体现在他的同名著作中（Wenger，1998），部分体现在他后来许多的论文和著作当中（尤见 Wenger and Snyder，2001；Wenger et al.，2002）。

在《实践共同体》（*Communities of Practice*）一书中，温格提出了他称之为"学习的社会理论"（Wenger，1998）的术语，或者在本书中可以称之为学习互动维度的整体性理论。他相当明确地宣称他所聚焦的正是学习的这个维度：

> 我们有很多不同种类的学习理论。每种理论强调的都是学习的不同侧面，因此它们对于不同的目标来说都是有用的。在某种程度上，这些不同的着力点反映了研究者们有意地聚焦于学习多维问题的某一部分，而且在某种程度上它们反映了研究者们在以下这些方面的基础性观点差异：知识（knowledge）、认识（knowing）和知者（knower）的本质，以及相应地，学习中什么是重要的。
>
> （Wenger，1998，pp. 3-4）

温格有关学习包含多种方面或维度的观点似乎与本书的基本观点相一致，不过我还是要试图分析和讨论其中相关联的维度，温格把我称之为互动的维度置于优先位置，而且即使他纳入了我称之为内部获得的概念，也还是将其放置于社会视角之下，所以真正来说，他时不时地似乎遗忘了他的导言性陈述，即其他视角也是存在的。

由此，在温格总结自己一般理论和方法的模型中，他将"学习"（不是"社会学习"）的概念置于中心地位（见图 7.2）。

图 7.2　学习的社会理论的构成要素（Wenger，1998，p. 5）

温格本人对这个模型做出了下述解释：

学习的社会理论必须……整合必要的构成要素，从而把社会参与作为一个学习和认识过程来加以描述。这些构成要素……包括以下方面。

（1）意义：通过这种方式，探讨我们不断变化的能力——个体层面和集体层面——从而有意义地体验我们的生活和世界。

（2）实践：通过这种方式，探讨我们共同拥有的历史和社会资源、框架以及能够支持彼此行动的视角。

（3）共同体：通过这种方式，探讨社会结构，在其中我们的事业被定义为值得追求的，我们的参与作为一种能力被承认。

（4）身份：通过这种方式，探讨在我们的共同体的情境下，学习如何改变了我们，如何创造了我们个人成长的历史。

　　显然，这些要素在深度上是相互联系和相互界定的。实际上，看看图 7.2，即使你调换学习四种边缘要素中的任何一种，将其作为主要的焦点而置于中心位置，这张图也仍旧可以说明问题。

　　因此，当我用"实践共同体"作为本书的标题时，我实际上将其作为一个切入点，让它带领我进入一个更为广阔的理论框架之中，在这个框架中它是其中的一个构成要素。这个概念的分析力正是在于：在探讨熟知的经验的同时，它整合了（该图的）所有要素。

（Wenger，1998，pp. 4–6）

　　学习的社会维度关系到共同体与实践，并且创造了意义和身份，由此，学习包含了行动和参与，并将它们转变成为经验和发展。这些关键词和它们在模型中的位置提供了一种有价值的关于学习实践共同体重要意义的解读，这些重要意义通过温格的深入描述得以阐明，并最终转变成为组织和教育发展的重要成果。后来温格又引入了一个实践场域的概念，它包含实践的所有外部条件和环境，诸如权力、规范、传统等等。举例来说，一位教师的实践包含的不仅是其教学行为、内容以及学生，还包括如何对接当局和法律的要求、家长的诉求、后续教育和人力市场的可能性和能力要求，以及权衡考虑所有这些条件（Wenger，2014）。

　　该理论最为重要的特点在于它对社会水平的综合性和一致性的理解，而心理和人际的水平则仅被作为扩展或范例加以介绍。这也许就是内部心理和人际冲突都没有在这个理论中占据多少位置的部分原因。作为一种学习理论，它扩展了社会学习的概念，但是联系到个体发展，它却缺失了冲突的视角，而且尽管也包含经验的概念，但作为一种从批判理论的社会化视角发展起来的经验概念，它却不是在一个同样的辩证模式之中的（因此也不是在一种发展性的和冲突导向的模式之中的）。我将在下一章中对此进行深入探讨。

　　尽管有这些批评和局限，毫无疑问的是，莱夫和温格的研究工作仍旧代表了一种巨大的推动力，推动了对学习的社会情境所固有的重要意义的理解。因此，我认为，一般说来，继承了文化历史传统的研究者们，现在已经把自己的研究工作推进得比先前的苏联立场更为深入了，他们对理解学习的互动维度做出了重要贡献。

7.7 政治导向的视角

另一种学习的互动维度的视角在政治导向上更为直接，它们关注现有的社会条件，聚焦于学习有助于解决急迫社会问题的方式。

这种视角的经典代表，而且也许是最为极端的代表，是前面提到过的巴西教育理论家与实践家保罗·弗莱雷所做的工作，特别是其著作《被压迫者教育学》和《为了自由的文化行动》（*Cultural Action for Freedom*）（Freire，1970，1971）。前者在全世界发行了70万册，使其成为也许是有史以来教育学领域最为广泛传阅的书之一。

弗莱雷教育研究的主要方向是对巴西贫穷农村劳动力阅读技能的教学和随之而来的解放，后来，他的研究对象又扩展到了第三世界中受压迫的民众，他关注教学理论更甚于学习。不过，他的理论仍然包含了一些学习理论的观点。其最为基本的观点是通过研究所谓的"生成性主题"（generative themes），将初级阅读教学直接关联到对政治压迫的讨论上：

> 组织教育项目或政治行动的出发点必须是当前的、现有的、具体的情境，必须反映人们的愿望。利用某种基本的矛盾时，我们必须把这种当前的、现有的、具体的情境作为一个问题向人民提出来，而且这个问题对他们应是挑战，并需要他们对此做出回应——不仅仅是在智力这一层面上，而且是在行动这一层面上。……是调节人的现实，以及教育者和人们对这种现实的认知，让我们必须找到教育项目的内容。我把人们的"生成性主题"的复合体定义为他们的"主题世界"（thematic

universe），对"主题世界"的探索开辟了作为自由实践的教育对话。

（Freire，1970，pp. 85-86）

这一途径由此就指向了积极的、问题导向的和行动导向的学习，这种学习围绕着直接反映或展示参与者在社会压迫中所体验到的矛盾经验展开，与此形成对照的是传统的"填鸭式"教学形式，弗莱雷称之为"银行存储式教育"（见 4.2 节）。

弗莱雷的部分研究后来是在美国，特别是和亨利·吉鲁（Henry Giroux）以及斯坦雷·阿罗诺维茨（Stanley Aronowitz）一起开展和继续的，他们出版了一系列对美国学校系统的批判性著作，特别针对有关贫穷和受压迫群体的问题。这些著作包括《意识形态、文化和学校教育过程》（*Ideology，Culture，and the Process of Schooling*；Giroux，1981）、《围困中的教育》（*Education under Siege*；Aronowitz and Giroux，1985）、《学校教育和为了公共生活的斗争》（*Schooling and the Struggle for Public Life*；Giroux，1988）、《后现代教育》（*Postmodern Education*；Aronowitz and Giroux，1991）和《教育学与希望政治学》（*Pedagogy and the Politics of Hope*；Giroux，1997）。

不过，一本题为《教育中的理论与抵制》（*Theory and Resistance in Education*）的著作对当下情境有着特殊的兴趣（Giroux，1983），它尤为关注通过学习和教育对边缘化和压迫进行抵制——这是与个体对学习的阻抗完全不同的，我将在 9.5 节中对此进行探讨。

弗莱雷的视角，与前面提及的德国意识社会学家奥斯卡·耐格特（Negt，1971 [1968]）关于资本主义产业工人的"范例学习"（exemplary learning，即基于代表性榜样的学习）概念有着很多重叠之处，其中一个共同的要素是经验对于学习的重要性，我将在下一章再做讨论。

不过在这里，我还要再介绍另一个学习互动维度政治导向视角的欧洲代表——佛兰芒人丹尼·维尔德米尔思科（Danny Wildemeersch）的研究，他从社会视角出发来研究青年和成人教育，并尤其对草根活动、社会工作等的学习视角感兴趣。维尔德米尔思科将社会学习定义为发生在参与系统中（如群体、社会网络、运动和集体）的学习和问题解决活动的一种结合，其在"真实生活"情境中运作，并引发了社会责任的问题（Wildemeersch，1999，p. 39）。

因而，社会学习发生在参与体系（participatory systems）中，它是在一个介于创造性、权力和责任之间的张力领域中运行的，学习围绕着行动、反思、交流和协商这四个轴发生。维尔德米尔思科的理论试图涵盖外部社会条件和内部心理条件，这在当前背景下是非常有意义的。

由此，维尔德米尔思科将社会学习与专注于问题解决时所发生的过程联系了起来。这也包含了社会责任的概念，维尔德米尔思科在很多情况下将其作为研究的目标（Wildemeersch，1991，1992；Jansen et al.，1998）。这一概念未曾被精确地加以定义，不过很清楚的是，它比"对自己的学习负责"的概念更具深远含义——它既涵盖了外部社会责任（无论是在本土或是全球性的众多情境中，这些责任在今天都被看作是绝对至关重要的），也包括了一个参与者在目标导向小组项目中需要负起的责任，以及对自己的行动和自己的生活所担负的个人责任。

从学习的角度，社会责任与自反性形成了一种重要的关系（Wilde-meersch，1991，pp. 156ff.；见 5.6 节）。如果自反性不终结于个人主义的自私，也不缺乏任一社会视角，它就必须与社会义务的意义联结起来。维尔德米尔思科也使用了"批判的自反性"（critical reflectivity）和"审美的自反性"（aesthetic reflectivity）等表达方式，它们意味着一种批判性的距离和一种社会联系（Wildemeersch，1998，pp. 98–99）。

由此，社会学习和社会责任在维尔德米尔思科这里就是行为的方式，它们作为社会化的一部分社会性地发展（或者不发展），并且可以用从晚期现代发展中延伸的一种新观点加以看待。这一方面将自反性纳入了行动计划，另一方面将越来越多的社会性功能移交给了市场机制、移交给了个体。

如果人们坚持要在显然是无穷的可能中做出一个选择，甚至是选择他自己的生命历程和身份，那么自反性就是不可避免的，自反性将所有一切与自我联系起来。通过这种方式，借助自反性的学习成为一种必需——无论它所要求的条件有多么苛刻，而且自反性对于限定学习的形式也变得至关重要（Wilde-meersch，2000）。

维尔德米尔思科还与其他一些人，特别是荷兰人特奥·杨森（Theo Jan-sen）及瑞士人马蒂亚斯·芬格（Matthias Finger）合作研究了这些课题（Wilde-meersch et al.，1998；Jansen et al.，1998）。另外，芬格自己的著作还特别将有关社会责任的要求与环境政策、环境运动联系起来（Finger，1995；Finger and Asún，2001）。在另外一些研究弱势青年的重要项目中，维尔德米尔思科与其他一些研究者，诸如特奥·杨森和英国人苏珊·沃纳·威尔（Susan Warner Weil），以同样的视角进行了研究（Weil et al.，2004）。

这是对学习的一个有着深远影响的探讨，因为如果没有与社会发展相匹配的自反性的发展，这种发展中逐渐形成的机制将会导向世界资源空前严重的贫乏，这种贫乏既是物质上的，也是人性上的。兼具自反性和责任性的平衡性学习，其基本的性质是，学习内容应该被认知为对自身有意义的。这一基本性质在制度化教育中远远未能得到实现，但在草根活动及类似活动中是普遍存在的。

因此，维尔德米尔思科是活跃于批判性和教育性规范的边界之上的。社会学习是社会决定性的，因此必须具备这一特性。从学习的角度，这关涉到经验、传播和活动。

7.8 社会建构主义与后现代主义

另一种关于学习互动维度的观点或学派是"社会建构主义"（前面曾多次提及），它以美国心理学家肯尼斯·格根（Gergen, 1994）为代表。社会建构主义概念的基础是"将人类行动的解释阵地转移至关系领域。……社会建构主义从关系中追踪人类行动的来源，并从公共交流中理解'个体功能运作'"（Gergen，1994，pp. 68-69）。

相较于潜藏在社会学习概念之下的观点，社会建构主义迈出了更为深入的决定性一步，例如下面对维维安·伯尔（Vivien Burr）的引用中出现的那样：

> 例如，社会学习理论家讨论行为的"情境特殊性"。他们认为我们的行为不仅依赖于人格特征，而且依赖于我们所处环境的性质。因此行为是相对于一个特定情境而具备"特殊性"的。……那么，说人格是社会建构的又意味着什么呢？一种观点认为人格……不是存在于人们内部而是存在于人们之间的，……用某些我们用于描述人的人格类型的词汇来说，例如，友好的、关切的、害羞的、自觉的、有魅力的、坏脾气的、欠考虑的……，如果所描述的人生活在一个荒岛上，这些词汇将完全丧失它们的含义。……问题的要点是，我们使用这些词汇的时候似乎它们指的是人内部存在的一种实体，但（实际上）一旦这个人被移到与他人的联系之外，这些词就会变得毫无意义。

（Burr，2015，pp. 25-27）

社会建构主义者并不会否认学习过程是个体内部性地发生的。但是他们发现这并不有趣，因为这些过程的性质和它们的内容总是取决于社会领域中的关系。他们同意皮亚杰和其他建构主义者的观点，认为这个世界和社会并不是客观的元素，可以通过学习过程来获得。他们都认为周围世界是被积极地建构起来的。在建构主义的视角中，这种建构发生在个体之中，通过与周围世界的相遇以及与之的互动而发生。在社会建构主义的视角中，这一建构是作为共同体中的发展而社会性地发生的。

然而，在我的理解中，这两种视角并不必相互对立。如我在第二章中早已指出过的，我认为，社会建构发生于共同体之中，并持续不断地与发生在内部学习过程中的个体建构进行互动。社会建构主义者正确地指出了社会领域的重要意义，但这会很容易地导向对个体内部心理过程重要意义的忽视或低估。友好这一特性是社会性地发展起来的，而且只有在一个社会情境中才具有意义，但也正是个体才能去掌握和实践友好。

因此，我不能够接受以下"纯粹"的社会建构主义观点：学习和其他心智过程仅仅是社会性的，不是由个体产生的。我认为把它看作一个"非此即彼"的问题是一个错误，相反，这是一个"既是……也是"的问题。但也应该提到的是，有关这些问题存在大量的在一定程度上有些绝对化的立场，其中也包括形形色色的"社会建构主义"立场，其中一些相比于纯粹的社会建构主义更能够接受个体元素。

不过，还有另一个理论流派在有关互动维度重要性方面的看法相当极端，即所谓的"后现代主义"流派，它尤其建立在 20 世纪 70 年代以来很多法国哲学家的研究工作基础之上，这些学者包括让 – 弗朗索瓦·利奥塔（Jean-François Lyotard，1924—1998）和米歇尔·福柯（Michel Foucault，1926—1984），以及语言学家雅克·德里达（Jacques Derrida，1930—2004）、精神分析学家雅克·拉康（Jacques Lacan，1901—1981）。虽然我们很难对后现代主义达成一种明确的、一致的理解，但其主要的特征是，认为没有永远的真理存在，拒斥"宏大叙事"，认为世界是在不停地变化着的，所有一切都必须在其时其地中加以理解（例如，Lyotard，1984［1979］）。

我并不打算在这一点上更深一步地阐明后现代文化和意识形态，而只想以前文提到过的英裔澳籍后现代主义教育研究者罗宾·厄舍（例如，Usher，1998，2000；Usher et al.，1997）为起点，概括一些有关学习条件重要意义的观点。

厄舍的中心思想是，当今的人们没有一致的、可信的和理性的自我，这种自我能够以理性的方式，自主地并且独立于情感和社会束缚地从经验中学习；相反，人们的自我是非理性的、情感的，和它所有的需求一起嵌入在身体之中，并且打上了社会的和人际的烙印。

自主和理性的自我理念是一种对理想状态的建构，与现代的个体主义社会一同演化而来，并服务于权威的利益，尤其是在对情感、身体和社会等方面进行系统性压制的学校 / 教育体系中，它被作为学科的一种目标概念而存在。

　　我认为厄舍将心理学中用到的自我看作一种个性塑造的理想化的虚假图景，在这样的图景下，尽管几乎没有什么是在现实中能够做到的，但也有很多人在努力实践。因为在平静的外表之下，总是有很多不同的冲动在奔涌。并且，在厄舍所认为的我们所处的后现代时期，这种毫无希望的理念既不能够也不应该被维持下去了，因为它联系着的是一个一致性世界秩序的理念，这是一个不能够也从来没被证明的理念。

　　与此相反，世界是分裂的、没有联系的和持续变化着的，相应地，自我是支离破碎的、不稳定的和被探寻着的，总是处于动态之中，从未平静下来，被充斥于后现代生活中的影响洪流和关于选择的表面上的机会打上了印记。

　　很突出的是，厄舍的文本通常局限于一种解构和批评，当然其比上面所提及的要精细和综合得多 [例如，他对哈贝马斯的有关理想言语情境概念的严厉解构（Usher，2000）]。但厄舍也投入了大量精力在成人教育和经验学习中，并且人们常常可以在他的文本中找到积极对抗消解趋向的雏形。

　　例如，他指出了不同社会运动以及它们作为一种政治抗议的重要性，及其对现代社会统治的可能纠正，特别是通过一种替代方式影响生产的可能性，例如，消费的"绿色"模式，针对某些公司和商品的联合抵制行动，生态观光事业，和从穿破旧衣物直到厌食这样的自我戕害等许多其他形式的抗议行为（Usher and Johnston，1996）。

　　最后，我将介绍厄舍与英国人伊恩·布赖恩特（Ian Bryant）和伦尼·约翰斯通（Rennie Johnston）合作发展的教育导向模型（见图 7.3）。它构建于一个围绕着两轴的后现代社会图景之中：一个轴的两端是自主和适应，另一个轴的两端是表达和应用。这样划分的结果是形成了四个空间，分别导向了四种教育和学习方法，即职业的（介于适应和应用之间）、自白的（confessional，介于适应和表达之间）、生活方式的（介于自主和表达之间）、批判的（介于自主和应用之间）。

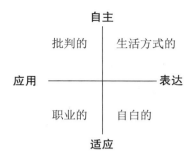

图 7.3 厄舍等提出的后现代社会实践中的经验学习"地图"（Usher et al.，1997, p. 106）

　　这一图景令我们回想起库伯的学习模型（见 5.2 节），重要的是，该模型力图表明存在着很多不同的"既能够赋权又能够控制"（Usher et al.，1997, p. 118）的经验学习的形式。只有在情境中才能决定什么是有意义的，并且，当学习者和教师都能够认识到正在发生着什么时，情境才是合理的。

7.9　集体学习、合作学习与大众心理学

　　到现在为止，我所考察的是我认为的学习互动维度中所有重中之重的观点。居于中心位置的是"社会学习"的概念，至少在国际文献中，在大多数的学术成就中，我将它或多或少地视同于我这里所定义的学习的互动维度或学习的社会与人际交往维度，即有关社会互动的个体学习部分。

　　不过有时候，也会出现"集体学习"的概念，尤其出现在劳工运动和工作生活里的学习领域中（同样还有"组织学习""学习型组织"的概念，我将在第十二章中回到这些主题）。

　　对于集体的理解总是在经典劳工运动中占据着一个相当关键的位置。由此，丹麦心理学家维赫尔姆·博格（Vilhelm Borg）于 1971 年在一系列针对工人意识的研究总结中，多次谈到了"工人阶级的集体意识"及类似表达，例如，在以下对挪威案例研究（Lysgaard，1967）的总结中：

　　　　工人集体的发展通过一个问题诠释的过程和组织过程得以发

生。……当工人在一起聊天和交流观点、经验时，他们就诠释着特定的共同情境。集体意识发展了起来，……这种集体意识既不是一种个体工人观点或思想的"平均"，也不是要展示大多数工人的思想。……工人集体最为重要的功能之一是保持和发扬这种集体意识，使其作为工人集体组织过程的一种指南而发挥作用。这个组织过程促进了集体意识其他方面的发展。

（Borg，1971，p. 69）

关于工作生活中的学习，彼得·圣吉（Peter Senge）在 20 年后发表了关于"学习型组织"最为重要的著作，写道："学习型组织培育新的和广阔的思维模式，在这里，集体灵感得以释放，人们持续不断地学习如何共同学习。"（Senge，1990，p. 3）

不过问题在于，在这个有关集体的概念中，真正内在的东西是什么？而且，它在什么时候、如何才能具备比"一些人一起做些事情"更多的其他意义？不同于"社会学习"这种较不精确的概念，如果把集体学习的概念作为某种特殊概念来对待是有意义的，那么这种意义就在于特定环境中同一群体的人们能够学习同样的东西——这与我在 4.2 节中所做的基本假设相矛盾，在 4.2 节中，我的基本假设是，所有学习都发生在新刺激和先前已构建的心理结构的相遇中，这个过程是个体性的、有差异的，这意味着学习结果将同样是个体性的、有差异的。

似乎有这样一种情况：在特定环境下某种现象可能会以某种与其自身不同的特殊方式出现。如果这有着什么意义的话，那么就我所知，这种情况必须满足这样三个条件：

首先，当前的集体必须处于一个共同的情境之中。

其次，在学习相关情境中的参与者必须拥有广泛的共同预设。

最后，情境必须具有一种共同的情绪性困扰的性质，以至于每个人都具备明显的基础来动员必要的心理能量，以进行重要的，并且通常是适应性的，与这种情况的共同性质有关的学习。

这些条件并没有被系统地加以研究过，但博格宣称，根据德国政治科学家米夏埃尔·韦斯特（Michael Vester）的研究，超越性集体学习是由长期罢工及类似活动促成的（Borg，1971，p. 99；Vester，1969）。我不想否认这种可能性会出现在日常的工作生活中，但是仅仅因为一个公司努力想成为一个"学习型组织"的话，那样的可能性几乎不太会存在（见12.4节）。

我认为，我们需要有一个概念来界定人们一起学习或在一个共同体中学习这一主题，但并不需要更多对这一概念内在条件的探讨。我想提出一个"合作学习"的概念（即协作学习），我们时常会观察到这种学习的应用，特别是联系到电子学习（e-learning）方法的时候（见12.5节），在那种情况下"计算机辅助的合作学习"（computer-supported collaborative learning，CSCL）这一概念似乎已经被很好地构建起来（例如，Dillenbourg，1999；Dirckinck-Holmfeld，2000）。早在1990年，洛内·迪尔金克－霍尔姆费尔德（Lone Dirckinck-Holmfeld）就说明了电子学习过程与依赖于合作的学习过程之间的巨大差别，并且引入了"真实合作"（genuine collaboration）的概念。它指的是这样一种合作：一个人真正地进入一个共同体中，共同学习和发展某些事物（Dirckinck-Holmfeld，1990）。由此，我提出了这样一个解释：

- "社会学习"适用于有关个体学习中的互动维度领域。
- "合作学习"适用于一个群体中的人们共同努力学习和发展某些事物这一路径。
- "集体学习"适用于这种特定情境：在某个领域有着在较为广泛的程度上来说统一背景的一群人，这群人进入促使他们学习同样的东西的学习情境中。

应该加以说明的是，这样的集体学习并不排斥工作生活和劳工运动，而是同样地可以与一种独裁的集体性相联系，即发生在问题没有被作为集体学习（积极含义上）而是作为大众心理学（消极含义上）加以学术性研究的场合。这最先被奥地利精神分析学家威廉·赖希在其著作《法西斯主义大众心理学》（*The Mass Psychology of Fascism*；Reich，1969b［1933］）中加以思考，在这本书中，独裁式的养育和伴之而生的自我软弱（ego-weakness）被认为是纳粹主义获得集体支持的心理学基础。

后来阿多诺等人在他们有关"独裁人格"的研究中深入思考过这个问题（Adorno et al.，1950；见 7.4 节）。在后来的一篇论文中，阿多诺直接参考了弗洛伊德的《群体心理学与自我分析》（*Group Psychology and the Analysis of the Ego*）一书，聚焦于作为纳粹主义的权威性心理基础的集体自恋形式（Adorno，1972［1951］；Freud，1959［1921］）。在这些背景中，上面提及的三种情况似乎很大程度上都出现了——托马斯·莱特霍伊泽也强调必须将独裁主义作为一种社会现象，而不是个体现象（Leithäuser，1998）。

由此，集体学习出现在工人阶级的集体行动中时，并不是一种不容置疑的积极现象。它可能既意味着一种共同意识，也意味着个人责任的共同免除。当今，这一概念也许与宗教或是大的音乐或体育活动有着最强的关联。在这些场合中，个人日常生活中被压抑的共同体感受得到了一个合法的机会短暂爆发。今天的个体主义社会没有为集体学习做好准备，但正是出于上述原因，仍存在某些在特定场合想要得到推动和释放的隐蔽需要。

7.10　小结

所有的学习都是情境性的，即它在某个具有社会和人际交往特性的情境中发生，通过与学习者的互动，情境成为学习不可或缺的一部分。通过这种方式，学习反映了相应的社会和人际条件，并且通过常常相互冲突的过程，促进学习者达成与现有社会条件有关的社会化。

在实践中，对学习者来说，学习的互动维度可能常常呈现出不同的形式，例如通常所说的感知、传递、经验、模仿、活动或参与，其中重要的是，如果学习者在互动中投入更多的活动和责任，学习的可能性就会越大，至少更可能会发生顺应学习，并更可能达成转换学习。

因此，以下因素对于学习非常重要：更为直接的互动形式以及更具一般性的有关实践和学习环境的共同体框架，积极参与和共同决定的可能性，与问题有关的主体性卷入，批判性反思和自反性，以及社会责任。

第八章　作为整体的学习

本章将考察三个学习维度的相互作用和整体性。本章将通过对经验概念，特别是通过对约翰·杜威和奥斯卡·耐格特所指的经验概念的讨论，来进行对学习的本质的探讨。对于从学习中所引申的其他方面，本章将首先关注个性概念，其次是现代的能力概念，最后是身份认同的概念。接下来，本章将讨论不同的学习理论，这些理论都试图涵盖其所定义和研究的学习的整个广阔领域。结论部分将探讨不同的学习模型。

8.1　跨越维度

前面三章对学习的三个维度分别进行了详尽的考察。但是，理所当然地，坚持学习是一个整体的观点是非常重要的。因此，在本章中，我会试图将贯穿前面那些章节背景下的维度线索整合起来。

首先，也是非常基本的，根据第三章的模型，我们必须指出的是，对学习的整体性看待必须涵盖学习的三个维度。并且，根据第四章的分类理论，很重要的是，一般来说，四种不同学习类型是在每种类型彼此相关的时候被激活的，尤其是在同化、顺应和转换（在特定情况下）学习之间有适当互动的时候，学习过程会成为可能。

另外，有关第五章中学习的内容维度方面，需要强调的是，对内容做一种广义上的理解是重要的。内容不仅仅包含知识和技能，还包括理解、意义、总体看法、文化和社会人际导向以及自我觉察等范畴。关于动机维度，在第六章中特别加以强调的是，学习者的动机、情绪和意志对于学习来说具有关键作用。关于互动维度，第七章聚焦于参与者的活动、承诺和共同决定的机会、与问题有关的主体性卷入、批判性反思、自反性和社会责任。

大多数读者可能会发现所有这些都是言之成理的。不过，这些多样性必定构建于相关的具体学习情境，或者对学习过程的规划或分析之中，因此，在这一点上重要的结论是，对于这个广泛而复杂领域的整体性还需要做一些详尽细致的研究。

8.2 学习与经验

"从经验中你会收获学习"是一句古老的丹麦民间俗语，毫无疑问，不管是在丹麦语还是在英语的日常用语中，人们都认为经验是比"普通学习"更好和更为丰富、更具有个体意义和包含个体承诺的另一个维度。经验在学习理论中也是一个中心概念，我将从以下方面开始探讨：这个概念如何和以什么样的标准，能够被用作一个理解学习的共同框架。这以一种重要的方式，同时覆盖和集合了我在前面章节中所讨论的三个维度。

我必须马上强调一下，如在 5.2 节中那样，我是在一个比日常英语用语含义更为严苛和条件更多的意义上使用"经验"一词的，甚至比库伯在其著作《经验学习》中所使用的含义，比很多该领域中其他研究者、讨论者所使用的含义更为严格。我对"经验"和"经验学习"概念的使用超越了对瞬间认知和精细理解之间的区分，这意味着这个过程不仅仅是有关认知学习的（譬如说，库伯研究工作中的案例），而且涵盖了学习的所有三个维度。

本书的论点是，所有学习都在某种程度上包含了这些维度，尽管在某些情境中其比例可能会相当不均衡。一方面，当我提出经验应作为和普通学习不一样、比普通学习更丰富的事物来加以直接理解时，我其实意指其中有着质的差别。另一方面，要在"什么是经验"和"什么是'普通'学习"之间做出截然区分是不可能的，也是与学习的本质不一致的。

因此，我这里首先论及的经验概念，并不单单是所有三个维度都卷入在内的理念，因为它们在原则上总是卷入在内的，所有这三个维度也必定对于该情境中的学习者具有主观意义。经验包含内容和知识方面的重要因素，即我们获得或理解某些我们认为对自己来说重要的东西的过程。经验也包含一种相当的动机方面的因素，即我们需要在动机和情感上确保学习得以发生。最后，经验包含重要的社会和人际交往方面的因素，即我们所学习的不仅仅对我们个人来说有重要意义，而且也是有关我们自己与所生活的世界之间的联系的。因此，经验是作为以下学习理论观点的中心概念提出的：经验的特征是通过以一种重要方式综合这里所阐明的学习概念中涵盖的三种维度来体现的。

不过，深入界定经验的概念依旧是很重要的，我将在下面通过讨论两种最为重要的视角来达成，这两种视角构成了丹麦教育学中认识经验概念的基础：首先，是 20 世纪初发展于美国的进步主义视角，前面提到的哲学家和教育学家约翰·杜威对它做出了特殊的贡献；其次，是德国社会学家奥斯卡·耐格特的视角，在前面我们也曾提及过他，他的研究工作是对法兰克福学派批判理论的扩展，并且其研究作为丹麦经验教育学发展的一种理论参考，发挥了巨大作用（Webb and Nielsen，1996）。

杜威的大多数教育实践与理论是在 20 世纪头 10 年发展起来的，他后来在一本基于一系列文献摘要、题为《经验与教育》（*Experience and Education*；Dewey，1965［1938］）的著作中，研究了经验的概念。杜威对经验概念持有一种广泛性的定义，与经验的日常含义相一致。我们无时无刻不经验着事物，但是在教育术语中重要的是——正如我之前曾经指出过的——经验的性质：

> （在教育中重要的是）区别有教育价值的和没有教育价值的经验。……尊重个体自由的原则和行为准则以及尊重人类关系保持友善的原则不是在最后回到了这样的信条之中吗？即这些东西是从属于一种更高级的经验资质的，而不是从属于压制、强迫或暴力的方法的。……经验唤起了好奇心，强化了行动，并且激发了渴望和目标，这些东西有足够的强度把一个人从死地带往未来，……（而且不会）将一个人停滞在低发展水平上、放置于限制成长能力的途径中。
>
> （Dewey，1965［1938］，pp. 33，34，37–38）

由此可见，在杜威看来，构成经验的标准是基于一般意义的人本主义以及某种程度上不甚清晰的成长概念的，并且，由此也建立在一个更为一般的水平上，尽管这也许与我有关三个学习维度的划分差别不是太大。然而更为具体地来说，杜威还强调作为养育的核心的两个综合性的原则或维度，即连续性与互动。

> 经验的连续性原则意味着，任何经验都是那些过去所发生的东西的继续，同时也以某种方式修正后来之物。……互动意味着在个体和与此同时构成他所处环境中的事物之间发生的一切。
>
> （Dewey，1965 [1938]，pp. 35，43）

不过，尽管提及了互动，杜威的经验概念还是常常受到诟病，被认为是个体主义的，缺乏一种社会性的维度。而且也正是在社会领域，耐格特的经验概念以一种决定性的方式超越了杜威。

耐格特的经验概念主要是在其著作《公共领域与经验》（*Public Sphere and Experience*；Negt and Kluge，1993 [1972]）中加以探讨的。书中这个概念出现在一个广泛的文明批判性（civilisation-critical）的背景之中，围绕工人阶级体验他们自己所处的情境的机会以及我们当今社会中的机会而展开。经验概念由此仅仅直接地通过德国哲学家黑格尔（Georg Wilhelm Friedrich Hegel，1770—1831）的一段常被引用和相当费解的论述来进行定义："意识作用于它本身的辩证过程——作用于它的知识和作用于它的对象，在这种意义上，在它之外新的和真的对象出现了，这正是所谓的经验之物。"（Hegel,1967 [1807]，p. 142）

以此为参考，耐格特吸收了以康德为先驱，到黑格尔，再到法兰克福学派这样一个长期的哲学传统。尽管视角非常不同，在我看来，它在有关经验本身的相关概念上，与杜威的距离并不是那么遥远。黑格尔称之为意识作用于其本身的辩证过程，与杜威一直尝试通过对连续性的阐述来捕捉的东西是同样的。还有，黑格尔称之为作用于知识及其对象的辩证过程也出现在了杜威对互动的阐述之中。

这也可以被视作本书所分别研究的学习的内部心理和外部社会及人际交往的过程——这意味着黑格尔论述中的中心点是，这些过程在本质上都是辩证的，即它们呈现相互影响或使彼此更紧张的形式，这会导向一种综合，一种相互重叠的一致性。在内部心理过程中，辩证关系存在于早先发展起来的心理结构与来自环境的影响之间（见皮亚杰和奥苏贝尔的视角，4.2 节）。在外部互动过程中，辩证关系存在于个体与环境的互动之间。

然而，耐格特对于经验的观点，在丹麦教育研究者海宁·萨尔林·奥尔森（Henning Salling Olesen）的著作中能够找到更好理解和更为完善的一般性定义：

> 经验是一个过程，我们作为人类通过这个过程，以个别和集体的方式有意识地掌握现实，掌握对这个现实的不断生活化的理解，掌握我们与它的联系。经验是一种复数的存在，如它在日常语言中那样，但它们应该作为这个过程的部分结果来加以理解。由此，当从个人经验的观点来看待经验时，它是一个主观性的过程。它也是一个集体性的过程，因为当我们作为个人获得经验的时候，我们也在通过基于社会建构起来的意识来获得经验。最后，它是一个积极的、批判性的和创造性的过程，在此过程中，我们既有观察也有适应。……经验的这个概念是从德国社会学家奥斯卡·耐格特那里继承而来的。
>
> （Olesen，1989 [1985]，p. 8）

有趣的是，我们注意到尽管明确了对耐格特的引用，这个定义也完全有可能由杜威逐字逐句地写下来，因为它间接地表明了，杜威和耐格特经验理论间的不同并非存在于经验本身的实际本质上，而是存在于当下的社会结构实际上如何影响经验形成的问题上。

　　这里要再次引用萨尔林·奥尔森的观点：在耐格特的理论中，所有的一切都是有关于"现实不是一目了然的"这一事实的（Olesen，1981，p. 21），即处于中心地位的社会要素是不能够直接被经验的，诸如，使用价值和交换价值之间的关系，或劳动力从一种一般人类潜能转变成为一种能够在市场上买卖的项目。尽管资本主义的中心结构是人造的，而且由此也可能被改变，但它们作为自然之物被经验，如同某种"第二本质"，由此整个经验的基础也被置换了。

　　总之最重要的是，要坚持与学习有关的经验概念的整体性。这个概念原则上包括学习的所有方面，包括内部心理获得过程和社会互动过程、内容相关的方面和动机方面，以及所有形式的学习和所有形式的互动。但是要把学习描述为这里我们所说的经验过程的概念，它就必须满足多种特定的标准。

　　其一，学习在内容、动机和互动的维度方面，必须具备相当的主观性意义。

　　其二，学习必须是一个连贯过程的一部分——如杜威所指出的那样，必须有一种连续性。即使我们仅仅聚焦于单个经验，也只有当这单个事件能够在早期经验和未来经验的情境下加以理解时，使用经验学习的表达才会有意义，因为只有通过这样，单个的经验才获得了它的重要意义。任何形式的未能将此纳入思考的"构建阻碍思维"（building block thinking），都可以说误解了经验概念的基本内容。（由此，我们也遭遇了一种有关学习概念的差异性，如在某些情况下，将学习作为一种更为孤立的现象加以讨论是有可能和有意义的。）

　　其三，个体与周围环境之间的互动过程必须具有这样的性质：个体可以说是处于环境中的一个主体，即他在现场并且是自我觉知的。在实践中，这个人是否能在特定环境中如此行动显然很难确定。但是原则上，在那种学习者仅仅只是扮演一个消极角色，并且没有主动承担任何义务的情境下，划出这样一道界限还是很重要的。在这样的情境中，学习者是不可能学到某些东西的——在日常学校教学中有大量这样的例子，这种类型的学习不能被称为经验学习，因为如果你没有作为一个主体卷入进来，那么实际上将不会出现任何双向的互动过程，取而代之的通常是所谓的填塞过程，或保罗·弗莱雷所称的"银行存储式教育"。

其四，很重要的是，经验的形成总是以社会为中介的。它不会发生在孤立的个体当中，而是要求必须有一个社会情境。这自然应该被理解为下述含义：不存在人们单独获得经验的情况，而出于同样的原因，这是一个连续的过程，孤立仅仅是刹那间的，它得以发生的情境将总是被打上社会的烙印。

其五，也是最后，在耐格特的理论中，在某种程度上，与互动有关的来自环境的影响必须反映或例证了相关的社会、物质和（或）人际交往结构。耐格特的"榜样性原则"或"榜样学习"理论中包含了这一观念（Negt，1971[1968]；Christiansen，1999，pp. 60f.）。这里，在实践中，很可能也自然会出现一个限制性情境——在此我不想对这个课题做更加详细的探讨，而会以项目工作的形式进行更为充分的研究（Illeris，1999）。

在丹麦，约 1980 年"经验教育学"在很多教育尝试和工作模式中作为一个共同术语得以明确以来，经验这一概念已经开始在教育思维中发挥中心作用。这些教育尝试和工作模式都强调参与者的经验的形成，经验被理解为一种总体上的学习，建立在参与者的要求、问题和兴趣基础之上（Webb and Nielsen，1996）。

整个 20 世纪 70 年代弥漫着令人兴奋的乐观主义和信心，人们坚信新的教育创造将不仅给参与者带来乐趣，而且还会帮助他们发展，给予他们更加合拍于时代要求的更优资质，还会有助于社会朝着更加解放和民主的方向进行变革。很多活动拥有这一同样的口号：我们应该"以参与者的经验为起点"，该观点常常被理解为经验教育学的座右铭。另一个更为开放的论点是"联系参与者的经验"，在某些情况下，口号还会是"为参与者经验的形成做出贡献 / 做好准备"。

然而在实践中，这个课题被证明是更为复杂的——对 1980 年前后三个分别雄心勃勃地在小学、高中以及基础职业教育中进行的经验教育项目进行分析，可以相当清楚地得出下述结论：

> 理想的经验教育过程必须关系到学生重要的、主体性感知下的问题
> 领域，它们必须在一个连续的经验过程中并得到详细描述，这个经验过
> 程建立在他们现有的经验模式之上，而且受前进方向的行动视角所制约。
>
> （Illeris，1984，p. 32）

这里，"问题领域"和"行动视角"这两个词恐怕具有重要意义。重要的是，对于各个阶段的学生们来说，回顾过去的经验比起朝前面对新的挑战和经验，是较为无趣的。因此，在实践中，经验教育学的实现不得不建立在问题导向、参与者导向、榜样性以及团结的基本原则之上——而且当我们要让它在制度化教育的框架之下运行时，它常常可能会通过教育研究模式的应用来完成，这种教育研究模式是在所谓的项目研究工作下发展起来的（Illeris，1999）。

从国际上来看，自 20 世纪 70 年代起，经验这一概念就已经在英语国家以"经验学习"这一术语形式发展起来了，尤其是库伯那本我们经常提及的著作《经验学习》，它在 1984 年出版之后，带动了人们对这一概念的广泛兴趣，至少在"经验学习国际联合会"（The International Consortium for Experiential Learning，ICEL）这个关系网络之中是如此。该联合会创建于 1987 年，20 多年以来定期召开盛大的国际会议，从一开始，参会的一些代表性人物就有澳大利亚的戴维·保德、英国的苏珊·威尔和前面提到过的丹尼·维尔德米尔思科（见 7.7 节）以及罗宾·厄舍（见 7.8 节），之后每两三年都会召开大会。

在首届大会之后，《经验学习的意义》（*Making Sense of Experiential Learning*；Weil and McGill，1989a）一书出版了，它很快就作为该网络的基础研究成果发挥了作用。在导言中，编者把这个网络描绘成为四个"村落"框架：

> 村落一特别关注评估和确认来自生活及工作经验的学习。把这种学
> 习作为一种基础，能够创造接受高等教育、获得就业和培训机会以及进
> 入专业团体的新途径。
>
> 村落二聚焦于经验学习。将其作为一种基础，能够带来学校后教育

（post-school education）在结构、目标和课程上的变革。

村落三强调，把经验学习作为一种基础，能够带来团体意识培养、共同体行动和社会变革。

村落四关注的是个体成长和发展以及经验学习的方法，以此来提升自我觉知和团体效能。

（Weil and McGill，1989b，p. 3）

通过这一框架描述和构造村落概念的方式，威尔（Susan Warner Weil）和麦吉尔（Ian McGill）成功地创造了一种理论模式，这种理论模式能够为多样化的网络构筑一个可以容纳巨大差异的共同平台，而且与此同时，所有人都可以在其中找到他们自己。另外，从不同实践领域这一点出发，这部著作清晰地强调了该网络的社会嵌入性质。

在书中的另一篇文章中，戴维·保德指出了三个在不同程度上代表着与经验学习有关的所有活动的维度。它们分别是"学习者控制"维度、学习者的"自我卷入"维度以及"学习环境与真实环境的对应"维度（Boud，1989，p. 39）。

另外，保德进一步指出了四种成人教育的方法，经验学习特别被作为一种从传统束缚中解放出来的学习方式呈现在整个图景中：其一，它与教学技术合理化相关，特别是在职业教育中，它避免了过剩的活动——"从困惑中解放出来的自由"（freedom from distraction）；其二，它与美国人马尔科姆·诺尔斯（Knowles，1970，1973）的"成人教育学"（andragogy）概念相关，与自我导向型学习过程相关——"作为学习者的自由"（freedom as learners）；其三，它与卡尔·罗杰斯启发下的人本主义传统（Rogers，1969；见 5.6 节）中的以学生为中心相关——"学习的自由"（freedom to learn）；其四，也是最后，它与批判教育学和社会行动相关（这个领域中，在英语国家里，保罗·弗莱雷是巨大的灵感来源）（Freire，1970；见 7.7 节）——"通过学习获得的自由"（freedom through learning）（Boud，1989，pp. 40ff.）。

　　最后，在同一篇文章中保德指出了经验学习中的三种教学方法，即"个体中心方法"、"小组中心方法"和"项目中心方法"（Boud，1989，pp. 44ff.）。

　　由此，保德把经验学习的概念置于其学术背景之中，并且论证了它广阔的应用领域。但是，与威尔和麦吉尔的观点一样，被置于一个社会性和教育性背景当中的，是经验学习的概念与活动，而对什么是经验的理解本身，即在"经验"概念背后隐藏的是什么，并没有得到详细阐述。

　　丹尼·维尔德米尔思科提出了一个更为批判性的视角，他对理解概念时所隐含的个体主义倾向提出了警告，并强调了为学习获得社会视角的会话与交流的重要意义（Wildemeersch，1989）。英国的阿夫塔尔·布拉赫（Avtar Brah）和简·霍伊（Jane Hoy）也采用了社会性视角，并对下述事实给予了特别关注：对于那些以牺牲弱势群体为代价从而拥有更多优先权的人们来说，经验学习很容易对他们有利。

　　后来又有其他一些重要文集出版了（Wildemeersch and Jansen，1992；Boud et al.，1993），而且这个关系网络逐渐朝着特别针对第三世界学习条件这一研究方向发展，经验学习的概念已经从某种特定的课题，很大程度上转变为国际教育和学习导向的文献中一种一般水平的和被普遍接受的概念。

8.3　个体发展

　　整体性学习的另一个广义概念是"个体发展"或"个性发展"。与经验不同的是，这不是与个别的课题或一个简短的过程相关的，而是与贯穿某个时间段、在某种情境中的学习整体的效果相关的。

　　关于"人格"，有很多的定义，诸如"作为一个整体的个人，拥有不同的技能、脾性、情感和动机"（Hansen et al.，1997，p. 295），这里很典型的是，它是关于脾性或者我们称之为性格特征的一种整体性的视角，跨越了诸如学习维度这样的不同分野。譬如说，如果我们说一个人是"宽容的"，这通常来说意味着这种宽容是在多数或者全部的领域中适用的，尽管也许在强度上会有所不同。因此，它也是很难详细说明和测量的，但另一方面它在生活中发挥了主要的作用。

在学习方面存在着很多人格和个人素质的特殊面，它们在某种程度上扎根于某种个体的遗传素质——诸如我们曾经通过气质所理解的东西。不过，这些素质是通过生活的影响发展和形成的，所以也就发生了某些学习，但是如前所述，这些学习通常是以更为普遍、很长时间内持续发生的形式存在的，而且一般说来，也要求个人付出相当的努力，因此需要一个显著的动机水平作为先决条件。用日常语言来说，你只有在认识到这么做是有着充足的理由的时候，你才会改变你的个性或个性中的实质部分。

在学习中——特别是在教育体系和工作生活内的制度化学习中——总体上来说，从 20 世纪 60 年代起，个体发展和个体素质特定类型的发展已经日益成为令人充满兴趣和具有大量研究的领域。

在工作场所对其工作成员的要求方面，已经有了非常清晰的发展：对专业素质的要求逐渐得到补充，但其部分被视作个人特性的"一般"素质的要求遮蔽了。从今天的各种招聘广告来看，这已经是极为明显的了，而且也被人事经理们的主导态度所证实。

在一个对一般素质的研究项目中（Andersen et al., 1994，1996），我较为深入地参与了对这些课题的分析，并且在这一工作过程中，总结了如下几类当前对个人素质的要求：

　　智力素质，通常涵盖了理性，系统性，分析性思维，社会想象力，问题解决，在诊断、评估、规划等当中观点和技能的改变，等等，中心点在于个体的理性行为能力。

　　感知素质，与精确的感官感知有关，通常包括在观察和解释上的精确性，中心点在于那些在学术名词中作为"敏感性"来定义的能力。

　　自律素质，涵盖了责任感、可靠性、可持续性、准确性、集中精力的能力、素质和服务导向等领域，中心点在于个体根据一般指令进行活动的倾向和能力。

人格素质，通常涵盖了独立、自信和创造性等领域，中心点在于个体单独活动的能力，尤其是在一个无法预期的情境中。

社会素质，涵盖了合作和交流能力、友善性格以及善于人际交往等领域，中心点在于个体与他人互动的能力。

动机素质，涵盖了主动、活力、冲动、开放、热心学习、适应性等领域，中心点在于个体跟上和促进"发展"的潜能（经常使用的"灵活性"一词，常常被用作该领域的一种描述，但它也部分包含了社会素质）。

（Illeris，1995，pp. 60–61）

所有这些分类的共同特征是，它们覆盖了所有三个学习维度，但是比重有所不同。例如，在动机素质中，动机维度是非常重要的；在自律素质和人格素质中，动机维度也很重要，尽管其重要性处在一个更弱的程度上。智力素质和感知素质的主要重心位于内容维度。社会素质很显然特别与互动维度相关。

关于能够深化这些个人素质发展的教学和学习，该项目得出的结论是，我们可以把在实际教育组织中的学术和一般或个性元素理解和处理为同一事物的两个方面：

简而言之，以一种目标导向的方式强化一般素质的教育，必然不会是纯粹的指导、技能学习或机械学习，也不是纯粹的个体发展或治疗。相反地，其必须是以下述方式组织起来的：它运用拓展参与者发展理解、个性和身份认同动机的机会，将具体的、典型的职业或学术资质结合起来。

（Illeris et al.，1995，p. 188）

总而言之，社会素质要求的发展可以被视作鼓励人们投入教育努力，以尝试通过结合专业性和个性导向方法的教学组织，来发展一个非常广阔的个人素质范围。在实践中，这通常通过问题导向和某种程度上参与者导向的项目而展开，这些项目有着具体的专业内容，而且也涉及相应的个体功能领域（Illeris et al.，1995；Andersen et al.，1996）。

但是，伴随着竞争型国家对学习和教育态度的发展（Illeris，2016），个体发展趋于疲软。一方面，不仅在教育活动管理中，同时也在教师、学生和其他参与者的意识中，评估、测试等等变得越来越重要，由于这些评估测试主要是针对教育内容的掌握程度进行的，这也就使得人们越来越倾向于减少对学生一般人格发展和个性塑造的关注，尽管这在官方教育目的表达上仍是极度重要的。另一方面，在公、私部门的就业，尤其是领导者的选择上，人格个性与素质也被认为是非常重要的。形形色色的、多少有问题的人格测试被拿来使用，并且在现实中有很多人格训练特别课程，甚至所谓的逃生课程，它们都指向对人格素质的开发和提升。这样一来，教育和工作生活之间，在最重要的发展倾向上，就存在着越来越严重的矛盾冲突。

8.4　能力

当涉及作为整体的学习将会产生什么成果的时候，德国和斯堪的纳维亚国家中经典的概念是"性格形成"，这已经在5.1节提到过。但是，部分是由于对这个概念真正意味着什么还争论不休，部分是由于它经常带有一种精英话语色彩，在20世纪70年代和80年代，渐渐人们谈论得更为普遍的是"素质"和"资格"。"资格"概念显然比"性格形成"这一概念更为精确，但它也更具技术论倾向，而且首要地来说，在人们通常理解的出发点和方式中，是更为职业导向的。因此，如果我们要将相关概念纳入一个更为广阔的目标的话，就有必要"发明"并使用"一般资格"的概念（Andersen et al.，1994，1996）。

近年来"能力"概念已经占据了舞台中心，而且，这不是一种简单的偶然和无关紧要的语言变化。恰恰相反，可以说这一语言变化承载着前面概述的

"素质"这一概念的分化的全部结果。下面是我所认为的最为全面充分的定义：

> 能力指的是……一个人在更为广泛意义上拥有的素质。它不单单指一个人掌握了某个专业领域的知识，还指他能够应用这些专业知识，而且更进一步地，将其相关内在要求应用到一个可能还有很多不确定和不能预知的情境中去。因此，能力也包含了这个人的评估能力和态度，以及利用其更多个人素质的能力。

（Jørgensen，1999，p. 4）

因此，能力是个一体化的概念，整合了所有需要调用的东西，从而能在一个给定情境下得以发挥（Illeris，2009b，2009c，2011）。具体的素质被整合在植根于个性的能力之中，我们一般也可以去讨论组织的能力、国家的能力。

素质的概念历史性地以对特定知识和技能的要求作为自己的出发点，而且愈益暗示该种知识和技能与人格有着根本联系并在其中能找到根源，在这种情况下，对能力概念的理解可以说是被完全颠倒了。在这种概念中，出发点是与某种情境相关的个体水平，而且，更为特定的素质是可被用来诱发和促进能力实现的。当素质概念从个体因素、个体素质中出发，并且朝着更为统一的认识发展时，能力概念更从整体出发，例如，从用以解决一个任务或完成一项工作的人或组织的类型出发，并且试图在此基础之上，指出任何可能的不同的重要素质。

由此，很突出的是，能力概念不像素质概念那样扎根于产业社会学中，而是扎根于组织心理学和现代管理思想之中。因此它具有了一种"聪明"的维度，这使得它更容易在政治上被"推销"，而且使得它有朝向一种表面性的倾向，在这种背景下，它似乎表现出了管理导向的大部分特征（Argyris，2000）。由此，这被称为一种"娼妓式"（prostitute）概念，其根源为丹麦哲学家延斯·艾瑞克·克瑞斯坦森（Jens Erik Kristensen）的经济学视角（Kristensen，2001）。

　　然而与此同时，我们很难否认它抓住了学习和素质在当代境况中的核心。它从根本上关注的是一个人、一个组织或一个国家如何能够应对相关的但常常是无从预知的问题情境，因为我们确知晚期现代的发展会不断地带来新的和未知的问题，对新问题情境开放地和以恰当方式进行应对的能力是非常关键的，决定了谁将成为这个全球化市场社会的主宰。

　　不过，有关能力概念的定义和应用也出现了巨大的问题。这主要是因为很多国家和超国家的实体，特别是经济合作与发展组织（OECD）接受了这个概念，并试图将其作为一种管理工具加以使用。他们启动了众多大范围的研究工作，来定义多种教育项目中作为目标的大量能力，并且使得这些能力可以被测度，从而判断所做努力是否奏效（Illeris，2004a）。实际上，在遭遇了诸多争议后，OECD国家在能力概念的操作性定义上成功达成了一致（Rychen and Salganik，2003），这一定义很大程度上符合前述丹麦哲学家的系统阐述。但进入到下一阶段，试图做成一个能力清单表的努力，却不得不被放弃了，取而代之的是决定采用一些可比较的能力水平量表，来测试各个国家劳动力的阅读、数学和信息技术能力，这就是所谓的国际成人能力评估调查（PIAAC），一种针对成人的类似国际学生评估项目（PISA）的测试。然而，这些测试并没有得到很大关注，相反，这些工作最重要的影响就是所有欧盟成员国的教育当局都开始无休止地在自己国家的正式教育体系中制造能力清单——在丹麦已经有了10000种不同的能力——以便雇主们能够核对来自欧盟其他国家的求职者们已经学习了什么或者应该学到些什么。

　　我在此不会再继续深入讨论能力概念的官方用法，很显然这是一个关于概念在现实中行政化和语义稀释的故事，它可能会在这个愈益跑偏的教育系统中，被用来强调和强化实践的层面以及个体素质的发展。但我确实还发现有一点非常重要：能力这一概念也包含某些极为积极的因素，它们有助于形成一种一般水平或整体性导向的、影响深远的对某些视角和要求的理解，这些理解都植根在有关学习的当下讨论中。这在3.2节有关模型的发展中早已强调过：涉及学习维度的能力概念，作为一种功能性、敏感性和社会性的结合，在一般水平上得以呈现。

与上面所引用的能力界定（Jørgensen，1999）一起，我发现很重要的是坚持这种宽广的、整体的能力理解，这种理解既存在于一般水平上，也涉及行动的某些领域。与理解学习相对应，我将其视作一个重要的理论点，因为它使得将学习作为一个过程、将能力作为这一过程的目标的总体思维和研究成为可能。这对于能力概念来说尤为重要，因为能力正在迅速变成一匹奔马，拖着一辆狭隘经济导向、由利益支配的马车。这一概念剥夺了人们解放的潜能，这种潜能以能力作为恰当的调节器，调节着社会挑战和管理它们的自我途径之间的关系。

从能力的概念出发，我们可以对今天的学习产生更细微的理解，从一种理论立基和实践检验的视角去了解如何发展最新的能力以满足体制内外不同人们的需要并适应其不同的可能性。这样一种视角在我看来，对于促进个体水平和社会水平上真正的能力发展，比上面提到的测量和比较的方法要好得多，可能性大得多。然而，这也是在一个高得多的水平上，以实践层面上的实验和主动性行动为导向的，而不是以测量模型中自上而下的控制方法为导向的。

非常具体地来说，这是有关能力可以在下面这样的环境中得以提高的事实：学习的发生关系着一种（回忆性的）相关经验和情境的现实化，这（与此同时）在相关活动和基于一种理论性概念框架以及一种（预期的）反思和观点对这些活动进行的诠释之间发生相互作用，即有关参与者生活或历程的普遍观点，与有意义的、概念导向的反思以及在共同体框架之中的个体与社会水平之间的稳定交替相连接（Illeris，2004a）。

8.5　学习与身份认同

然而，如果我们想要考察学习的总体结果，那么仅仅考虑能力发展是不够的。因为在本书中我们坚持将学习作为一种跨越广泛维度的整体来看待，所以我们也必须聚焦于相互之间的联系与结合，以及由此而来的理论与应用价值，即对于学习者来说，学到的东西有什么意义。我们可以从一些来自不同视角的概念开始我们的讨论。

我已经多次谈到了"自我"概念，在 4.6 节以及 5.6 节，那里关注的是作为学习内容对象的自我。我在这里还要提到，尽管对于这个概念众说纷纭，但是在所有的背景下，它都有着一种心智的特征，关系到个体自己的经验，即一个人从内部"思考"或经验他自己。

该领域中的另一个概念是"人格"（personality），比起其他一些概念来，人们还给予了它特别的重视，并以它命名了一个心理学学科——"人格心理学"。不过这里的特征是，个体从外部被"观看"或描绘，例如，个体的不同特点最终可以通过不同的（人格）测验加以表征。

另外，还有一个更新的概念——"惯习"（habitus），该概念由法国社会学家皮埃尔·布尔迪厄（Pierre Bourdieu，1930—2002）提出。这个概念暗示，个体面对的文化与社会条件作为稳定的内部倾向而沉淀下来，它在很大程度上影响了个体的思维、情感和行动模式，从而成为社会背景烙印的聚焦点（Bourdieu and Passéron，1977［1970］；Bourdieu，1998［1994］）。

在作为整体的学习在人格发展上取得的成果方面，所有这三个概念都是有用的，而且在近年来，至少惯习的概念已经在大量教育学导向的文献中出现（例如，Hodkinson et al.，2004）。不过，我这里将要以有些陈旧了的概念"身份认同"（心理学中也叫作"自我同一性"）作为出发点，因为我认为它是一个最为整体性的概念，清楚地覆盖了个体和社会的水平。

身份认同这一概念在今天被看作一种经典概念，它主要是由德裔美国心理学家艾瑞克·H. 埃里克森发展起来的，特别是在他题为《同一性：青少年认同机制》（*Identity*：*Youth and Crisis*；Erikson，1968）的著作中。埃里克森属于战后的"新弗洛伊德主义者"——他们将自己与那些他们所认为的弗洛伊德理论中的决定性特征拉开距离，更加以社会条件为导向，而且也认为比起驱力来，自我有着更为重要的意义，即比起弗洛伊德的理解，个体有着控制自己生活的可能性——这与 20 世纪五六十年代取得突破性进展的个体化潮流非常匹配。

　　身份认同一词本身指的是拉丁文的 idem，意味着"同样的"，而且与在变化的环境中保持同样或者既被自己也被他人所认可的这种经验有关。这还指出了身份认同中的二元性，也就是说，从埃里克森这个概念的中心点来看，一个人是个体的创造，一种生物学上的生命，与此同时又是一种社会和人际生物，在后者的分析中没有任何个体可能性存在。因此，身份认同总是一种对个体生活历程的认同，一种内在一致个性和内在一致生活历程的经验，与此同时又作为一种社会的和人际交往的身份存在，作为一种在社会共同体中占有某种地位的经验存在。

　　在这一视角中，埃里克森的身份认同概念与本书中概述的学习概念之间有着非常显著的重叠。在这两种情况下，都有两个相互连接的特征，它们总是共同存在和共同发挥着作用。学习中的个体获得过程对应于埃里克森身份认同的个体方面以及他理论中内在一致的个体经验。它发生在一个结构框架中，归根结底，这个结构框架是通过大量复杂的人脑与中枢神经系统的生物发展途径而成为可能的。学习的社会互动过程对应于埃里克森身份认同的社会方面，以及一个人如何被他人体验的经验。它发生在周围社会发展结构的框架之中。由此，从学习的观点来看，身份认同可以被理解为整个学习的个体性要素，即意义、功能性、敏感性和社会性的内在一致发展，同时，在学习中它的核心领域可以被定位于两个同时发生的学习过程的相会点，如图 8.1 中所示的两个双箭头线的交会之处。

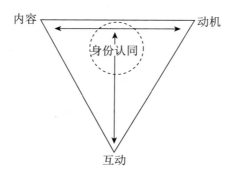

图 8.1　身份认同在学习结构中的位置

与此同时，埃里克森的青年阶段以及同一性发展的概念，是作为拥有一系列生命阶段的人类生活历程总体概念的一部分存在的。在这个总体概念中，每个阶段在顶点时期进入危机，危机的解决是下一阶段生活成功的先决条件。埃里克森概述了八个阶段，其中第五个阶段是青少年期，这个阶段的中心是围绕同一性的发展而展开的，这种发展最终会形成一定程度上稳定的和内在一致的身份认同，如果片面发展，最终就会导致身份认同混乱，给成年生活带来巨大问题。

埃里克森认为他的阶段理论的特征是"外烁的"（epigenic），即这些阶段是通过人类系统性发生的历史而发展起来的。因此，它们是我们遗传的一部分，每个个体阶段的中心问题在早期阶段已经开始出现，并作为进一步发展的潜力被带入后期阶段。因此，身份认同的形成不仅仅是某种发生在青年阶段的东西。它需要远远回溯到儿童早期，也就是说，身份认同的要素，并不是个体自身的选择，而是由父母或其他一些人来掌控的，并且能够继续贯穿于整个生命，但它最为关键的发展环节是青少年时期的同一性危机。

还应该提到的是埃里克森的身份认同理论已经受到了强烈的批判——它仅仅是一个精细的调适理论，因为成功的身份认同形成是个体依照群体以及社会规范调适的结果，而那些不仅仅是暂时出现的、对规范的抗拒行为就被贴上了身份认同混乱的标签。

如果我们回到我们现处的后现代社会中的青年阶段，很清楚的是这种身份认同类型将依旧存在：青年人以各种方式努力去发现他们是谁、希望成为谁，这既是在个体水平上的，也是在社会水平上的。但是，无论是作为这个过程目标的一定程度固定的身份认同概念，还是作为令人生畏的反面图景的身份认同混乱，在今天都必须加以相对化。当社会对其成员最为中心和直接的要求之一是我们必须保持对变化的灵活性并对此做好准备时，一种固定的、稳定的身份认同就变得有问题了。另外，社会的老一辈成员常常遭到劳动力市场的批评和拒绝，因为他们不够灵活和不够情愿改变，这正与下述事实有关：多年来他们已经构建了稳定的身份认同和自我理解，这是他们不能也不愿意改变的。

灵活性与身份认同混乱自然是不一样的，但另一方面，在埃里克森或其他经典人格心理学的理论看来，这样的身份认同概念是在诸如"成熟人格"的理想状态中表达出来的（Allport，1967）——今天，这差不多会被经验为一种家长式的、白人的、良好教养的、自得的父亲形象，这个形象在晚期现代性的摇摆不定的易变性中，在灵活度上存在严重问题。

因此，很清楚的是，埃里克森的身份认同理论和整个的经典身份认同发展概念在今天只能为我们提供一个出发点。我们愈加清晰地看到，这些概念预设了一个有着某种稳定程度、普遍规范和共同意识形式的社会，而这样的社会不再存在。

早在20世纪60年代，美国的心理学家们就记录下了这种发展的最初重要信号。更为详细的描述首先是由海恩兹·科胡特（Heinz Kohut，1913—1981）（Kohut，1971）和奥托·肯伯格（Kernberg，1975）完成的，他们将其分别描述为"自恋型人格障碍"（narcissistic personality disturbances）和"理性的自恋"（pathological narcissism），在欧洲，德国心理学家和青年问题研究者托马斯·齐厄在其著作《青春期与自恋》（*Puberty and Narcissism*；Ziehe，1975）中也对其有所描述。

所有这些的开始，是由在精神分析实践领域中出现了一种心理问题的新类型导致的，这种类型成为主要的临床问题。与经典的焦虑神经衰弱症相比，这种类型的症状更为弥散，并且常常存在，比方说，缺乏自尊、意义感、现实存在感，缺乏工作和主动行动的愉快感，日益增多的日常事务性行为等。与更为经典的神经衰弱症和精神病的情况相比，它的突出特征是，大体上病人坚持着一个内在一致的自我。他们不受自我分解、衰退或极端的心智分裂的威胁，而主要受到缺乏自我稳定性的威胁，这是一种反思他们自己并且通过他人获得自尊的需要，还有一种心理上对失去与他们自己的联系的恐惧。由此，他们的存在就被一种迫切要求所控制——不要陷入不稳定的自我会受到威胁的情境当中。

在理论方面，人们努力去捕捉这些症状，通过对弗洛伊德的自恋概念进行修订，将这些症状作为一种儿童早期阶段自我中心的不充分的逐渐停止，表现为与他人构建愉快关系时的一种障碍。与此相反的是，新的自恋者将寻找和利用他人作为自我目标。他们需要他人是为了构建自己，他们没有寻求自己作为独立客体的品质，而是卷入了对心理结构的缺失的补偿，以及对内在空虚的经验和对现实的不充分感觉的补偿。

对这些描述最为明确的反应是文化上的悲观主义、道德上堕落的思维和谴责，它们在美国人克里斯多夫·拉斯奇（Christopher Lasch，1932—1994）的著作《自恋主义文化》（*The Culture of Narcissism*）中得到了最为强烈的表达。与此相反，托马斯·齐厄试图描述一种环境，它是对社会中大量新潮流的合情合理的反应，这个社会的发展方向是不断突破核心家庭、工作激烈化以及补偿性消费和补偿性满足的大爆发。基于这种理念，齐厄指出了很多在社会和文化发展中能够得到解放的潜能，以及在作为一种前进方向的发展和教育形式中的一些变化（Ziehe，1975；Ziehe and Stubenrauch，1982）。

不过，对身份认同的传统认知来说，最为切实和极端的挑战是于20世纪90年代在作为社会建构主义的自我认定（self-designated）心理模式中发展起来的，这在7.8节中已经做过讨论。这一认知模式基本上是基于这样的前提的：心智过程和现象是在社会互动中发展起来的。在这一观点中，一个人所谓的任何固定的身份认同或可靠的自我都变得可疑，因为当社会情境和背景发生了变化，身份认同和自我也会随之发生变化。身份认同呈现出一种不一致的、情境决定的形式，具有很多不同社会角色的特征，这些不同的社会角色是个体假定或倾向于成为的——工人、父母、道路前行者等，而且这些角色并不必须要有什么内在一致。晚期现代社会中的人们，正如他们所生活于其中的世界那样支离破碎。

格根在他最为广泛传阅的著作中使用了"饱和的自我"（the saturated self）一词（Gergen，1991）。这是一种自我或身份认同，它持续地暴露于各种各样的大量影响之中，以至于自我或身份认同不能够包容它们，在某种程度上不能维持任何的一致性或整体性的理解。

不过，问题在于这样极端的身份认同消解是不是一种合情合理的表现。在某种程度上，感知情境的其他现有途径也已经被找到，它们知晓这些消解趋势的同时，也注意到在个体中仍然存在着，也必须存在一种内在的心智一致类型。

这些理解之一聚焦于生活故事或个体传记，因为这将个体在精神上整合在了一起，由此就可以说是形成了一种身份认同（例如，Alheit，1994；Antikainen et al.，1996；Dominicé，2000；见5.6节）。这里的中心点是，晚期现代人们的自我理解是由其对生活故事的理解或叙事整合在一起的。叙事既不是一种精确的也不是一种真实的对实际生活历程的记录，而恰恰是当事人发展起来的有关生活过程的历史，是一个人对事件和情境赋予的稳定诠释和意义归因，这些事件和情境又被其主观性地认为在生活过程中和对当前环境来说非常重要——同样地，就像身份认同是在一定程度上具有一致性的实体一样，这个一致性实体也在不断地发展并被重新加以诠释。这主要是一种社会学的视角，可以被理解为是与同时期心理学和心理疗法中叙事方法同样类型的一种突破（Bruner，1990，2002）。

英国社会学家安东尼·吉登斯（尤见 Giddens，1991）持有某种程度上不同的观点。尽管吉登斯也把生活故事看作自我理解中的一种重要元素，但他把主要重心放在他所谓的"自我认同"（self-identity）上，他把这个术语界定为"一种自反性地组织起来的努力"（Giddens，1991，p. 5），包括坚持和修订一个内在一致的生活故事以及一种自反性的结构化的生活规划和生活方式，它们是"以有关生活可能方式的社会和心理信息为依据的"（Giddens，1991，p. 14）。由此，吉登斯观点中最为重要的是，身份认同是持续的自反性过程的结果，在此过程中一个人根据他周围世界的刺激，构建和重构他的自我理解。与早先时代更为固定的身份认同相对照，正是这种自反性和可变性才是现代自我身份认同的典型表现。

与社会建构主义形成鲜明对比的是，生活故事和自反性导向的理解表现出来的特征是：朝向个体身份认同消解化和碎片化的晚期现代潮流，是被不同手段反抗着的，这些手段能够创造某种内部一致性和持续性。这暗示了在某些"内部深处"的地方一定存在着一种心智状况，一种自我或一种核心的身份认同，由此能够产生那种抗拒或反对行为。美国儿童心理学家丹尼尔·斯特恩（Daniel Stern）认为在生命的头几年，儿童通常早已发展了一种"核心自我"（core self），它对于更进一步的人格发展有着关键性的重要意义（Stern，1995）。其他上面提及的理论家们没有一个人直接研究这样一个概念，但是吉登斯的"本体安全"（ontological security）概念暗示了一种基础性的个人信心，它很早就被获得，作为最后的自我身份认同的预设基础，并在此之上得到构建（Giddens，1991，pp. 35ff.）。

从学习的观点来看，如果要采用吉登斯的术语体系，就有全部的理由去注意这样一个核心身份认同的必要性，或者坚持这个本体安全的概念。首先，这是因为整个身份认同或情境身份认同不可能出现，而且这种晚期现代消解趋势的后果被夸大了。这暗示着一种朝向没有任何真正个性的老式心智结构的回归，但这差不多与现在的情况相反，也就是说，晚期现代的个体深陷于这样的挣扎之中——要在面临着持续和不可预测的外部压力的情况下坚持他们的个体性。其次，这是因为它暗示着必须被学习和坚持的东西正是一种核心身份认同和极端灵活的二元体，它绝不可能具有身份认同混乱的性质，而会更具备不断重构的性质。

对核心身份认同的理解是被一层更为灵活的结构包围着的，这种理解与本书中所描述的学习概念也是协调一致的，这部分是因为它承认心智过程的社会和个体两方面，部分是因为它为稳定的模式和结构以及通过影响和学习（认知、情感和社会上的学习）带来的持续不断的变化留出了空间。

我绝不认为在核心身份认同的理解和自传视角之间有任何的冲突，它们只有一个观点上的不同：核心身份认同通常包括生活故事的精华，与此同时也包含个体有关未来的理念的精华。然而，从教育的观点来看，重要的是，生活故事的视角会很容易去强调回顾性的观点，因为生活故事必然是回顾性的。当这种情况发生时，聚焦点单方面地被放在了进一步发展的背景上，而能够为发展提供力量和方向的、动态的、进步的要素则存在于现有问题和未来远景之中。彼得·阿列特在他的自传性概念中，也竭力通过注解生活故事与现有挑战之间的互动来跨越这一障碍。主动性（initiative）不是隐含在有关"我是谁"和"我从哪里来"的问题中的，而是隐含在诸如"什么对我来说可能会更好"和"我想到哪里去"这样的问题之中的。

同时，整体分裂或稳定身份认同的缺失似乎是不太现实的。针对个体活动的方式及其在不同情境的广泛领域中如何被看待的问题，个体在整个儿童和青年期获得的所有经验都留下了有关"一个人是谁"和"他被其他人如何看待"的一般化的痕迹。即使他感到不确定和不稳定，这些也会成为一种身份认同的要素。整体空虚或确定性的缺失也包含了总体的无能力，而且最终可能会导致精神崩溃。[另外，我在拙著《转换学习与身份认同》（*Transformative Learning and Identity*；Illeris，2014）中更为深入地探讨了身份认同的概念。]

8.6 整体性学习理论

上文考察了围绕着经验、能力和身份认同概念的多种有关学习的整体性理解，在此之后，可以提出这样的问题：是否存在横跨这些的总体的学习理论？

我已经考察和提到了大量不同的理论和学习理论家，并试图一路指出其长处和弱点。例如，从有关整体性视角的观点来看，很清楚的是，皮亚杰在特别专注于认知与内容的同时，有意识地回避了整体性这一视角，而与此相反，弗洛伊德和其他精神分析导向的视角则聚焦于动机维度。我也已经指出，文化历史学派及其继承者跨越了内容和互动维度，但极少地将动机维度纳入考虑之中，而且类似地，那些基于批判理论的研究者们专注于动机和互动维度，只是偶尔才考虑到内容维度（见 14.2 节）。

不过，在所有回顾过的文献中，有两位理论家某种程度上似乎在三个维度方面更能保持一种平衡，他们是美国人埃蒂安·温格和英国人彼得·贾维斯，此外还可以加上美国人罗伯特·凯根（Robert Kegan），他是我尚未在前面详细论述的。本节中我将在整体性的观点中简短地讨论这三位理论家的视角，并在结论中对系统理论的视角做出解释，这一视角如其名称那样，目标在于强调整体性。

温格的学习模型在 7.6 节中已经介绍过了（Wenger，1998，p. 5）。在该模型中，学习嵌入在四种条件之间：意义、实践、共同体和身份认同。意义与内容维度有关，其联系的方式正如我在 8.3 节中对这些概念的应用那样。相当清楚的是实践和共同体关注的是互动维度，在此它分别指的是实践的和意识的水平。如我在 8.4 节中所阐述的那样，身份认同与所有三个维度都相关，由此动机维度也在其中。

温格自己将这个模型作为一个起点，来分析作为学习框架的实践共同体，并且通过这种途径，他纳入了所有的三个学习维度。他还在其著作的第一章中，联系大范围的其他学习理论，做了一个很长的注解。但很清楚的是，温格的导向是特别朝向实践共同体和场域中的学习的，由此他将互动维度置于优先地位，并且他自己称其理论为"一种学习的社会理论"。

因此，温格的理论本来是可以作为一种平衡地纳入了所有三个学习维度的一般学习理论得到发展的。但他选择的是专注于互动维度，然后将另两个维度在此基础上纳入。这种导向在他后期的文本中变得更加明显，正是在这些文本中，他所继续深入研究的是实践共同体与场域的设计和运作（例如，Wenger and Snyder，2001；Wenger et al.，2002；Wenger，2014）。

贾维斯的出发点一开始是社会学的，并且特别关注成人教育。不过，在他涉猎广泛的研究成果中，引入的是越来越多的哲学和心理学的导向，尤其是在《迈向人类学习的综合理论》（*Towards a Comprehensive Theory of Human Learning*；Jarvis，2006）中，这本书清楚地表明他尝试发展一种综合性理论。而且，他后来的文章"在社会中学会成人——学会成为'我'"（Learning to Be a Person in Society–Learning to Be Me；Jarvis，2009b）完善了他的理论发展，展现了他从一位教育社会学家转变成为一位涉猎广泛的教育研究者的发展过程。基于其所采用的视角方法，他自称为"存在主义者"（existentialist），即他的出发点在人的存在或"生存"上。他很快就拓展了"在世界中存在"（be-ing-in-the-world）的概念，将其深入发展为"在世界中与他人一起存在"（being-in-the-world-with-others）（Jarvis，2006，pp. 13–16）。通过这样做，他发展了人与环境之间的对话，这与我在本书中所进行研究的基础相对应。

纵观贾维斯的广泛研究成果，他对互动维度的关注，特别是对社会水平的关注，占据了一个压倒性的地位，并且他将自己最大的研究兴趣引导到了作为一个概念和一种政治性议程的终身学习上（尽管他变得越来越对这个议程中日益取得控制地位的经济导向抱有怀疑态度，见 Jarvis，2002）。

但与此同时，贾维斯通过他在 1987 年提出并在后来很多场合中加以修改的一个学习模型，走近了获得过程。这个模型的出发点基的是这样一种感受：库伯的模型（见 5.2 节）也许很重要很有趣，但它实在太简单了。贾维斯因此让很多课程参与者来描述他们是如何经验自己的内在学习过程的。接下来他分析了这些描述并加以总结，得出了一个有着很多选项和出口的复杂模型。我在此复制了该模型的原始版本（见图 8.2），这是因为后来的版本变得更为流线型，而我认为有曲线的最初版本最好地反映了学习课题中的凌乱、复杂和多样性。

关于这个模型，非常值得注意的是，首先，与许多其他的，特别是库伯的学习模型相比，它表明学习过程可以有很多不同的和相互缠绕起来的路径，即使当它们以一种简化的形式被复制的时候也是如此。其次，它表明学习过程也可以有很多不同的结果，这在贾维斯的描述中被总结为三种主要类型：非学习、非反思性学习和反思性学习（Jarvis，1987，pp. 133ff.）。

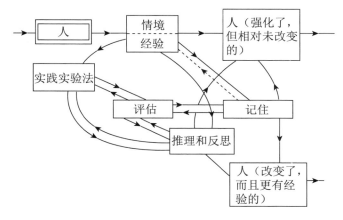

图 8.2　彼得·贾维斯的学习模型 (Jarvis, 1987, p. 25)

　　2006 年起，贾维斯在其著作中也吸收了学习的三个维度的思想（Jarvis，2006，p. 24），不过当与我所使用的术语相联系时，他提出我目前所称的"互动维度"应该更改为"行动维度"（the action dimension）。我们的概念的发展方向是一致的，仅有的区别似乎是：贾维斯是从学习者的立场来提出观点的，即是这个学习的人采取了行动；而我通过使用互动这一术语，试图将自己导向学习者和环境之间的关系上。

　　在一个更为一般的水平上，当理论同时指向学习和非学习的时候，很清楚的是，贾维斯指向的是哲学上的探讨与来源，我则在心理学方面更为深入。不过，对我来说毫无疑问的是，贾维斯是学习研究者中朝着整体性视角走得最远的一位，这种整体性视角也是我在本书中竭力希望企及的。

　　我要提到的第三位学习研究者是哈佛大学的教授罗伯特·凯根，他对于学习的视角用意识理论来描述最为恰当，更为明确地，他自己称之为"建构 – 发展"的视角。

　　在他的两部主要著作《发展的自我》（The Evolving Self；Kegan，1982）和《在我们脑中》（In Over Our Heads；Kegan，1994）里，凯根广泛研究了个体发展。他构建了很多人们可以检验的认知水平或意识秩序，并描述了它们之间作为转换的过渡（这里使用的这个转换概念与之前有些不同，比梅齐洛的概念更具一般性，而且他把"转换学习"作为一种终身的现象或过程来讨论——与此相对照，梅齐洛的"转换学习"概念指的是有关某种转换的特定过程）。

因此，这是一种持续的贯穿于整个生命历程的一系列转换，在凯根看来，当一个人认识到早先的过程和自己所导向的未来选择时，他就能够更好地理解和鼓励这样的转换发生。根据凯根的观点，这些转换的特征表现为：过去是认知主体的东西在转换中成了客体，即一个人过去被加以控制的东西，现在变成了他控制自己的东西。在此基础上凯根初步提出了一个五步图式（见表8.1）。

表 8.1　凯根的五步图式（Kegan, 1994, pp. 314–315, 2000, pp. 62–63）

		主体	客体	潜在结构
	—	知觉 　　幻想 社会知觉 / 冲动	运动 感觉	单点 / 即时 / 元素
	—	具象 　现状 　数据，因果 观点 　角色概念 　简单互惠（针锋相对） 持久脾性 　需要，偏好 　自我概念	知觉 社会知觉 冲动	
社会化的心灵	传统化	抽象 　想象力 　推论，概括 　假设，命题 　理想，价值 相互关系 / 人际化 　角色意识 　双向互惠 内部状态 　主体性，自我意识	具象 观点 持久脾性，需要，偏好	跨种类的 越种类的

		主体	客体	潜在结构
自我创造着的心灵	现代化	抽象体系 　意识形态 　公式，授权 　抽象事物间的关系	抽象	体系/复合体
		制度 　**关系规范形式** 　**多角色意识**	相互关系 人际化	
		自我创造 　*自我规范，自我塑造* 　*身份认同，自觉，个性*	内部状态 主体性 自我意识	
	后现代化	辩证的 　跨意识形态的/后意识形态的 　试验性的公式，悖论	抽象体系 意识形态	跨体系 跨复合体
		交互制度 　**形式之间的关系** 　**自我与他人的相互渗透**	制度 关系规范形式	
		自我转换 　*自我间的相互渗透* 　*交互个性*	自我创造 自我规范 自我塑造	

	发展线
关键	认知的 **人际关系的** *交互个体的*

在步骤一中，幼小的儿童在发展自己的运动和感觉时，被独有的知觉和冲动所控制。

在步骤二中，从大约两岁起，转换已经出现，儿童能够区分更广泛和更多样的覆盖了更多要素的种类，例如：他能区分出什么是属于他人的，什么是属于自己的；区分出他想让自己做什么，以及别人想让自己做什么（Kegan，

1994，p. 22）。在此基础上，当他被可适用的事件、角色概念和脾性控制的同时，他能够控制自己的知觉和冲动。

在步骤三中，到了六岁，儿童开始能够超越单一种类的限制。他现在能够控制事件、观点和偏好，还能被更为抽象的概括、价值观、与他人的联系、角色意识和自我觉察所控制。在社会水平上，凯根把这个步骤称作"传统化"。这曾经是十八、十九世纪西欧国家在启蒙运动、资本主义和工业化的现代性突破之前通常达到的最高阶段（Kegan，1994，p. 10）。

在步骤四中，到了十几岁的时候，一个人就有可能理解和掌握更多广泛和复杂的体系。由此他能够自己控制更为抽象的事物，诸如概括、价值观、与他人的联系、角色意识和自我觉察，并且在这中间受抽象体系的控制，诸如意识形态、制度和身份认同。在社会水平上凯根把这个步骤称作"现代化"。

最后在步骤五，出现了超越体系的潜能，该潜能将一个人自己从固定的意识形态、制度和身份认同中解放出来，并实现一种全面的、辩证的意识秩序。在这里，基于他对环境的诠释，他能够就有关公式、悖论、矛盾冲突和与其他人及自己的关系等做出决定。凯根将这种秩序作为"后现代化"来理解，并由此认为这样一种水平仅仅是在 20 世纪 70 年代以来，个体从大量制度束缚中获得后现代性的解放之后，才成为普遍可达到的水平。

由此，凯根已经提出了一个极为综合性的建构。在源头，它是建立在皮亚杰和弗洛伊德两人的灵感基础之上的（Kegan，1994，p. 9），但与他们不同的是，他并未就现代性所期待的成人身份的可能转变（自我创造着的心灵——步骤四）得出结论：一方面，存在进一步深入的可能（到步骤五）；而另一方面，很多人甚至在达到步骤四上都有问题。

从学习的观点来看，重要的是凯根很清楚地吸纳了所有三个学习维度（他自己所用的术语分别是：逻辑－认知领域、社会－认知领域和自我－情感领域；Kegan，1994，pp. 30–31）。但同时，在对梅齐洛和布鲁克菲尔德的延续中，他的立场也可以被视作内容导向视角的完整化，越来越清楚的是，内容不能够抛开动机和互动维度而得到充分的理解。

关于学习类型，凯根也将整体性涵盖其中，而且即使他稍稍改变了阐述，仍然很清楚的是，转换过程出现在这些水平之间的转换过渡中，包括在所有三个学习维度上的重构过程中。

由此可见，有一些学习研究者，用不同方法和从完全不同的角度出发，实现了与我在本书中提到过的人们相似的整体性理解。这证实了：在我所企及的东西中必然存在某种意义，这也可以被看作一种愉快的机会，让我有可能去继续发展更为充分和多样化的理解。

我认为，如果想通过把学习与包括人类及其学习的不同体系如何能够发挥功能的某些一般原则联系起来，从而寻求把学习提升到一个全面的、抽象的系统理论视角的话，情况就会有所不同。如在 4.1 节中所指出的那样，格里高利·贝特森的学习分类理论是一种在系统理论本质上相当简单的理论（Bateson，1972），而更为普遍和更加复杂的系统理论视角可以在尼可拉斯·卢曼的研究中找到。这在 5.6 节中简要介绍过（Luhmann，1995［1984］）。

我绝不是在暗示，这样一些视角和理论是错误的，我常常发现它们有着巨大的解释性价值。不过，我将不再继续深入到这些视角中去，因为我发现，它们与处于争论中的日常生活的学习离得太过遥远。我发现有着自身努力和问题的活生生的人们，很难识别出他们在这些抽象种类与反思中的情感以及关系。出于这一原因，如果有感兴趣的读者希望获得这些理论更多的信息，我只能够告诉他们这些研究者的名字而已。

8.7　学习模型与学习历程

还有另外一种看待学习的整体的视角，是去考察一些从不同观点发展出来的学习模型，其中很多模型我们已经在不同脉络中加以讨论过。接下来我将重点介绍三种类型的模型：程序模型（sequence models）、阶段模型（stage models）和结构模型（structure models）。

有一个非常简单的直接与皮亚杰的学习理论相联系的程序模型，它是由丹麦的延斯·比耶格（包括托马斯·尼森）等人开发的，是一种波状或交换模型，表示了一个理想状态中同化和顺应过程之间的互动（见图 8.3）。

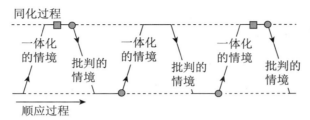

图 8.3　同化与顺应过程之间的互动（Bjerg，1976，p. 45）

这个模型表明了一个学习程序如何从（主要是）同化的过程，经由一种批判的情境转向了（主要是）顺应的过程，又经由一个一体化的情境回到（主要是）同化的过程，如此等等。它还揭示了在这种程序中，哪些时间点分别对于获得水平的教育观察和状态改变的观察是比较理想的。这个模型当然是非常简化的——作为一个模型来说总是不得不这样——但它也是对本书所提的普通日常学习程序的一个很好图示。

有个更为知名的模型大体上展示了同样的思想，这就是美国社会与组织心理学家克瑞斯·阿吉里斯（Chris Argyris, 1923—2013）在组织和管理发展中开发的"单回路"与"双回路"学习模型（见图 8.4；Argyris，1992）。

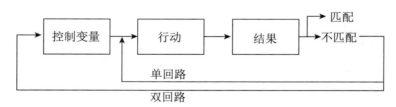

图 8.4　单回路和双回路学习（Argyris，1992，p. 8）

阿吉里斯关注的是组织中的学习（见 12.4 节）。组织的存在是为了实现某种特定目标，它们通过行动来实现目标。这些行动能够导向所希望的结果，因此一种"匹配"就获得了；或者导向一个与期待不一致的结果，成为"不匹配"。在不匹配的情况下，组织也许有可能去接着尝试同样参考框架下的另一种解决方案，由此形成一个学习方面的单回路，或者，另一种替代途径是，可以尝试超越这个框架、这些"控制变量"，形成一个双回路（见图8.4；Argyris，1992）。

　　一方面，阿吉里斯的模型是特殊的，因为它与组织连接得如此紧密，例如，行动可以被归因于个体或组织本身，并且唯一有意义的学习是导致组织实践发生变化的学习。另一方面，这个模型和皮亚杰、贝特森与梅齐洛的基本概念之间显然有重叠之处，它相当清楚地区分了这两者之间的区别：构建于现存预设基础之上的学习和包含了对这些预设的改变或超越的学习。而且阿吉里斯的模型有着显著的长处：很容易理解，并与特定的实践情境相联系。然而，必须要说的是，阿吉里斯的模型缺乏一个更为清晰的理论根基，尽管很明确的是他（正如大卫·库伯和唐纳德·舍恩那样）吸收了主要与库尔特·勒温和格式塔心理学有关的概念作为理论基础。

　　库伯的学习圈模型（见5.2节）和其他的周期模型也可以被理解为一种程序模型，当周期模型在日益提高的水平上重复自己时，它们就成了螺旋式模型，库伯也曾经在他探讨杜威的学习理论时这样表示过（Kolb，1984，p. 23）。在美国人杰罗姆·布鲁纳的"螺旋式课程"提议（Bruner，1960，pp. 13，33，52ff.）中可以找到这种模型的典型案例。这个模型是基于他那富于挑战性的课题的——"任何学科都可以用某种智力形式有效地教给处于任何发展阶段的任何儿童"（Bruner，1960，p. 33）。

　　这里的挑战"恰恰"是找到能够对应于儿童发展阶段的呈现形式和范例——它成为一种螺旋式的学习过程，在此过程中，跟随儿童的发展，学习以新的方式回到同样的知识点。

　　所有这些周期性和螺旋式模型都有这样的不足：它们表示的是一种"顺利的"，甚至是不断进步的程序，与此相对照的是，现实发展得并非如此均衡。学习中存在本质上为顺应的跳跃性发展，如比耶格和阿吉里斯模型中所展示的那样。还会出现不太顺利的趋势，即在全部时间中都在重复自己那个同样类型的程序。

此外，另一位英国成人教育研究者汤姆·舒尔（Tom Schuller）提出了螺旋式模型，展示了贯穿于生命历程的三重螺旋式发展（Schuller，1998）。这个模型受到了 DNA 生化结构的启发，在一个简化的模型中，舒尔展示了如何将生理的、心理的和社会的发展看作三个相互独立但又交织在一起的程序，与此同时反映出个体的生命历程 [见图 8.5（A）]。不过，在现实中，发展并不会像这个理想模型所示的那样，以如此简单和协调的方式发生，在每一重发展中都有着多种多样的起伏和速度，在这种情况下对生活中生命的图解会像图 8.5（B）中所示的那样。

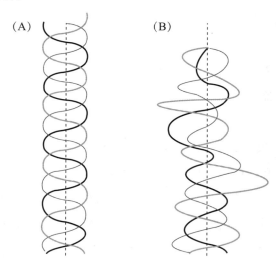

图 8.5　汤姆·舒尔的三重螺旋式发展模型（生命历程中生理的、心理的和社会的发展）：

（A）理想模型；（B）"现实"模型（Schuller，1998，pp. 32–33）

基于本书的视角，把这个模型转变成为四重的螺旋曲线会更为恰当，即从大约六岁开始，将心理发展分为内容和动机两条线。

不过，最为精致的程序模型毫无疑问是贾维斯的模型，在前面一节中我们已经详加探讨过这个模型，它对学习在现实中是如何发生的给出了一个极好的和更少理想化或标准化的表达。

学习程序可能会包含某种重要的质的方面的跳跃，基于这种理解，我们就距离提出表示不同类型的学习和发展程序的多种阶段、步骤或状态形式的模型为期不远了。

关于阶段模型，我们首先能想到的是皮亚杰的儿童期认知发展阶段理论和弗洛伊德的性心理发展阶段理论，即使这两者都并未被转化为图示类的模型。同样情况的还有，德赖弗斯兄弟的"人类直觉与专长"发展的五步模型（Dreyfus and Dreyfus，1986）。它试图描述人类智商是如何在某些关键点上高于任一计算机的，以及我们是如何经过诸如新手和高级初学者的阶段，然后进入能力和专业阶段，到达专长阶段的。这与计算机的程序并不一致，与计算机快速和逻辑性地检索、分析极为大量的信息不同。这意味着我们发现自己处在一个领域的综合经验中，使得我们能够在一个问题情境中直觉地找到适当的可能解决方案——这一理论也适合描述唐纳德·舍恩通过经验研究得出的专家的功能含义（Schön，1983；见 5.2 节、5.5 节）。

不过，德赖弗斯兄弟的模型没有清晰地详细说明在多个阶段间转变的标准是什么，因此这个模型就没有满足一个心理阶段模型的要求。参考皮亚杰的理论，丹麦生命阶段研究者约翰·菲约德·延森（Johan Fjord Jensen，1928—2005）进一步提出了五个总体原则：阶段应该是有先后顺序的，即它们必须在一个特定的顺序上发展，一个阶段是另一阶段的基础，因此没有哪个阶段是可以被跳过的；它们必须是有普遍性的，即它们必须适用于所有人（无论时间和地点）；它们必须是复杂的，即后面的阶段包含了前面的，是一种复杂性日益提高的顺序；它们必须每个都包含一个结构化平衡的时期，从而包含了在一个共同结构中一直持续到下个阶段的转变的所有适当要素；最后，它们必须是在性质上有所不同的（Jensen，1993，p. 91）。

有两种伟大的心理阶段理论在很大程度上满足了这些要求，它们是皮亚杰的理论和弗洛伊德的理论，还有一些研究整个生命历程的现代生命阶段心理学的理论，至少包括我们在 8.5 节中曾经提到过的艾瑞克·H. 埃里克森的阶段模型。这里我将展示的是约翰·菲约德·延森的阶段模型，该模型是用一个双生命虹来表示的（见图 8.6）。

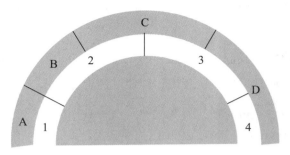

图 8.6　双生命虹——社会生命年龄，（A）儿童期，（B）青年期，（C）成人期，（D）老年期；解释生命年龄，（1）儿童期，（2）成人一期，（3）成人二期，（4）老年期（Jensen，1993，p. 182）

这个模型的要点是：在成人生命中有两种阶段类型——社会生命年龄和解释生命年龄，两者经常会出现移位。

> 通过生命和意识的一部分，人归属于社会，但是通过另外一部分他归属于自己。从一种观点来看，他处在这样一个生命历程中：受那个年龄的文化结构的控制，有着它自己的社会生理的里程碑和与年龄相关的典礼仪式。通过归属于它，人以自己的生命年龄成为社会年龄文化的一部分。从另外一种观点来看，其处在这样一个生命历程中：他以自己的解释来管控他自己。如此，他就是被发展和表达的个人需求所驱动的。
>
> （Jensen，1993，p. 182）

联系汤姆·舒尔的三重螺旋式发展模型来看，我们就能够看到出现了一个在单个阶段的节拍中交织在一起的生理与社会发展的形象，而心理的发展——也许可以被分成认知和动机两条线——跟在第二个阶段的节拍之后。

另一个关于生命历程的非常不同的视角来自大卫·库伯，他认为生命历程有着三个主要阶段，其特点是通过与四种学习模式（见 5.2 节）日益紧密的联系，成为一个一体化的整体（见图 8.7）。

第一个阶段覆盖了儿童期到青春期，特征是"获得"（acquisition）。在这一阶段中，自我仍然处于未分化状态，嵌在环境之中——这个阶段还可以根据皮亚杰的理论分成若干子阶段。第二个阶段一直持续到约翰·菲约德·延森所称的生命转折点，它可以出现在多个年龄段（见11.5节），特征是"专门化"（specialisation，基于库伯的描述，我比较倾向于称它为素质——与生涯、家庭和社会有关）。在这一阶段中，自我是内容或事例导向的，并被吸收进与周围世界的互动之中。最后是第三阶段，根据库伯的理论，这个阶段不是所有人都会达到的，特征是"整合"（integration）——自我呈现出一个过程性的特征；人与自己的生命历程相联系，与他在周围世界所扮演的角色相联系（见凯根的步骤五，8.6节）。

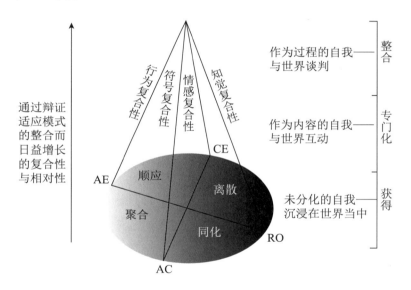

图8.7 库伯的终身成长与发展模型（Kolb，1984，p.141）

最后一种类型是结构模型。这里很自然首先要提到的是在第三章中所介绍的三角模型，它在7.1节和8.2节中在不同方式上分别有所发展。7.6节中所引的温格的模型也是一种结构模型，6.5节中赫伦的模型也是如此。另外，我还在4.1节中提到过加涅的学习类型模型，在6.6节中提到过马斯洛著名的需要层次模型，这两者都具备结构模型的特征。

这样的模型复制出了很多对应领域中的事物和种类，在这个领域中此类模型处理的是这些事物和种类之间的联系，但是它们缺乏时间的维度，因此必须被理解为对某个领域某种观点的图解，它们提供给读者的是一些概览。因此，此类模型提出来的时候，所提供的就是一种"自由选择"，但我们必须知道，这些图解对于很多读者来说，比文本有着更强的效果，我们必须在比例关系上很小心，选择精确的或相对模糊的形式，而且模型必须在文本中被清晰地阐释。

整体而言，我们有理由对这些模型保持一种警觉，例如，仔细考虑它们的目标是不是对"总是这样一种情况"或"它通常会是这样的"进行图解，特别是它们是否包含某种顺序或优先级。本书中的三角模型实际上包含了一个观点：两个过程和三个维度是每个学习过程的组成部分，但它并未说明这些组成部分的强度。这意味着个体在某个过程中的学习的组成部分的比重程度是多样的。与此相对照的是，我已经指出过很多次，库伯的学习圈以及（在一定程度上）赫伦的模型，暗示了在学习中不同元素的一种顺序，这与脑功能的灵活性模式相冲突，因此，它们最好被看作对一种典型程序的图解。同样地，马斯洛的需要层次理论也不能声称表明了典型之外的情况——要找到多种需要的优先顺序不同于理论所示的那样的例子是非常简单的。

建构模型可以是非常有用的论证方式，但它们总是会简化现实，而且在很多情况下恰恰由于减掉了现实的多样性，它们也会很诱人。

8.8 小结

我们在学习的整体性中对学习的三个维度和四种学习类型进行了总结。这个工作可以基于不同视角和概念来实现，我选择了聚焦于经验概念，将其作为一个重要的关于学习过程的整体性术语，还分别选择了个体发展、能力和身份认同的概念，将其作为关于学习到或发展了什么的相应术语。

大多数学习理论在极大程度上是与学习的某种方面或要素相联系的，但是也有一些理论在相当程度上考虑了整体。也有很多的学习模型侧重的是有关学习的某种观点，它们可以被分为程序模型、阶段模型和结构模型。然而，对于所有模型来说有一点是确定的：我们必须很小心，只能把它们当作一种图解来看待，在很多情况下，这种图解简化了现实。

第九章　学习障碍

适当的学习理论关注的不仅仅是一个人学习时发生了什么，同样重要的是，它也要对下述课题感兴趣：所期待的学习没有出现时发生了什么，或者人们没有学习期待中的内容而是学习了别的时发生了什么。学习障碍可以出现在所有三个学习维度之中，而且常常会同时与两个或全部三个维度有关。在内容维度方面，相关理论主要关注的是这样的学习：学习者专注力不足，无法做出充分解释、对事物产生误解等，本章将它们总结为错误学习这一概念。在动机维度方面，相关理论关注的很大程度上是针对学习的各种不同类型的心理防御。有一种防御的特殊形式是以矛盾心理为特征的，即在同一时间内一个人既想学习又不想学习某一或其他事物。最后，在动机维度方面，特别值得关注的是，对学习的阻抗可能在学生体验到压力的时候产生：人们发现自己无法承受这些压力。对学习的阻抗同时会产生推动另一种学习的强大冲动。

9.1　期待或可能的学习并未发生时

几乎理所当然的是，学习心理学一直主要关注的是某人学习时发生了些什么。然而在很多背景下，对下列问题感兴趣也很重要：某人在能够发生重要学习的环境中不学习时，或者是某人学习的不是他或其他人所希望其学习的内容而是其他内容时，发生了什么？然而，个体在与环境的互动中遭遇的刺激和影响，并不总是会被转变为一种内部的心理获得过程。尤其是在教育和其他情境下，这形成了一种特殊学习类型的基础。当期待或可能的学习没有发生，或者也许只是部分地发生，或者以一种扭曲的方式发生时，显而易见，问题出现了。

我早已多次提及的彼得·贾维斯（特别是在 7.3 节和 8.6 节中）是极少数深入思考了这个课题的理论家之一。贾维斯将"非学习"（non-learning）分为三种类型：假定（presumption），指一个人已经有过对某物的理解，因此，就不再会去抓住新的学习机会；不考虑（non-consideration），指一个人也许抓住了新的学习机会，但是并未真正与其发生联系，也许是由于太忙碌或对这些机会可能导向的东西感到太过紧张；拒绝（rejection），意味着在一个更高的意识水平上，一个人不想去学习在一个特定情境中的新东西（Jarvis，1987，pp. 133ff.，2012，以及其他一些文本）。

由此，贾维斯的分类涵盖了非学习的三种意识水平或程度，并且引进了一个重要的视角。不过，这些水平还只是通过简短一般的描述来加以定义的，没有明确的标准。因此我在这里只把它们作为灵感的来源，而使用另外一种某种程度上与三个学习维度相联系的视角。这里关注的有我通常称之为错误学习（mislearning）的概念，它和贾维斯所使用的非学习这一术语相对等，不过我认为错误学习是一个更切题的词，因为它通常与内容维度相关；有我常称之为学习防御（defence against learning）的概念，它包含一种矛盾心理，大多数情况下与动机维度相关；还有我称之为对学习的阻抗（resistance to learning）的概念，它主要与互动维度相关。

不过，应该同时强调的是，在实践中常常很难去直接区分这三种不同的形式，特别是与防御和阻抗有关的情况下，它们会很自然地同时出现，并多多少少整合在一起。但是，如我后面将会阐述的那样，这三种主要形式在原则上有着相当大的不同，因此在它们将会导向怎样的结果，以及我们怎样将它们与教育和教法方面的观点进行关联方面，也会有很大不同。

9.2　错误学习

错误学习是这样一种学习：它在学习内容上与所希望学习或交流的东西并不对应，也就是说，它主要与理解上的错误有关，但有时候也涉及学习者自身的愿望和努力。因此，在很多情况下会出现一些很简单的错误学习，即不知怎么回事，就出现了我们平常所说的"错误理解"的状况：也许是未能集中注意力，使得个体没有充分理解或掌握正在进行的内容；也许是在一个教育情境中，个体没有充分理解或掌握要求学习的东西到底是什么。

错误学习很容易与这样的场合相联系：可以清晰地确定什么是正确的、什么是错误的。我在研究项目学习的美国心理学家罗伯特·梅格（Robert Mager）的工作中找到了一个非常常见的例子。他承担了一个开发小学电子学课程的任务，罗伯特·梅格通过对学生的预备测试发现，尽管他们都声称对电子学一无所知，但其实他们都对这门课程的内容有了相当的理解，并且其中某些部分是错误的（Mager，1961）。

然而，这个例子还只是关注了最为切实和容易被强化的错误学习，它们相对来说比较容易去纠正，也就是说，如果我们察觉了这些错误学习的话，它们相对来说比较容易去纠正。它们当然有可能是比较严重的，因为如果一个人在错误基础上积累了更多的信息，就会自然而然地错误理解下去。举个例子来说，在诸如数学这样的一个学科中，我们很容易看到一个简单的错误学习是如何导向了另一个错误学习的，进而使得大面积和错综复杂的正确与错误理解的矛盾结构就此建立起来，这会强烈地促使学生最终放弃学习，他所学到的主要就是"我就是没法理解数学"。

不过如果我们的视线转向其他学科或领域，情况很快就变得更为复杂，例如，在对一个文本的解释有多种不同可能性的情况下，什么是错误学习呢？在个人层面，有着无穷多的发展可能性，它们都对个体来说有着深远影响。没有什么可能性能够被断言是正确的，但有一些可能性，如果后来导致了当事人或其他相关人面临严重困难的话，就可以被理解为错误的或有问题的。

在教育中，理所当然地必须要尽可能地避免错误学习，但这只局限于那些有可能做出清晰正误区分的情境之中。举例来说，如果学生们总是被告知什么是正确的，什么是错误的，他们可以做什么，不可以做什么，如此等等，他们就不能够发展判断力，不能发展独立性和责任感——这其实不能被称为错误学习，但是从学生们所处的环境来看，这种学习很明显是放错了地方。

在错误表现得明白无误的情况下，一个人当然能够努力去避免它们，并且在错误已经发生了的情况下努力去纠正它们。但同样重要的是，我们要记住，所学到的总是有所不同的，因为如前所强调过的，学习总是涉及将新的东西结合到早已存在的东西上——这种早已存在的东西在人与人之间是千差万别的。在大多数情况下需要共情、对话和宽容。对于个体和更为一般性的对象来说，通过正常方式以外的不同方式获得了对某个事物的理解时，进步往往就发生了。

9.3 学习防御

错误学习主要与学习的内容维度相关，而学习在心理上的防御则主要与动机维度相关，它可能会以下述方式发生：学习被阻止或被大量无意识心理机制所扭曲，这些心理机制是用以保护个体免于学习的，这些学习出于某种原因可能是威胁性的、限制性的，或以其他一些方式对维持心理平衡添加了阻力。在某些情况下防御可以被生理性地嵌入"身体盔甲"或"性格盔甲"的形式之中，这两个术语是奥地利精神分析学家威廉·赖希界定的（Reich，1969a [1933]；见 2.3 节）。

心理防御机制的概念是与弗洛伊德的理论紧密联系在一起的，并且很早就在精神分析理论的发展中作为一个关键概念出现（Freud，1940 [1894]）。心理防御机制的经典案例是针对那些不能接受的冲动刺激、心理冲突和对创伤经验的承认而产生的防御型的压抑（repression），不过实际上弗洛伊德还指出了很多其他的防御机制，诸如退行（regression）、投射（projection）和隔离（isolation），而且在有关这一主题的经典著作中，他的女儿安娜·弗洛伊德（Anna Freud，1895—1982）列举了一系列不同种类的防御机制（Freud，1942 [1936]，pp. 45ff.）。

后来，前面提到过的、与日常意识理论的发展相关的德国社会心理学家托马斯·莱特霍伊泽（我在本节稍后还会回到这个理论）界定了其他一些防御机制的种类，它们通常发生在当下的学习情境中，如缩减（reduction，"我

当然知道这些"——对某些新东西和实际上不知道的东西)、调和(harmonisa-
tion,在冲突情况下强调不重要的一般特性)、位移(displacement,"不是我的
领域")、拉平(levelling,"这真的不是问题")、拟人化(personification)和
替罪羊机制(scapegoat mechanisms)(Leithäuser and Volmerg,1977,转引自
Andersen et al.,1993,p. 24)。

在学习方面,防御机制首先伴随着拒绝(rejection),即一个人很简单地
不把当前的刺激纳入意识当中:出于这样或那样的原因,他不愿意接受它们或
和它们融在一起,并且忽视它们,所以很自然地也就没有学习会发生。那些主
观上很重要以及也许不得不多次重复进行拒绝的场合,就会呈现出一种阻塞
(blocking)的性质。它的出现是自动的和沉重的,并且也许会呈现出诸如恐怖
症(phobia)这样的神经质特征,这常常伴随着强烈的焦虑反应。

但是,比阻塞和恐怖症更为普遍的是这样一种反应,它在某种程度上被
更为精心地加工了,可称之为扭曲(distortion),即不能接受的刺激不被感知
为它本身的意义,而是扭曲为某种可以接受的东西。与此有关,我们应该提及
一种皮亚杰称之为扭曲性同化(distorted assimilation)的特殊现象,这个概念
指的是儿童被同化到他们的希望和幻想之中,而不是现实当中(Furth,1987,
p. 38)。

这种扭曲性同化在大部分情况下将在后来得到纠正,没有什么大问题,
但是在成人与儿童中间也会广泛发生另一种扭曲性同化的形式,即当一个人偶
然碰到与现有认知结构不相匹配的情境或刺激的时候。在这种情境下,根据皮
亚杰的理论,个体应该进行一种顺应,从而能够将认知结构与现实达成一致。
但是相反,经常出现的情况是,个体会拒绝或扭曲这种刺激以使它们适合现
存结构,从而以同化过程"管理"它们——如前面曾经指出过的(见4.5节)。
比起顺应来,这种同化过程要求的能量比较少,带来的麻烦也较少。

这种扭曲性同化,通常它的出现是与我们称之为偏见的东西联系在一起
的。偏见伴随的是一种对某个特定主题建立起来的错误理解,个体要放弃它的
话会耗费巨大的代价。因此,个体会系统性地扭曲那些与此相矛盾的刺激。

在教育情境中，这样一种防御机制可能会强烈地促使一些参与者拒绝教学。一般来说，防御也许是一种最能促使学习不发生或变成不同东西的心理机制，而且，作为一种规律来说，个体需要有高度的安全感、包容性和动机来克服这种防御，因为在某种程度上需要它来维持自我价值和身份认同。但是与此同时，克服防御也常常是实现学习进步的最为决定性的因素，这种学习进步既可以是学业上的，也可以是个人的，尤其是关系到转换学习的时候，但在日常生活中或常规的学习中也是如此。举个简单的例子："我理解不了数学""我数学学得很差"，这类话表达的是一种非常常见和不恰当的学习防御。

所有这些都与下述事实有关：自从 20 世纪初弗洛伊德在他的临床工作中发现了防御机制以来，整个领域中发生了一些决定性的变革。在那个时代，该领域的工作是由个体组成的个案发展起来的，这些个案涉及繁重的和不能忍受的个体条件和经验；现代社会则创造了一些更为普遍的防御机制，来面对这个对于个体来说在心理上从各方面来说都无法战胜的世界，我们都不得不为了维持我们的心理平衡而发展这些机制。

这些一般防御机制的特点通常会在三种主要的压力和紧张形式中表现出来。首先，在直接面对大量新影响和新刺激时，我们通过发展托马斯·莱特霍伊泽所称的"日常意识"来处理它们。其次，现代社会的所有可能领域都在持续变化着，这些变化中的一部分被日常意识所捕捉，但是在某些情况下也会带来一种更为广泛的"身份防御"。最后，它适用于在所谓的"风险社会"中保持一种能够把握和控制自身存在的体验的困难（Beck，1992 [1986]，见 5.6 节）。我们可以努力通过一些防御性顺应的手段来应对这些（见 4.5 节），或者，更为普遍的是，发展一种更为强大的身份认同和情境理解，从而能够让我们更好地理解、掌握并在一些情况下处理我们所面对的问题情境。下面我将更为紧密地联系学习，来更多地考察这三种心理防御机制。

针对我们持续直接面对的大量影响和刺激，如我早已提到过的那样，我们发展了一种特殊类型的心理防御，它是莱特霍伊泽所称的我们"日常意识"的一部分（Leithäuser，1976；见 7.4 节）。

莱特霍伊泽的观点是基于他有关日常生活的理念的——日常生活即在工作生活范围之外的一切事务。他认为日常生活已经变得孤立、支离破碎和困顿无力，因为生产性领域是控制性的，所有生活的其他方面最终都必须要与它的经济理性保持一致（Illeris，2016）。

今天，日常生活的特征表现为单个情境的漫长序列，显然所有这些单个情境都是有它们自己的意义的，但是又因潜在的公共特征被感知为没有联系的——所有一切都服从于资本主义经济理性，而这并不是表面直接可见的。对于各式各样的不同情境来说，我们必须接受多样的角色：作为工薪族，作为投票者，等等。而且正是由于这些情境是不相关联的，所以在这些多样的角色之间完全不需要任何互惠的联系。

在所有这些多样化的碎片当中，共同点是时间结构。我们的生命越来越被钟表所规制。当然这里重要的是工薪劳动力对工作时间和"闲暇"时间的区分。在工薪劳动力中，时间在多种不同程度上被工间休息、会议等结构化了——在教育体系中是被时间表结构化了，这也使得儿童习惯于接受一种外部强加的时间结构，这与被结构化的活动内容之间没有任何联系。我们的闲暇时间相应地变得越来越屈从于时间结构——只要想想电视节目现在对于我们家庭生活的内部结构来说具有什么样的重要意义，就可以明白这一点。

现代人利用很多常规来处理这种不关联的多样性，这意味着需求被压抑、延迟，并与时间结构保持一致。需求的压抑和延迟很自然地发生于所有的社会中，这是一个社会形成的一种基本前提条件。但是在这种现代社会发展起来的无所不包的时间结构下，这样的情境已经到达了这种程度：对于社会的每一单个成员来说，需要他们发展起高度的内部约束，从而使得这个社会能够运转。

常规也使我们从让自己在日常生活中碰到每一个情境时必须保持开放和直白之中解放出来。这很容易就具备实用性和心理压倒性，而且使我们能够让自己与所有那些总是出现在我们日常生活、工作和教育中的荒谬可笑、极具压迫性的场景保持距离。

现代大众通信提供了潜在解释和可能意义的洪流，这些也同时间结构一样是不相关联的，但与此相对应，它们很可能在混乱的日常实践和压抑的幻梦与想法，以及所有作为压抑后果的焦虑和混乱之间，形成强烈的情感联系。

为了对应实际中的常规，我们也就必须合理化我们的意识，这通常是通过发展一种日常意识来发生的，这种日常意识接替了早先的拥有内在一致性的宗教或其他结构化我们日常生活多样性的概念的意识形态的地位。不过正如日常生活已经支离破碎为情境的不断接续那样，日常意识不是像意识形态那样拥有内在一致性的概念，而更是以碎片化、刻板印象和未经调停的矛盾冲突为特征的（见 8.4 节中与社会建构主义的身份认同理解相关的相同与不同之处）。

涉及学习，特别有趣的是日常意识在个体中作为一种心理结构是如何演化而来的。莱特霍伊泽通过主题领域图式（theme-horizon-schemes）的概念方式描述了这一点。所谓主题领域图式即一些心智图式或结构，它们在某个限于日常情境中的特定领域里维持一种特定主题。通过这些图式，我们能够对很多日常生活中碰到的分散情境进行常规解释，而不需要真正对它们进行反思，或形成一种有关它们的独立意见。这是一种"过滤"形式，我们可以用一种半自动化的方式来实际操作它，即这一行为在很大程度上是无意识的，但在方式上我们还是可以脱离自动状态并且做出更为有意识的选择。

在当前的背景下，值得注意的是莱特霍伊泽所命名的主题领域图式的两种功能模式，它们在很大程度上对应于我早先详细阐述过的皮亚杰的理论：会引起干扰的事件或是被拒绝，即刺激被界定出去并且没有被纳入心理结构；或是通过被扭曲为一种非观察或非感知而不被意识，由此使它适应早先在相关主题领域图式中建立的结构。

通过这种途径我们避免与新刺激的洪流发生联系，这些新刺激是我们在今天的社会中所经常遭遇的。我们需要这样做，是为了能够不被压倒制伏，但是超越性学习也因而被阻断。这可能只有通过一种所谓的主题化（thematisation）才能实现，即一种超越了日常意识的顺应过程。因此这样的主题化从根本上说是一种基本需求，因为社会是如此复杂，重要的财政与权力结构是如此难以被渗透，以至于个人在表面上没有可能去形成一种有关事情是如何起作用的一致性理解。

但是，主题化要求心理能量。皮亚杰的理论概念关注的是进攻性的顺应过程，这种过程将现存主题领域图式作为一种约束性质较少的图式而重新构建。在弗洛伊德的理论概念中，日常意识的性质和其他防御机制一样是一种普遍化的防御机制，它既有积极的一面也有消极的一面，并具有防御性和进攻性的特征。

积极方面主要体现在：如果没有这样一种防御，我们将完全不能够处理我们的生活。如果我们总是毫无抵抗地包容和接受所有看到的、听到的东西以及接收到的印象，我们就会很简单地被压倒，很快被送进精神病院了结余生（不管怎样，我们中的相当一部分人确实就是这样）。消极方面体现在：我们一部分的生活满足感被限制在了常规、穷困、虚假和偏见之中。防御性是这样一种理念：当周围世界变得对我们来说太过分的时候，我们就需要运用扭曲的方式。进攻性是一种把防御转变为反击的能力：在挑战变得没完没了，以及在我们能够动员一定能量储备的情况下，我们就可以应对这些挑战，对环境做点什么，从内部为我们自己的利益做点什么，或者从外部通过个体或集体行动做点什么。我在9.5节有关阻抗的论述中会回到这个话题。

与此同时，当现代社会施加给我们泛滥成灾、极具压制性的影响时，我们不得不发展一种半自动的防御机制来过滤掉其中很大一部分，社会也会在所有可能的领域中给我们施加持续的变化，并在频度上远远超过我们能够应对的能力范围。因此，我们发展的日常意识也包括对变化的防御，它在一定程度上将我们解放出来，使我们能够与我们半自动地定义为我们兴趣范围之外的东西联系起来，并且部分地扭曲其他一些变化，使它们能够适应于我们早先的理解框架。

但是自始至终，还是会有一些变化影响到我们和我们的环境，也就是说，影响程度如此之大以至于我们无法回避。在我们的工作生活中，在我们的私人生活中，以及在我们的兴趣范围之内，我们持续地面对着变化的轰炸，它们对于我们如何过自己的生活、我们的潜能和我们的理解模式有着重要意义——社会结构持续发生变化，以跟上由所有这些变化组成的"发展"。

一方面，所有这些催生了大量的学习，能够促进我们的发展和丰盈；另一方面，这些也会构成一种强有力的紧张感，要求我们总是不得不跟上变化，根据这些变化来转变我们的存在和我们自己。在很多情况下这变得令人难以承受：日常意识的防御机制不能继续，我们不得不动员一种更强的防御来维持一种宽松的心理平衡。

在这样的情况下，我们需要利用一种被称为"身份防御"的东西，因为这是一种与身份认同一起潜在发展起来并对其进行保护的防御类型。作为一种普遍的心理现象，个体身份认同的发展是与个体化过程结合在一起的，个体化过程伴随着十八、十九世纪从旧的封建领主社会到现代工业化和资本主义社会的转变而来。它包括一个人自己作为一个独一无二的个体的经验，包括一个人如何被他人所体验的经验。

在8.4节中我曾经更为详细地探讨过，在晚期现代性中相对稳定的身份认同"经典"形式正不断地被一种更为灵活的身份认同形式所取代，即一种被一层更具可变性的亚身份认同所补充的相对局限的"核心身份认同"（Illeris，2014）。不过，在我们的社会中，绝大多数成人所表现出来的特征是，他们的"成人期"在心理上是与一个相对坚实和稳定的身份认同相联系的，这种身份认同通常嵌入在教育和工作岗位、家庭关系之中，也许还嵌入在诸如政治或宗教信条之中。

这样一种身份认同是在漫长岁月里发展起来的，与此同时身份防御以一种心理障碍的形式建立了起来，它能够抓住那些可能会威胁已建立的身份认同的影响。在成人中，这样的身份防御通常在那些旨在重新调整、再培训或个性化发展的学习和教育情境中找到释放机会。

例如，如果一个人多年来一直承担某种工作，并且已经积累了自己的经验，能够在这种情境中良好地发挥功能且具备优良资格，然后他突然失业了，不是因为他不够好，而是因为公司削减规模、生产过程转移到其他国家、工作程序自动化等。他发现自己处在一个违背自己意志的情境当中，他不得不既要推翻现存的身份认同，还要构建一个新的身份认同，即他面对着一种与转换学习过程相联系的要求。有一些类似的情况也是如此，例如，新立法和组织变革、离婚、关系亲密的人去世或其他一些生活基本面的突然变化。

今天很多参与成人教育的人们以很多不同的形式有着这类背景，并且在这种情境还没有被当事人完全认识和接受时，就会有身份防御的出现，这经常——特别是在那些年纪稍大的参与者当中——会成为一种有目的的学习过程的巨大障碍。

尽管规模较小，这种身份防御的情况在很多其他的青年与成年参与者中间也是存在的，他们并不完全认为自己正在参加的教育对自己来说是合适的或必要的。实际上，他们或多或少地把它作为一种"被安置到那里"的经验，比如说被公共就业服务或社会当局安置到那里。因此，身份防御一般来说可以被描述为对学习的最复杂和通常也是最为强烈的防御机制，这些被防御的学习从一般规律上来说是别人所期待的，而不被或者仅仅只是部分地被当事人所接受。

还有另一类对学习的防御，它可以在一般的或某种特别的情境中发生，当一个人感到无助，或是没有什么条件会使得一个学习过程成为必要的时候，他情愿不要进入这个学习过程。

在这方面，重要的是，非理性的经验才是问题的中心，这与其他人可能会想些什么基本上是没有关系的。在被称为"传统导向"的社会中，符合或适应现有传统和规范从来不会被经验为非理性的，即使它可能会被外部的人们看作既是非理性的也是不合适的。但是在这个定义自己为民主的现代社会中，大多数人——至少是年轻人——希望能够为自己做出决定：什么是他们将要学习和不要学习的东西，以及什么时候这不被体验为一种不公正的情况。

正是在向现代知识社会和竞争社会过渡的背景下，这个问题似乎呈现出了新的和更为宏大的维度。在一个全球化的世界中，人口质量被认为是经济增长和国家竞争力增强的一个关键参数。这带来了一种需求，一方面要求尽可能多的人们尽最大可能地接受教育，另一方面还要人们选择那些在相关方面被看作最为合适的教育项目。所有这些都很巧妙地表达在"终身学习"一词之中，这个信息说的是所有人都应该尽可能地拥有自己想要的学习可能性，但是这如今正发展为一种对社会成员的要求，而不是为其所提供的条件（例如，Field，2002；Jarvis，2002；Coffield，2003；Illeris，2003，2016）。

不过，这个要求正迅速显示出其与教育期望和需求之间的冲突，不管是青年人的还是年龄较大的成人的。因此规则成为必需，因为即使这些当事人自己全部或部分地承担费用，社会也自然不能够提供给所有人所有的东西。例如，对电视主持人、演员和设计师的数量需求有很多限制，但是与此同时，我们需要有足够的劳动力从事大量服务性行业和其他一些可能被很多人体验为缺乏吸引力的工作。

那么，边界到底应该划在哪里？谁来为所有这些界定游戏规则？这完全是政治问题。即使付出了所有可能的努力去获得"客观的"分析和诊断，可以应用的标准还是会有一个很大的范围，并且对于个体来说这很快会成为这样的经验——某种对自己做决定的民主权利的非理性破坏。

在这种情况下，即时的防御反应将极为经常地具有那种我在之前称之为防御性顺应的本质（见 4.5 节）——个体以一种容易超越（transgressive）的方式学习，他所面对的权威当局是非理性的、感觉迟钝的、独裁的、不民主的，或诸如此类的，这个人极少能够在这当中受益。最终的分析表明，这当然是一种清楚的利益冲突。但是在很多具体的案例中，如果双方都对此有所准备的话，可能可以找到一种比较容易的解决方案。

权威一方可以做出更多的努力，在限制什么是绝对需要之物的范围的同时，提供坦诚的解释。但首要的是，需要有时间来进行程度更深的共情性咨询，这经常需要持续更长时间。在我的研究经验中，这将会很大程度上减少冲突和防御（例如，Illeris，2003）。

当事个体需要采取更为现实和灵活的态度，即拥有更多洞察力，洞察他们关于这个社会现实的自身素质和利益，个体还需要实践一种更有意识地参与的方法，从而能够在此基础上更为灵活和目标导向性地进行人生航行。不过这样的态度不会从沮丧忧郁中产生，因此，这个问题很容易以一种需求的形式反弹到社会中，个体需要从儿童期直到青年期都能接受到更好的激励措施以发展这些态度。

经验性无助感令个体感到虚弱，如果对很多人是如此，那么对社会也是如此。心理防御既是自然的也是必要的，但它是一种紧张性的情境，在一个富裕和民主的社会中，很不幸地，所出现的心理防御比我们所认为的要多得多。

9.4　矛盾心理

作为对上述我所考察的三种典型防御类型的继续，现在我将深入到更为复杂的一种心理反应当中，它被称为矛盾心理，它与学习相联系，关注的是这样的事实：在同一时刻，个体既想要又不想要投入到一个学习过程当中去。在个体卷入学习的压力方面（很多人在现代社会所经验到的），这种方式似乎越来越经常地出现。

学习的矛盾心理首先在女性研究中开始被研究，特别是在德国人雷吉娜·贝克－施米茨的研究中。她的出发点是批判理论（见 7.4 节），特别关注工业领域。她主要是从影响众多女性生存的基础性矛盾冲突开始论述的："学习内容，也就是我们认为社会学习应当涉及的内容，是与女性的现实、女性生活中的冲突相联系的，这种冲突是性别关系的社会组织必然带来的结果。"(Becker-Schmidt，1987，p. 9)

基本上来说，这个研究关注的是工薪工作与私人领域的再生产（包括为人母时）之间的矛盾冲突。在所有这些领域中，女性的情境都是充满着矛盾冲突的，因为与社会相联系的女性角色充满了模糊性：女性主义既是被理想化的同时也是被贬低的；女性需要处理日常生活中的大多数现实和社会问题，但是她们并未在社会上得到充分重视，无论是在薪酬还是地位方面，而且她们在社会上还不得不忍受轻蔑和羞辱。

在心理上，这些基本冲突状况被转化成为矛盾心理。在学习的情境下，一般来说关注的是人们如何学习忍受现实的矛盾与冲突，以及发展处理内部和外部冲突的能力，对模糊不清保持一种开放的心态。在这种情境下的两个关键概念是矛盾防御和矛盾宽容。人们不得不学习忍受矛盾心理，去承认它并且发展一种针对它的心理阻抗：

> 因此，矛盾心理对内部和外部的分裂产生反应。我们的心理现实正是被冲突着的欲望所控制的，如同社会现实被矛盾所充斥着。在这两种情况下，"混合感觉"表达出了主观上和客观上的冲突。……当我们质疑我们自己，面对并且忍受冲突的时候，就是"矛盾宽容"；当我们在它们面前退缩的时候，就是"矛盾防御"。
>
> （Becker-Schmidt，1987，p. 8）

因此，学习在这些情境中意味着承认矛盾心理及其成因。这可以通过现实测试来发生，即在某一时空情境里进行实验，进行情感上的"感受"和逻辑上的"思考"（见 5.6 节和 5.5 节）。我们可以尝试通过接近未知、给冲突和矛盾心理命名（这些发展了矛盾宽容），来超越习惯性的模式，接受不喜欢的东西。它要求意志力、能量，而促成这些努力的动机也许隐含了这样一种理念：它会更好，不是因为这些冲突将会得到解决，而是因为如果你承认它们的话，它们就可能被处理得更好，而且你也会因此获得机会去理解和接受矛盾心理（Becker-Schmidt，1987，pp. 62ff.）。

尽管 20 世纪 80 年代的德国和今天很多国家的情况有着相当大的不同，但是一般说来，贝克-施米茨有关矛盾的思想和概念并没有变得丧失时代性。本质上的性别不平等依然存在，而且社会冲突以及由此而来的矛盾心理在很多重要领域中亟待解决。与学习相联系，这尤其适用于青年人、低技能工作者和失业人员的情况，而且也许他们中大部分还具有不同的种族背景。

对于青年人，首先，学习和教育的稳定增长的要求已经伴随着一种个性化的过程而存在。一方面，这种个性化显然开启了个体在大量学习机会中进行选择的可能性；另一方面，它使得青年人自己承担起责任，选择那些绝对是正确的东西并成功实现它们。这被证明对于很多青年人来说是一种条件要求非常高的情境。它勾勒出青年期的样貌并且意味着无限的疑惑、不安全感和挫折（例如，Ziehe，1989，2004；Beck and Beck-Gernsheim，2002；Illeris，2003；Weil et al.，2004）。

在劳动力市场，主要问题存在于那些最为弱势、低技能和失业人群中间，他们对大量素质要求以及这个不确定的、残酷的劳动力市场感到矛盾重重。投入到"终身学习"之中的压力不断被"落伍"的风险所强化，随之而来的则是社会与经济的边缘化，以及对一个人是否能够应付这些、是否这种边缘化会导致一切失败的困惑。参与成人教育的人口中，这些人的比例不断增长——他们自尊水平低、素质不足或落伍，并感到他们是被"安置"到这里的。他们常常发现很难看到自己将如何"振作起来"（例如，Illeris，2003）。

最后，对于很多移民、难民及其后代来说，这种情境甚至常常更为对立，需要在规范和传统之间努力保持平衡，这些传统是他们随身携带过来的，需要在紧张的社会和经济条件下加以重新调节。而且，很多人既是青年人，又没有接受很多的学校教育，并且还有可能是女性，与此同时还有着不同种族的背景。

所有这些情况为涉及学习的复杂矛盾心理提供了肥沃的土壤，这种矛盾心理显然是一种必然，但是对于青年人来说，它同时还会与影响深远的不情愿和不确定状态相联系。用贝克－施米茨恰如其分的术语来说，这变成了一种坚实的"矛盾防御"，我们不能回避，而只能学习去用相应的"矛盾宽容"手段应对它。

9.5　对学习的阻抗

即使一个人不是必须要在很早就进入制度化的教育项目中学习，他也会看到很多参与者阻抗人们期待的学习，这似乎也并未被教育和学习研究当作一个问题在任何程度上开始研究。与此相反的是，一个人可能会得到这样的印象，即在学校和教育人员中有一种集体形式的压制，而他们在拒绝面对这一现实。

阻抗几乎只作为一种心理学概念出现在文献中，关注的是临床病人对于和治疗师合作的阻抗（Olsen and Køppe，1981，pp. 254ff.），或如保罗·弗莱雷及其美国继承者亨利·吉鲁（Giroux，1983）一样，把教育作为反抗斗争或为自由而奋斗的一部分。从更为一般的水平上说，我们可以在某些马克思主义导向的理论家和思想历史学家中找到有关社会和政治阻抗的讨论，但这与学习和教育并无关联。不过，我已经在我自己的经验和理论研究中发现了大量对学习和教育进行阻抗的案例（Illeris，1981，pp. 63ff.，2002，pp. 80ff.）。

在具体情境中，常常很难去区分对学习的阻抗和防御，它们可以是并存的，但是它们之间有着很深的和基础性的不同，不同在于：防御在它得以释放的情境出现之前就已经被构建起来，是一种准备好了的状态，等待人们的启动；而阻抗则是在某种情境中被激发起来的，在这种情境下个体面对着他既不能也不愿意接受的东西。

为了充分理解阻抗的性质，让我们回到 6.2 节中有关弗洛伊德驱力理论的讨论。弗洛伊德认为心理能量起源于不同的生命驱力，这基本上是支持一个人的生命和发展其潜能并保证种族延续的驱力。他后来也引入了死亡本能的概念，认为它能够解释进攻性和破坏性的倾向，这些倾向是弗洛伊德在他的病人中经常碰到的。不过，我对此持反对意见，特别是那些将有关这些倾向作为防御和阻抗来理解的说法。弗洛伊德在非常广泛的领域中关注并研究防御机制，但他并未察觉在其术语体系中可以被称之为基础防御驱力的东西，我在这里称其为人类的阻抗潜能（resistance potential）。

在每个人的生命历程和发展中，总会存在不能克服和适应的障碍与阻抗，但是在另一面，它们又作为一种发展和实现生命突破的重要因素而存在。用认知上的术语来说，它们是貌似不可理解和非理性的条件；用情感上的术语来说，它们可能是挫折或关系条件——可以呈现出如同弗洛伊德所描述的俄狄浦斯情结中猛烈情感过程那样戏剧化的维度。

由此，生命实现的限制就是一种存在性的条件（existential condition），没有人能够躲避它。在儿童早期，这些限制通常是由父母和（或）其他亲密看护人施加的，但是后来它们逐渐成为社会组织化的规范，通过制度和结构来限定或直接压制当前社会所不能接受的生命实现机会。

在学习和发展方面，当幼小的儿童碰到一个不能逾越的障碍限制了他的生命实现时，这时所发生的事情是，他用一种心理阻抗的形式来做出反应，表现出发怒、狂暴或攻击性行为。生命实现的潜能还总是包含着阻抗的潜能，阻抗那些生命实现的限制条件。在整个学前阶段，这两种潜能逐渐地发生了分离。

弗洛伊德的俄狄浦斯情结可以看作这种过程的一个特殊变体，其特征为，在弗洛伊德时代的中产阶级社会，生命实现的限制强烈地集中于性的层面，因此在这个过程中占据了中心地位。但是俄狄浦斯情结还可以作为一个例子，用来说明阻抗潜能会如何在周围世界的现实中遭遇失败，以及会如何带来屈服、压抑等，进而导致心理问题和疾病。

一般说来，阻抗潜能归根结底是生理性地嵌入在个体之中的，是为个体生存奋斗的人体装备的一部分，学习过程从阻抗潜能中获得它们的能量，这个过程通常具有一种压倒性的顺应本质，同时也强烈地受制于情感。这与攻克生命实现的多个障碍有关，并且它通常会包含认知结构和情绪模式两方面的重组。

在心理结构的水平上，情况是这样的：外部阻抗被一种内部心理反应反击着，这种内部心理反应能够启动一个顺应学习过程，也许通向性质上全新的知识，也许通向具有进攻或防御特性的个体发展。如果你不能够得到你所爱的人，你要么不得不接受现实——例如承认你并不具备必不可少的条件，要么就会发展某种防御性的理由来对它进行解释。

在实践中，当然不可能清晰地区分生命实现的潜能和阻挡生命实现之路的阻抗潜能。它更像是对应于两极的一种生存潜能的两个方面，这种分化了的两极又一次可以在弗洛伊德的理论中找到，即快乐原则和现实原则，或是性冲动与攻击性行为。

学习的能量基础存在于这双重潜能当中，而不仅仅存在于生命实现的渴望当中。所有的学习要求有心理能量，而且这种能量可以来自以下任何一个：生命实现的渴望、阻抗的渴望或两者的结合。而且，两种潜能都能够最终追溯到管理为生存而进行的生理性奋斗的基础当中。

在与学习相关的实践中，阻抗潜能是在如前所述的下面这种环境中得到释放的：一个人所面对的是他出于这样那样的原因，认为是不可接受的情境，他既不能也不愿意去忍受它。更为普遍的是，如果一个人发现他自己处在一个可以体验到自己正在冲突当中的情境中，那么阻抗也会发生，例如，或多或少不想去的学校或培训课程、某个专业学科、某位特定老师的课堂，或课堂、团队中的社会情境。

阻抗潜能的激活并没有对学习产生一种普遍的阻塞影响，但其导致的极少会是原本希望发生的学习。与此相反，常常会出现防御性的顺应过程——例如，学生结束学习，仅仅是由于不能理解数学；或把教师或其他学生看成敌人，并把所有类型的负面素质归结于他们；或更为广泛地来说，认为学校和教育讨厌透顶，至少是相关的人不能从中得到任何有益的东西。在成人教育中我们常常碰到对教育抱有这种消极态度的参与者，这种态度是在他们的学校岁月中发展起来的，如果想要有一个有意义的教育过程，这种态度就必须要被克服。在特殊情况和个别情境下，这是一种特别的刺激物，阻抗也会采用一定程度的失控的攻击行为的形式表现出来，而且防御和阻抗之间也会有互动，这会使得情况更为复杂，至少对学习者来说更为复杂。

然而，阻抗也会导致更具攻击性质、有着深远影响的同化过程，这部分是因为阻抗潜能可以是一种在建构过程中非常强烈的动机，能够与生命实现潜能联合起来，努力发现和发展除被感知为不可接受的条件之外的另一些选择。这常常会在一个人"准备好前进"的情境中发生，即一个人投身其中并在心理上投入大量关注的情境中，由此，阻抗也会在很大程度上鼓励学习，甚至成为一个影响非常深远和超越性的学习过程中的动机力量。

在制度化教育中，参与者的阻抗几乎总是被教师和其他机构代表们看作其字面含义上的一种负面之物：它最为麻烦，能够很容易地破坏计划好的活动，并且导致它们变质，从一个广泛的视角来看，它也会为框架、环境以及机构的自我理解带来类似的问题。

不过，常常与阻抗相联系的或者至少与阻抗的元素相联系的是，最为重要的超越性学习发生了。特别对于个体发展来说，它常常通过一个表现为阻抗的过程而发生。这在当下是呼应了教育的重要意义的。而且，不应该被忘记的是，阻抗是一个民主社会的中心要素，因为民主功能的发挥途径是：公共阻抗应该能够抑制或纠正那些当权的人和事。在一个作为整体的社会中，在教育中，在工作以及其他日常生活的领域中，阻抗可以导向与新环境和新要求步调一致的条件改变与发展。

从学习的视角来看，阻抗包含了巨大的潜能，但它在制度化教育中可能会很难处理。从教育学上来看，一方面需要创造学习的空间和环境，给参与者的阻抗留下允许的空间；另一方面，要承认阻抗是一种表达的合法形式，既要给它提供挑战性的情境（这是它自然发生的前提条件），又要给它提供支持以促成重要的学习。

这也许听起来非常具备正面意义，但是在一般的教育当中，这会是针对参与者阻抗的相当高的要求，而且制度性的框架会对其施以限制，使得实现一种阻抗过程的建构极为困难——例如，阻抗会极大地导向那些非常制度性的、有很多限制性条件的框架，这很难与教育环境相关联，即使阻抗被认为是完全合理的仍是如此。

仍然不应忘记的是，在很多情况下教育形成了唯一的情境，在其中参与者有着现实机会，允许他们表露阻抗并且以一种建构性和进步性的方式适应它，由此这可以成为对学习影响最为深远的潜能的来源。同时，失败的阻抗通常会被转化成为防御和阻碍，会对进一步的学习构成干扰。

关于社会分类过程的全部讨论，持续地在学校和教育体系中进行，它与特定的阻抗类型有着很大的关系，这些阻抗类型在体制中被认为是可接受的和合法的，而其他一些类型则不被这样认为，这种差别通常会伴随着某种社会区分——对于早已取得特权地位的社会成员，学校通常是有组织的并且发挥着功能。在这一点上没有什么新的东西，这个难题不可能仅仅在教育的水平上得到解决，但是总有这样一些情境存在，在这些情境中学生的阻抗能够或多或少以建构性的方式得到处理。

学习的积极阻抗通常早在儿童早期就得以建立，在这样的环境中，一个人必须、必然地去学习限制和控制他的行为和活动，但这很可能也表现在大多数个体的青年阶段，并通常会在身份认同发展中发挥着非常重要的作用，而身份认同发展在这个时期具有中心地位。例如，通过阻抗手段，决定性的发展和对个体自身的意见、潜能和限制的认知将会发生。

积极阻抗在成人教育中不是那么经常出现，但是，它通常在性质上更少是经验性的，而且更为清晰，有些时候是很顽固的。成人也许正是通过挑战青年岁月中的学习过程，才能着陆于某些立场、信条和反应模式，它们形成了一个更为一致的身份认同中的元素。通过这一途径，阻抗与防御的边界能够变得更为清晰，但是一般说来，阻抗的出发点是更为有意识的和经过深思熟虑的，而在很大程度上，防御是自动地发挥功能的。因此，原则上来说，新学习也可以是阻抗的一个直接部分，而要发生有意义的新学习，防御则必须被突破或超越。

同时，在成人教育项目中传播范围更广泛的，是一种阻抗的较消极形式，它以很多不同的方式释放出来，或许是在一个教学情境中以极端令人愤怒和不适当的方式释放出来。丹麦心理学者彼得·贝利纳（Peter Berliner）和延斯·贝特尔森把这一现象命名为"消极攻击"（passive aggression），并且指出它包含了"一种抗议和一种想要其他什么的能量"（Berliner and Berthelsen，1989）。这又是与防御有所不同的，防御恰恰是不想要其他什么东西。但是积极阻抗是被牵制的：人们发现环境并不是那么足够重要以保证公开的抗议的进行，或者一个人也许会提前感到无力，然后阻抗就找到了多种间接的表达模式。持续下去的反应自然是中止和离开教育项目。但是在很多情况下，这会导致某些完全不可接受和不能管理的结果：一个人会简单地在心理上"放弃"而且表现得漠不关心。不过，一个人常常会忍不住要表示出愤怒和充满愤怒的评论意见，多多少少公然表露情绪，造成不和。

在这种情境下，重要的是坚持认为消极阻抗实际上也包含了重要的学习潜能，如果阻抗能够得到公开发展的话，它就能够帮助平衡环境并且促成重要的学习。同时，这常常预示了教师和其他参与者能够看穿并辨明作为一种消极阻抗形式的情境，并且有勇气和能量去面对一个可能的冲击。

总之，我们不应忘记，在世界历史中和一个更小的有限关系范围里，很多重要进步和创新的取得，都是由于有人不愿意或不能够接受现存的条件和理论而发生的，某些我们捧上神坛的英雄和神灵，其实他们在当时也被看作敌人和反叛者。

9.6　小结

学习障碍可以导致可能的学习被拒绝，或导致某种学习与学习者或他人期望的学习有所不同。我们可以区分三种不同类型的障碍，在本书中它们分别是：错误学习、学习中的防御和对学习的阻抗。防御的一种特殊形式可能具备矛盾心理的性质，即在同一时间，学习者既想要又不想要学习某些东西。

错误学习源自不充分的先前素质、注意力不集中、大范围发生的错误理解或不恰当的交流，但是在大多数情况下它的意义相对来说不是那么重要，而且如果必须的话，它通常可以被纠正。我们都有着很多作为错误学习结果的错误知识和错误理解。

学习防御在现代知识社会中是必不可少的，部分是因为学习的可能性远远超过了个体能够应对的程度。我们可以区分出三种主要的学习防御类型。日常意识包含了一种针对我们在日常生活中碰到的大量学习刺激的半自动的、选择性的防御。日常意识还暗示了一种针对我们所面对的持续变化洪流的心理防御，但在这些变化意味着个体生命情境中发生了不想要的重要变化这种更为严重的情况下，一种更广更深的身份防御就被激发起来了。最后，可能会发生针对无力感经验的防御。它针对那些被体验为非理性的拥有权力的权威一方，会采取防御顺应的形式，或是采取发展更为一致的理解和关联模式的形式，做出更为建构性的反应。

与学习有关的矛盾心理会特别发生于某些人群中间，他们处于学习过程之中，这种学习是被社会所要求的，并且对于当事人来说也是重要的，然而他们却宁愿自己能够去躲避它。今天这通常与青年人有关，他们发现自己很难适应形势并且很难调整自己以适应教育项目；与低技能和失业人群有关，他们需要提升素质；与少数民族群体有关，他们或多或少是被迫进入学习过程当中的。

对学习的阻抗是在环境被体验为不可接受时被激活的。所有人都具有阻抗潜能，它能够在面对不可接受的情境时被激活，而且比起其他种类，它也可以成为学习的一种重要动机力量。比起一般人们认可和希望的途径，它通常采取的是其他途径，但将会成为个体与社会发展的一个重要部分。

第十章 学习、脾性与前提

本章将探讨很多非常重要的内部与外部前提条件，它们对个体学习的可能性具有重要意义。它们是智力与能力、学习风格、性别，以及所谓的"社会遗传"，即个体成长背后的社会经济条件的结果。在所有这些领域中，对于它们所具有的学习效果，以及它们具有怎样的重要性，有着很多不同观点。本章将会在一般水平上对这些问题加以讨论，并尽可能地深入每个课题。

10.1 遗传、环境与脾性

到现在为止，本书已经探讨了围绕学习和非学习如何发生的不同课题。我现在将转到讨论多种条件上，这些条件对于学习来说可能具有重要意义。首先是学习者中一般前提或脾性（disposition）的不同类型，我会以此作为本章的开始。接下来两章将探讨学习与生命历程，以及不同种类的学习情境。

首先我要讨论的问题是遗传与环境这一经典课题，或者说是先天与教养这一课题。传统上在这个课题中与学习相关的研究是有关下述问题的：我们的学习可能性中有多大一部分是由于我们的遗传或基因因素而预先确定下来的？我们整个生命中所遭遇的情境和影响，即最广义概念上的环境，在学习可能性上有多大范围的影响？

广为人知的是，在不同的特征上，遗传与环境条件的重要意义是有所不同的。一方面，我们眼睛的颜色绝对依赖于我们从父母那里遗传而来的基因，我们的身高和体格也大部分决定于遗传，但是在某种程度上也依赖于诸如营养和我们如何运用自己的身体等要素。另一方面，不同的行为方式在很大程度上是基于我们的环境或文化的。因此，遗传与环境的重要意义在不同领域中存在着巨大的差别，而且，在很多情况下，还存在着特别是儿童期这样的关键时期，它对于环境影响尤其敏感。例如在八个月到两岁这个时期，我们对于发展自己运用语言的条件会尤其敏感。

要确定遗传与环境条件在不同领域中的重要意义，最为常用的方法是对同卵双生子进行研究，他们有着相同的基因，但是又有可能在或多或少不同的环境条件下长大。

不过，现代脑科学研究已经令人信服地表明，个体当中这些条件的发展，要比双生子研究所揭示的更为复杂和多样。早至胚胎阶段，存在于基因之中的遗传脾性、单个个体中的内部环境和来自外部环境的影响之间，就有大量的精细互动。英国脑科学研究者马克·索尔姆斯和奥利弗·特恩布尔写道：

> 不计其数的关于先天 - 教养对大脑的影响的课题具有一种能够把所有神经科学所知的一切发展结果包含在内的可能性。……遗传与环境对行为的影响绝对是捆绑在一起的，因此遗传影响绝不是永恒不变的。实际上，基因可能会是一种糟糕的阻碍，如果它们不能够与环境影响联系起来的话。……先天和教养从发展的最初一刻开始，就处在一种动态的相互作用之中。
>
> （Solms and Turnbull，2002，pp. 217–218）

这种互动嵌入的复杂程度也同样如此，它们一直嵌入大脑控制我们行为和思想的单个电化学回路当中。著名的美国大脑研究学者约瑟夫·勒杜专注于研究这些回路和所谓的突触（synapses）的功能，这些突触调节着回路在不同脑细胞之间的大量转换，他写道：

> 神经突触联结最终决定了一个回路将要做什么以及怎样来做，这些联结是外成性的，也就是说，是通过基因和环境（包括内部和外部两种环境）之间的互动联结起来的。……从心理特征是由脑中的突触所调整的这一意义来说，心理水平和神经突触水平是密切相关的。
>
> （LeDoux，2002，p. 82）

索尔姆斯和特恩布尔在其著作《大脑与内部世界》（*The Brain and the Inner World*）中，通过性发展的案例证明了这种复杂的互动（Solms and Turn-bull，2002，pp. 223ff.）。一个人的性别自然是由遗传决定的，决定于性染色体是 XX 型（女性）还是 XY 型（男性）。但是，在最初三个月中，这两种性别的胎儿发展是完全相同的。在这之后的某一时间点，男性胎儿的 Y 染色体中的一系列基因分泌出一种物质，对未发育的性器官产生影响，以致胎儿的睾丸发育起来，反之那个地方将会发育出卵巢。这是性别差异的遗传基础，但这实际上是有可能被人工改变的（即通过外部影响的手段改变）：通过给女性胎儿加入这种物质或者阻碍男性胎儿这种物质的分泌等。

就在男性胎儿开始产生男性荷尔蒙睾丸激素后不久，通过发展一种特殊的所谓 5α－还原酶的酶类物质，就可以把睾丸激素转变成为二氢睾酮，它会影响很多机体器官，从而使得它们发展得与女性胎儿有所不同。如果出于这样那样的原因，这种物质产生得不够，胎儿就只能在一个有限的男性方向上发展，如果这种物质产生得极少的话，胎儿将会朝着女性的方向去发展，即使他有睾丸，并且每个细胞都包含着 Y 染色体——这种现象我们尤其会在很多运动员身上看到，她们在性别上是女性，但是在体格和力量方面是朝着一种男性化的方向发展的。

在这个男性胎儿接下来的发展阶段中，一种新的被称为芳香化酶（aro-matase）的物质产生了。这种酶把睾丸激素转变为女性荷尔蒙雌激素，它对于脑发育成为一个男性脑是必需的（我在 10.4 节会回到有关这一现象所暗示的含义来），而且由此促成个体成为一个男孩以及在后来成为一个男人，在行为和心理上发挥功能并体验自己。然而，如果这个过程出于某种原因没有完成，结果就有可能是，一个男性的身体有着某种程度或某种倾向的女性心理和女性特征。

由于上述所有过程都易受环境影响，所以性发展是一个极端的精确平衡的例子，这种平衡可存在于遗传和环境要素之间，决定了实际的发展，并且，只要有一点偏离遗传所规定的样子，它就会出现很多或重或轻的性偏差的后果。例如，如果母亲在上面提及过程中的重大关键性时期遭受了压抑，就会导致胎儿性发展上的很多问题。有研究显示，第二次世界大战中间或刚刚结束后出生的德国男性中，同性恋的比例高于一般平均水平，这可能与他们的母亲遭受了高于一般水平的压力有关（Solms and Turnbull，2002，p. 233）。但这并未得到证明，而且，对在这些非常复杂的领域中所做出的影响深远的结论，我们应该保持非常谨慎的态度。

我在这里提到这个有关性别发展的一些关键细节的例子，是想说明在这种背景下，它同样适用于学习可能性，可以用作一种对遗传和环境因素之间紧密而又复杂互动关系的例证或暗示。今天在脑科学研究中更为普遍的主流理解是，一个人在某个给定时间上所拥有的可供支配的心理前提，有着脾性的特征——与不同领域中的学习和学习的维度相关。这些脾性在遗传与环境因素之间紧密和不可分割的互动中产生，并且它们还会通过这样的持续互动发生改变和进一步地发展。在某个领域中，这两种因素的比重在一定程度上通常取决于双生子研究中发现的总体概率，但是在单个个体上做出这样一种区分，既是不可能的，也是错误的。在决定发展的遗传和环境方面，两者并不是一种竞争关系，而恰恰是一种交互作用的关系。因此，原则上来说，总是存在着新发展的可能性，而不仅仅是单个的一种类型的发展。

由此，我们可以得出两个有关学习的一般结论：首先，人类作为一个物种，在所有没有决定性错误发生的情况下，遗传而来的巨大和极为复杂的学习可能性，远超过所有其他生物所能支配的可能性，因为人类的脑不仅仅与我们称之为智力的东西有关，而且它比所有其他物种的脑都要发展得更高级和复杂。其次，对个体来说，具体的学习可能性包括在不同领域中的大量脾性，它们在遗传和环境因素之间的紧密互动中得到不断发展。

10.2 智力、能力与聪慧

几乎不会对此有什么疑问——我们口中的智力，和我们用以学习、思维以及理解和解决问题的一般能力，在 20 世纪一直是关于学习可能性的遗传和环境问题争论的中心。

然而，什么才是智力的更贴切定义，仍旧是一个巨大的难题。因为目前的定义要么是很一般水平的和很不严密的，尤其是在多种且不太能够清晰辨明的领域中的一般可能性上；要么就变得操作性很强，即基于一些测量公式或其他什么，归根结底导向了这样一种循环论证——智力是我们通过智力测验测量出来的东西。

对此我们只能说，智力测验实际上已被证明在预测一个人怎样应对学校教育和其他正规教育方面做得相当出色，而且这正是它们被开发出来的主要目标。不过与此同时，它们也在很大程度上被理解为一种有关才能、审慎程度或机能性的目标——不管这些名词意味着什么，即使它们并未被证实能够很好地表明个体如何应对学校系统以外的情境。这当然与下述事实相关：不同智力测验所包含的是不同的任务，反映了多种常识和理解，这些常识和理解在传统上是居于教育计划的核心地位的，例如，在诸如处理数字、逻辑思维、语言技能和空间方向的领域当中。

第一个智力测验是在 1905 年由法国人阿尔弗雷德·比奈（Alfred Binet，1857—1911）和泰奥多尔·西蒙（Théodore Simon，1872—1961）应巴黎学校当局的要求开发的，当局需要一个工具来鉴别需要额外教学的学生们。它包含很多上面提及领域中的任务，涉及不同的年龄水平，量表结果可用来解释智力值。这个测验后来被翻译、标准化和进一步开发，并由此广泛传播开来。

比奈 - 西蒙测验首先来说，是针对一个实际问题的解决方案，其在理论方面则发展了两种主要的视角。一种是主要在欧洲传播的 G 因素观点，它由英国人查尔斯·斯皮尔曼（Charles Spearman，1863—1945）主导，并得到很多研究的支持，这些研究显示，当儿童在一个智力（经典）领域中得到高分的时候，他们在其他领域中得高分的可能性也很大（Spearman，1923）。另一种是主要在美国传播的观点，即所谓"因素分析"的视角，它的依据是智力包含很多独立领域或因素。对这种观点最为精准的表达是一个三维智力模型，该模型一共有 120 个因素，1967 年由美国的智力与创造力研究者乔伊·P. 吉尔福特（Guilford，1967）提出，我们在探讨库伯学习圈的时候已经提到过他（见5.2 节）。

不过，有关智力的理论和争论，后来由于多元智力理论的提出，而从根本上被转变了。该理论首先由美国心理学家霍华德·加德纳在 1983 年提出，他后来不断对其加以发展和多样化（Gardner，1983，1991，1993）。

简而言之，在加德纳的理论中，人拥有数量有限的相互依存的智力。他最初猜想的是下列七种类型的智力：

- 言语智力；
- 音乐智力；
- 逻辑 – 数学智力；
- 空间智力；
- 身体 – 运动智力；
- 人际智力（理解他人并与他人联系）；
- 内省智力（理解自己并与自己联系）。

（Gardner，1983）

后来他又增加了另外两种智力：

- 自然观察智力（理解自然并与自然联系）；
- 存在智力（加德纳将此看作与其他智力有部分不同的智力）。

（Gardner，1991）

加德纳对智力的最初定义是"解决问题或创造产品的能力，这些产品在一个人内部或更具文化的框架中被看作是有价值的"（Gardner，1993），但是后来他把定义改成"处理信息的生物心理潜能，这些信息可以在一个文化框架中被激活，以解决问题或创造在一种文化中被视作有价值的产品"（Gardner，1999，pp. 33–34）。在这一变化中重要的是从"能力"一词到"潜能"一词的转变，因为这很清楚地显示出，智力不是能够被测量的东西。由此，加德纳明白无误地让自己与任何类型的智力测验保持了距离。

如果有人要提出一种独立智力的话，加德纳对此还提出了很多必须满足的要求，但这些要求并不精确，而且也不是必须要全部满足的，这就意味着这里也有一个相当程度上的不确定性。尽管加德纳对论证个体智力投入了巨大的关注，但他在自己理解智力概念的方式下选择出来的九种智力，以及他实现的教育学方面的成果，并不像他的理论那样，达到了极为重要的高度上的突破。

也许最为决定性和革命性之处在于，加德纳把智力概念复数化了。他提出了多种智力，而不是多种作为一种智力的子元素的因素。通过这样做，他突破了一维的、标签式的和常常也是精英主义导向的思维，那种思维拘泥于智力概念以及对智力分数的计算。根据加德纳的理论，我们都在某种程度上拥有某些智力，并且在其他智力方面稍差一些。教育的任务是找到个体在哪些方面比较强，或者在哪些方面比较弱，并且能够利用这些结果。学校应该成为这样一个场所：有足够的空间来培育每个儿童所擅长的智力，并且提供支持，让他们在其他领域中能够合理地应对所面临的情境。

与此同时，加德纳提出了一些有限的、清晰的和相对容易理解的智力，它们对应于一些直接的、大众化的理解，这完全是与吉尔福特极为复杂的120种智力因素大不相同的。通过这一途径，加德纳已经帮助解开了有关这个概念的迷惑，这毫无疑问也对其理论的影响起到了推波助澜的作用。

最后，很显然加德纳已经超越了认知导向的边界，从比奈开始，认知导向一直构成着理解智力的基础。在加德纳看来，智力不仅仅是一种与"更聪明"有关的东西（与学校的要求有关——这正是比奈的任务），因而更多地关涉到应对和处理多种事物（传统的认知智力对此是涉猎不够的）；它还与对自己及他人的共情有关，与审美和身体功能有关。因此，加德纳的智力概念与现代能力概念（见8.4节）中所包含的在当代社会中所有有关智力的理解并不遥远。通过人际和内省智力，这个概念还涵盖了从本书的学习三角中出发的全部学习领域。

但是加德纳的理论也受到了批评，甚至是来自不同的角度的批评。例如，提出"情绪智力"概念（见6.4节）的丹尼尔·戈尔曼，完全承认加德纳是自己的一个主要灵感来源，但他仍旧写道：

> 在加德纳对个人智力的描述中，有着充分的空间来洞察情绪的活动和掌握对它们的管理，然而加德纳和他的工作伙伴们并没有在这些地方进行更为详细的探究，没有更集中地聚焦于有关感受的认知。这个聚焦点，也许是无意地，没有被加以探索，加德纳没有探索使得内部生命和关系如此复杂、如此引人注目、如此经常令人困惑的情绪的浩瀚海洋。……加德纳的重点放在了个体智力的认知因素上，这反映了心理学的时代思潮对他观点的塑造。
>
> （Goleman，1995，p. 40）

我倾向于同意戈尔曼的观点。即使加德纳已经非常成功地将自己从单维的认知培养中费力地解放出来，即使他已经极为成功地超越了传统智力概念中的压倒性元素，但是，在他的研究工作中有一个清晰的倾向是，认知比身体、情绪和互动等领域更为重要。

有很多研究试图（使这些）达到更为平衡的状态，它们暗含了一种令人震惊的观点转变，丹麦心理学家莫根斯·汉森（Mogens Hansen）和俄裔美国脑科学研究者叶尔霍能·戈德伯格用两种非常不同但是又有重叠的方式指出了这种观点的转变。莫根斯·汉森写道：

> 然而，有很好的理由把注意或集中的能力纳入智力群之中。意愿导向的注意是学习的一种必需基础。没有有目标注意，即没有意愿导向的、聚焦的和持久的注意，一个人学不到任何东西。……有意注意是脑和意识的导向性功能的一部分，被称为执行功能，在有意性（意图、意愿）、规划和决定的基础上用于对行动的自我规范。……由此，可以理所当然

地说，它是头号智力。那些没有学到任何东西的人与那些从没有学会控
制自己注意的人是一样的。

（Hansen，2005，pp. 28-29）

应该注意的是，莫根斯·汉森总结的注意的功能，是与我在 7.1 节中所讨
论的在动机与学习间的注意调节功能相重叠的。通过一定强度的注意，我们投
身于一个情境或元素当中，在这个情境中我们最为直接地将学习动机转化为具
体的学习。

叶尔霍能·戈德伯格的角度与汉森的有所不同，不过他的结论指向了同
一方向。他对一些人被其他人评价为"聪明"而另外一些人被评价为"愚笨"
表示惊讶。那些被看作"聪明"的人可能在很多事情上表现得很糟糕，与此相
反，"愚笨"的人可能有很多非常强的方面：

　　特别地，某种程度的独立性存在于人类心智的整体维度与更为
狭窄的特质之间。……哪些大脑结构的个体多样性决定了这些普遍特
质？……无论一般智力的认知构造是如何被界定的，我都不知道是否存
在任何明显的、能说明这种G因素的存在的单个脑的特征，……但是S因
素又是怎样的呢（S代表"聪明"）？我相信，不像G因素，S因素确实
存在。……在"多元智力"的事物范式中，是执行智力让我们直觉地认
识到"（某人）聪明"，S因素——"执行才能"——塑造了我们对一个
人作为一个角色的认识，而不仅仅把他当作某种认知特点的载体。

（Goldberg，2001，pp. 104-106）

戈德伯格专门将这种"执行智力"阐述为大脑额叶（frontal lobe）中的工
作记忆（见 2.4 节），并且在他的书中研究了莫根斯·汉森描述为一种"执行
功能，在有意性（意图、意愿）、规划和决定的基础上用于对行动的自我规范"
的头号智力——注意。

然而，是否汉森和戈德伯格不过是再次仅仅以不同的方式介绍了 G 因

217

素？答案是：既是，也不是。戈德伯格的 S 因素不是一种和加德纳的智力理论中一样的能力或潜能，而是一种一般功能，它协调和控制不同的能力与潜能，整合内容与动机，并且包括来自长时记忆的相关子因素。这种功能不能被测量，但是可以通过使用它来加以发展。这就是说，S 因素是像 G 因素那样具有横跨性的，但它并不是一种同等意义上的能力，例如，我们可以谈论一个人说他有数学或音乐的能力。S 因素具有一种功能性特征，它和不同能力的生成之间的互动有关。

更明显的是，人们在不同的领域中有着不同的脾性，而且这些脾性持续地在一种不可分割的遗传与环境因素间的互动中得到发展。如果我们能够坚持并且发展加德纳的多元智力或能力理论，结合对于工作记忆的灵活性与执行功能的理解，我认为比起传统的智力理论所能做到的，我们将更加接近真实的情境，而且我们还将获得一个基础，发现人们在其多样性上的差异之处，而不需要像在传统智力研究中那样，奔走于划分等级、培育精英和相互贴标签。我们都有自己多种多样的强项和弱项，有一些人也在一般意义上比其他人"更聪明"或"更愚笨"，但是一维的智力理解是一种太过生硬的工具，通过我们的活动，是有可能发展我们在所从事领域中的能力的。因此，在后来一些年里，似乎传统的、单维度的智力概念和智商的观点都逐渐丧失了基础，因为它们都过于笼统和武断。

10.3 学习风格

另一种发现人们学习间差异的路径与"学习风格"的概念有关。这个概念在 20 世纪 50 年代出现于美国，当时人们试图在智力或能力之外，努力寻找到另一种解释来讨论个体学习差异。20 世纪 70 年代末在美国，20 世纪 90 年代在其他一些地方，学习风格的理念得到了更为广泛的传播。这一理念指的是人们能够以多种方式学习，但是对单个的学习者来说，存在某些特定的个体条件来促进其学习。我们每个人都有自己的学习风格。

　　然而，对此人们并没有达成能够被普遍接受的定义，更不要说能够被普遍被接受的理论了（例如，Merriam et al.，2007，p. 407），而且还出现了很多针对这个概念的严厉批评（例如，Coffield et al.，2004）。一个更深层次的复杂情况是，它与认知风格（例如，Hiemstra and Sisco，1990）和思维风格（例如，Sternberg，1996）的概念存在着相当大的重叠。下面我将概括地呈现在该领域中最受关注的探讨，并进行非常简要的一般性评论。

　　有关学习风格概念的最著名观点之一是由大卫·库伯（Kolb，1984）提出的，与他的学习圈紧密相关，这些在 5.2 节中有更为详细的讨论。基本上来说，库伯的理论是，不同的人们在不同程度上，其学习会朝向学习圈四种模式中的一种发展——具体经验、反思观察、抽象概念化和主动实验。通过使用专门测验进行测量，个体的学习风格剖面就可浮出水面，并可以画在学习圈的图中，如图 10.1 所示。

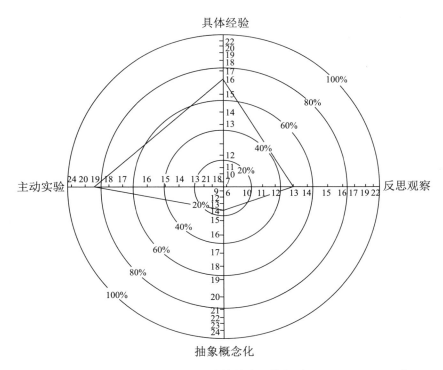

图 10.1　学习风格剖面示例——女性社会工作者（Kolb，1984，p. 70）

这个示例表现了一位女性社会工作者的学习风格，它在学习周期的左上区域有一个清晰的重点，即在顺应型知识的空间中（见5.2节，图5.2），由此她被归类为一位顺应学习者或一位"顺应者"（accommodator）：她通常是有创新性的，她的学习是直觉性的。相应地，基于自身的学习风格，其他的人能够被归类为聚合的、同化的或分散的学习者，或者他们可能会比较接近两种类型的边界。分散的学习者通常来说有着很好的想象能力，而且擅长从很多视角来看同一个情况。同化的学习者通常来说擅长概念和理论，而聚合的学习者通常擅长演绎思维和问题解决。学习风格剖面由此能够提供一幅图画，表示个体的长处在哪些方面，而且一个人可以据此选择他的领域，并在此基础上适当地组织他的学习。

但是库伯在这些实用结果上又迈出了一步。如果我们画出在不同教育计划和工作岗位上人们的学习风格剖面图，就会发现他们在不同地方出现学习聚焦点的平均趋势。例如，心理学、政治科学和历史学领域的学生，平均来说，很大程度上拥有同化的学习风格，工程和护理专业的学生大部分拥有的是聚合的学习风格，商科的学生很大程度上拥有顺应的学习风格，而数学、化学和物理学领域的学生平均来说，其学习风格比较靠近同化和聚合的边界（Kolb，1984，p. 86）。根据库伯的观点，这样的测量可以用于学生咨询和学习组织的相关事宜，但这也可以从另一角度进行思考，即例证了库伯将其体系中的元素都各居其位，然后由此极为严格地限制和体系化了人类的多样性。

迈尔斯－布里格斯类型指标（Myers-Briggs Type Indicator）测验采用的是有关学习风格的一个相当不同的视角，它聚焦于人格差异。测量的维度是外向/内向、感觉/直觉、思维/情感、判断/知觉（Myers，1980，p. 9）。在此基础上，一个有着四种人格特点的剖面就出现了，例如外向、感觉、思维和判断型。它也强调学习者必须知晓自己的剖面并且在此基础上组织他的学习。

然而，对学习风格概念最为广义的理解，毫无疑问是由美国人丽塔·邓恩（Rita Dunn）和肯尼斯·邓恩（Kenneth Dunn）通过一种实践导向的视角实现的。它很简单地纳入了所有有关学习的适当课题，在此基础上，通过不同的观察、测量和分析，一共提出了21种不同的因素，它们对一个人下述类型的学习风格有着重要意义：环境的（声音、光线、温度、设计），情绪的（动机、坚持、责任、组织），社会的（自我、结对、伙伴、团队、成人、其他），生理性的（知觉、摄入、时间、机动性），以及心理方面的（全脑的/分析的，半脑的，冲动的/反思的）(Dunn and Dunn，1978；Dunn，1996)。这一视角没有真正的理论基础，而且，就像我们能够看到的那样，它从这里导向了一个非常复杂的方向。但是基于这21个因素，人们已经开展了很多实验，而且也有了很多涉及儿童、青年和成人教学的指南（Dunn and Dunn，1992，1993；Dunn and Griggs，2003)。

最后，还应该提及另外一种学习风格的视角，它聚焦于这样的事实：在感官印象方面人们之间存在着差异，而感官印象对人们的学习提出了最多的诉求。最初研究者只是做了这样的区分：在言语表达基础上学得最好的人，是在听觉方面通过聆听或在视觉方面通过阅读脱颖而出的；对于数字导向的人，数字位于中心地位（也是要么在听觉方面，要么在视觉方面）；以及听力-视觉-动觉导向的人，他们通过经验并且在触摸和操作事物中学习得最好。这种视角后来被瑞典人莱纳·博斯特伦（Lena Boström）进一步加以发挥，他更为清晰地区分了视听觉型、触觉型和运动型学习风格。

在更为一般的意义上，可以说，有关学习风格的概念如果从智力概念的相关视角来看，首先聚焦于这样的事实：人是有差别的，人们以不同的方式学习。这避免了分级排序，而分级排序在智力导向当中有着非常强势的地位。基本上，这种主张认为没有一种学习风格比其他的更好，但是在每一个个案中又有必要找到最为适合学习的方式。在这种方式上，这一视角与加德纳的智力理解是相当一致的。学习风格的概念似乎比起智力概念来，在一个甚至更高的程度上导向了这样一种学习情境——它必须适应学习者的某些固定特征，并且由此而忽略了，在学习者遭遇或面对挑战时，他们是可以改变和发展的。

另外，学习风格这一概念中的思维有这样一种趋势：更进一步地导向有关学习技术的运用和指导。如果一个人以这种或那种方式学习，他就必须简单地认可这种方式并必须这样做或那样做。这开启了一个广阔的领域，包括最为细节的指导——有关如何做、应该使用的照明类型、应该多久休息、如何记笔记等等，还包括可以被称为晚期现代学习的形式，即通过面向年幼儿童的所谓"说教玩具"（即目标在于学习的玩具），以及面向较大儿童、青年和成人的使用或不使用计算机的令人兴奋的游戏，甚至通过角色扮演，让参与者能够运用他们自己和他人的身份认同来做实验，从而进行学习（例如，Montola and Stenros，2004）。

10.4　学习与性别

　　与学习有关的性别差异可以在三个不同水平上进行论述。首先是在身体或生理的水平上，在这一层面上，至少在结构和大脑功能上性别差异发挥了主要作用。其次是在心理水平上，它聚焦于两性以何种途径相联系和获得经验，以及他们不同的学习形式。再次，在社会水平上，它聚焦于每种性别中存在的学习的社会潜能与需要。

　　在生理水平上，很显然女孩／女人平均来说成熟得更快，而男孩／男人平均来说长得更高大、更强壮。这意味着女孩子能够比男孩子更早地学习很多东西，而且也意味着男人能够在要求生理强度的领域比女人表现得更好。这些当然是重要的差异，但同时也是某种我们倾向于完全地视作理所当然的东西，因此也就不会大张旗鼓地去讨论了。

　　然而，当我们把视线转移到脑的生理性别差异时，事情就变得更为复杂了。首先，平均来说，男人的脑比女人的更大，而且有更多的细胞，这也与身体重量相关，但并不清楚的是，这是否对学习产生了什么后果。在脑中还有很多与性别功能有关的性别差异，但是也许与学习并没有任何关系（Solms and Turnbull，2002，pp. 223ff.）。

　　但是还存在其他和更为特别的差异，而且如果不是这样的话，或许也会让人觉得很奇怪，因为当两种性别——就像很多动物种类那样——在大量领域有着不同的功能时，相应地，不同的脾性就自然成为大家的期待了。这些脾性通过数百万年的选择过程发展起来，更偏爱那些善于管理其功能，并由此得以最好地延续生命和繁衍后代的人们（Baron-Cohen，2003，pp. 117ff.）。

对于两性之间是否存在着涉及大脑两个半球的某种差异，一直有争议。主要的差异是，左半脑要执行更多的语言功能，它在女性当中有更好的发展，而右半脑要执行更多的逻辑和空间功能，它在男人当中有更好的发展。然而最近的研究显示，事情并非如此简单，这尤其是因为语言功能的不同部分是可以不同地发展起来并定位的。情况还不如说是这样：女孩/女人的语言功能在很大程度上存在于大脑的两个半球，而男孩/男人的则位于大脑右半球，得到更多发展的空间认知"抑制"了更多地位于左半脑的语言功能。此外，这种语言功能特别与语言理解和共情作用有关系，而不是语言的语法方面，这正是女孩/女人所擅长的（Baron-Cohen，2003，pp. 105ff.）。

在该领域中另一个可能很重要的事情是，女性大脑两半球之间的连接比男人的更为广泛，这些连接促成了两个半脑之间功能的更多整合，以及一种在不同人物和活动间迅速切换注意的能力，这在一般意义上似乎使得女性在多重任务处理中表现得更出色。相应地，男人的大脑在每个半球之间的前后区之间有着更好的连接，因此在这个维度上也就有更好的功能整合，这些可能涵盖了工作记忆与那些提供认知和情绪输入的中心之间的连接。俄裔美国脑科学家叶尔霍能·戈德伯格认为，也许就是这一在整合潜能上的差异，是两性间关于功能模式方面的最为决定性的典型差异。不过，必须再一次加以强调的是，这些是"典型的"或"平均水平的"结论，它们并不必然适用于单个的个体（Goldberg，2001，pp. 96ff.）。

戈德伯格由此导向了这样的假设：两性间的一般心理差异可以被理解为他称之为"认知风格"（这个概念在某种程度上与上面所讨论的学习风格相似，但是界定得更为广泛，包括了认知功能模式等）中的一种差异，所以女性更为倾向于在一般印象的基础上做出"情境中立的"决定，而男性则更愿意联系特定情境做出"情境依赖的"决定。戈德伯格强调，首先，这仅仅只是一种基于很多不同实验和思考的假设；其次，这仅仅只是一种倾向。两种性别的人都会做出这两种类型的决定，个体不需要与性别的典型表现保持一致。另外，他认为"最理想的决策策略"也许要通过这两种决定类型之间的动态平衡来实现（Goldberg，2001，pp. 88ff.）。

然而，英国脑科学研究者西蒙·巴伦－科恩在其著作《本质差异》（*The Essential Difference*）中，迈出了更为可观的一步，他提出了这样一个论点："女性大脑压倒性地在共情作用方面极为兴奋。男性大脑压倒性地在理解和构建系统方面极为兴奋。"（Baron-Cohen，2003，p. 1）

这就不仅仅是认知风格的事情了，而是一种一般导向，它发挥了大脑功能的起点作用。共情涵盖了所有与联系他人有关的事务，包括相互理解、交流、互动和言语。而系统导向涵盖了在所有可能和想象情境中的具有系统性特征的事务。

巴伦－科恩的背景帮助他发展了这一论点，多年来他一直专注于孤独症的问题，患有孤独症的人通常有下列特征：在一个相对狭窄的数学或技术领域中（在这些领域里他们几乎或完全没有进行社会联系的兴趣）拥有单面的并且常常是高度发展的洞察力。他把这样的脑看作一种得到极端发展的男性脑，对应的事实是，90%的孤独症患者是男孩和男人。巴伦－科恩此后讨论了女性脑相应地可能是一个"系统盲"和具有"超级同情心"的脑，不过对于类似这样的结论，目前为止还并没有充分的材料予以证明（Baron-Cohen，2003，pp. 170ff.）。

自然地，巴伦－科恩会强调，这是一种倾向或一种一般结论，并不适用于单个个体。与此相反的是，一名女性可以拥有一个非常男性化的脑，反之亦然。但是在统计水平上，这依然会是一种典型分布，他通过图形展示了这一分布，如图10.2中的系统化方面的性别分布所示（我们也可以画一个关于共情作用分布的相似但是颠倒过来的图形）。

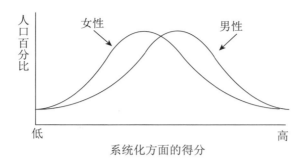

图 10.2　男性和女性在系统化方面的得分（Baron-Cohen，2003，p. 85）

从学习的观点来看，我认为戈德伯格和巴伦－科恩两个人都触及了某些非常重要的东西，他们指出了脑在性别差异中一些特征性的一般倾向。我认为这是很有说服力的：关于学习的性别差异存在着某些倾向，并且它们正朝着所指出的方向发展。但正是运用他们所谓的特征性的男性系统化的脑，我发现戈德伯格，特别是巴伦－科恩这两人在这方面走得太远了：想要给那么多样和复杂的事务指出一个单纯的特征——以一个符号性词语或标签的方式。他们的很多保留也暗示了，在某种方式上，他们知道自己如履薄冰。

与此同时，在一般水平上，在有关巴伦－科恩自己所专注领域的分布，以及有关很多其他我们所说的心理学领域中群体间差异的分布上，我发现巴伦－科恩的例证相当有说服力。几乎总是在不同方向上存在少数群体的极端案例，在中间会有一个大量重叠的多数群体，在这些群体中，一些特征在某种双向互动的形式中出现。

有了这些阐述，与戈德伯格和巴伦－科恩一起，我也从脑的生理水平研究转移到了脑的心理水平研究，探讨一个人如何联系和体验不同类型学习的性别差异。

在这一背景中具有特殊意义的学习领域是儿童期和青年期的性别社会化。很多理论已经提出了在特定生理因素和当前社会因素之间的互动中，这种发展是如何发生的。这里我将非常简要地重述一个理论的主要观点，该理论是由美国精神分析导向的社会学家南希·霍多罗欧（Chodorow，1978）提出，并由两位北欧女性研究者哈丽雅特·比耶伦·尼尔森（Harriet Bjerrum Nielsen）和莫尼卡·鲁德贝里（Monica Rudberg）进一步加以发展的，它部分是通过与一个20世纪60年代在美国进行的大型经验研究项目的比较而得出的。该大型经验研究项目的带头人是心理学家玛格丽特·马勒（Margaret Mahler，1897—1985）（Mahler et al.，1975；Nielsen and Rudberg，1994［1991］）。

这一概念的基础是，分离与个体化的第一个过程几乎总是在儿童和其母亲或其他妇女之间上演并结束。这意味着男孩的身份认同基本上建立在一种差异性的经验之上，女孩的则是建立在相同性的基础之上。在生命的第二个历程岁月中，当男孩开始体验与母亲的分离时，由于性别差异，他们也对这种分离有了更好的准备：作为一个大男孩就意味着要与母亲分开。然而母亲与女孩的关系，其中心是同质性的，这使得这个分离过程表现得更为不情愿和矛盾。

当后来发现性别之间的差异时，一方面，男孩会回到他的母亲那里，并且体验与某位异性的亲密关系形式。另一方面，女孩对于保密性和隐私性有更早的倾向；当她发现与父亲有关的性别差异时，她会经由一种基于差异的亲密关系领会到一种自主的新方式。

这一基本差异对儿童有着巨大的影响，一直贯穿他们余下的儿童期。两种性别都试图实践性别角色。这在同性玩伴中最常发生，所以在这个时期，儿童通常按性别被分隔开来。性别特征并未缺席，但是被错误表达了。男孩不得不炫耀，因为他们相信通向亲密关系的方式是自主。女孩变得更为关注她们的外表和友情，因为她们相信通往自主的方式是亲密关系。因此，两种性别在他们的儿童期发展中采用了显著不同的方式，而且对于两性来说，这些因素的某些是通过晚期现代社会无限和压倒性的间接影响而在认知和情感两方面不断增强的。

不过，这种精神分析导向的性别社会化描述，其特征是把自然赋予的性别和现有社会发展的性别角色两者都作为出发点。与此相对立的是，在今天有一种社会建构主义的导向，该导向并不认为行为、意识和学习等方面的性别差异可以这样简单地被理解，而认为性别行为和性别意识是在文化互动中建构或合成而发展起来的，并且，不是以在两种性别之间两极化的导向程度很高的差异化形式出现，而是以复杂和重叠的形式出现在晚期现代社会的这个领域当中（例如，Butler，1993，2004）。

总的来说，肯定很清楚的是，与性别相关的事宜是在脾性与影响之间紧密的整合互动中发展起来的，它们对于学习至关重要。无论一个人是在自然赋予的性别中找到起点，还是在文化传播的构造中找到起点，同样清楚的是，在我们的社会中存在着在该领域中行为和意识形式的极为多样化和复杂的模式，在学习的形式中也是如此。我还在这里发现巴伦－科恩的模型能够作为一个有用的结论，在两种性别和一些更指向某一性别的广泛重叠的共同领域发挥作用，但这自然与下述的普遍观点相距甚远：作为这个复杂领域的一部分的具体表达是多样性的。

在学习这一特殊领域中，有很多有关性别差异的深入思考和讨论，例如，最为典型的是与差别化教育计划应用有关的探讨。但是，在这个领域中并没有太多理论导向的成果。不过，在美国女性主义的传统中，有两本很重要的著作，作者是女性研究者玛丽·贝兰基（Mary Belenky）、布莱思·克林奇（Blythe Clinchy）、南希·戈德伯格（Nancy Goldberger）和吉尔·特鲁莱（Jill Tarule），一本是《对抗生命冲击的女人》（*Women's Ways of Knowing*；Belenky et al.，1986），它是基于大量的访谈研究的；还有一本是《知识、差异和权力》（*Knowledge，Difference，and Power*；Goldberger et al.，1996），书中探讨了对前一本书的众多反应。

这些著作的一开篇就列出了五种关于知识的女性视角：

（1）沉默——女性所处的一种位置，她们经验自身为没有思想的、没有声音的人，并且服从于外部权威的反复无常。（她们是被动的、感到无能的，并且是由他人来定义的。）

（2）接受的知识——一种女性对自己持有的视角，认为自己能够从全知的外部权威那里接受甚至再生产知识，但是自己没有能力去创造知识。（她们倾听他人的声音，她们的世界是字面上的或具体的，是好的或坏的。）

（3）主观性知识——一种视角，真理和知识被认为是个体的、私人的和主观性地加以认识或由个体直觉到的。（真理的所在点转向了自我，直觉被赋予比逻辑和抽象更高的价值。这里女性开始获得一种声音，研究中的半数女性处于这一类型。）

（4）程序性知识——女性所处的一种位置，她们投入于学习之中并且应用客观程序来获取和交流知识。（这一位置有两种形式：分离认识——自我是与话语对象分离的，这使得质疑和推理成为可能；关联认识——自我与话语对象之间有着亲密和等同关系，这建立在共情理解的基础之上。）

（5）建构的知识——女性所处的一种位置，她们认为所有知识都是情境性的，将自己经验为知识的创造者，并且认为主观性和客观性的认识策略都是有价值的。（这一阶段的特征表现为一种真实声音的发展。）

（转引自该书中的总结：Merriam et al., 2007，pp. 335–536）

这是一个很重要的综述，既因为它基于经验研究基础，对女性不同的知识形式有一定见解，也因为它作为一个整体，揭示了知识的掌握可以采取很多不同的方式。因此，从性别和普遍的观点来看，它与这样一种对知识的理解拉开了距离—— 知识在某种意义上是，或者应该是客观的、有逻辑的和连贯的。但是我们也可以问，是否这个综述所突出的从依赖到独立的维度恰恰不能被用来描述男性的学习形式呢？

不过，该领域中现有的资料甚至更为有限，但作为对贝兰基等人文章的一种平衡，我们可以在美国认知研究者约翰·R. 安德森（John R. Anderson）的文章中找到一些参考。他研究了在美国的欧洲裔男性的认知风格，其导向为情境独立的、分析的和非情感的，而相对应地，譬如说，美国的非洲裔男性或本土美国人以及一些欧洲裔美国女性，则实践的是一种更为情境依赖的、关联的、整体的和情感的风格（Anderson，1988）。不过这种情况下，假设多过求证。

因此，这个结论必须沿着这条主线来看：在欧美主流文化中，至少有一种很明显的朝着性别一般差异的倾向，学习以此方式得以实践，但是这种相当大的差异也存在于两种性别各自内部，我们在谈论男性和女性的学习形式时，必须给予重大保留。

在社会水平上，大家都知道的是，在学校和教育计划中，有关两性所偏好的教育科目，以及它所反映出来的学习偏好，存在着巨大的差异。另外，在今天的丹麦，情况是这样的：一般说来，比起男性来，更多的女性在教育系统中接受教育，与此同时，相关声音也传递出来，认为小学和初中学校开始变得"女性化"——女性教师比男性教师更多，教学更为呼应女孩而不是男孩的需求，还有，比起女孩，更多的男孩"被放弃"或被要求接受补充教学。而且，在很大一部分教育系统中，项目研究之类的现代教学形式，似乎也更为迎合女生而不是男生的需求。

因此，有迹象表明，现今对学习和教育的视角更适于女性而不是男性，它在很多地方已经达到了这样的程度：男孩和男人，一般说来，在学校和教育系统中会面临更多的困难，而且总的来说，女性正在达到比男性更好的教育水平。不过，与此同时今天这种状况已经变得非常复杂，因为现在的青年人承受着很大的压力，这一压力要求他们接受更多的教育和取得更好的成绩。在这一点上男孩的压力加倍了：一方面相比女孩来说，他们更容易成为教师和教育的对立面、不服管教的那部分学生，但现在他们也必须要做个乖学生接受各种规则，从而保证在高分和光明前程的竞争中获得比较有利的位置。对于女孩来说，这种情况更像是强化了一种传统的来自自我的压力：既要在学校和教育中取得好成绩，同时也要受人们欢迎或至少来说在人际交往上能够被接受。但是，所有这些同时出现的状况几乎没有改变传统环境：尽管女性在教育中取得了最好的成绩，男性在教育系统之外依旧保持了他们的特权地位，诸如社会地位、薪资和影响力。不管有过多少教育对社会如何重要的论述，看起来似乎还是性别在绝大多数环境里更重要。有关竞争的基本假设是更多的教育可以带来更好的经济，但这似乎包含了一些尚未得到答案的问题，诸如用怎样的教育对应怎样的学生，当然也还有一个最根本的问题：提升经济是否应该一直是我们要瞄准的最佳目标。

　　总体说来，对于性别和学习的研究表现为对以下事实的反思：在学习领域中存在着与性别相关的差异性的倾向，这些差异与其他在意识和行为水平上的性别差异是一致的。同时，在社会水平上有很多其他的差异，它们是社会在一般水平上有差别地关涉两种性别的一部分。因此，在性别差异方面，学习与更广的模式没有什么差别，性别差异是这个模式中的一部分，并且，如果要对此做出任何改变的话，似乎不能只通过联系学习，还必须成为与更为普遍的性别环境相关的某些发展的一部分才能够完成。

10.5　社会背景与种族

　　在 20 世纪最后几十年中，"社会遗传"的概念在丹麦逐渐地被广泛接受，它作为一个术语来描述这种古老的现象：个体的社会背景——而不是诸如智力之类的某种形式——在统计学上对个体所能达到的社会等级来说是最为强有力的重要因素。这一现象在很多其他国家也是广为人知的（例如，Coleman et al.，1966；Jencks et al.，1972；Bowles and Gintis，1976）。

　　在北欧，这个概念本身来自一本出版于 1969 年的著作，作者是瑞典精神病学专家加斯塔夫·荣松（Gustav Jonsson，1907—1994），他专门研究青年罪犯（Jonsson，1969）。当福利社会真正开始在北欧得到发展的时候，对这类课题的学术兴趣开始成为国际的关注焦点，某种程度上与此同时发生的是，很多更有质量的成果得以出版，这些成果是有关社会遗传在实践中以怎样的方式显现出来的理论。英国社会语言学家巴塞尔·伯恩斯坦（Basil Bernstein，1924—2000）发现，工人阶级与中产阶级的语言编码之间有着显著和复杂的差异（"限制性的"和"精加工的"语言编码；Bernstein，1971），而英国的"伯明翰学派"揭示了多种与青年中亚文化和意识相关的课题的重要意义，特别是在保罗·威利斯（Paul Willis）的重要著作《学做工》（*Learning to Labour*：*How Working Class Kids Get Working Class Jobs*；Willis，1977）中，有着对阶级分类工作的社会化（class-specific work socialisation）的极为详细的记录。最后，还应提到的是法国社会学家皮埃尔·布尔迪厄和克洛德·帕斯隆（Claude Passéron）在社会再生产方面更为全面的著作，这一著作提出了一个极有影响力的一般文化视角（Bourdieu and Passéron，1977［1970］）。

在很多欧洲国家中，几乎所有这样的觉醒都走向了若干政治性的行动，它们的目标包括消除社会不平衡，降低青年人不能完成小学和初中后任何有质量的教育的比例。但是，一般说来，事实证明通过政治力量运用教育政策手段来实现"通过教育达到公平"这样一种宏伟目标根本不可能。早在20世纪70年代伊始，丹麦的教育研究者和社会学家艾瑞克·约根·汉森（Erik Jørgen Hansen）就强有力地争论说，获得"机会平等"并不足够。富裕阶层的儿童将总是能够比那些较为弱势的儿童更好地利用平等的机会，而且只有通过公开地支持弱势群体，这种目标才能够被实现（Hansen，1972）。此外，在最近几十年间，三个有关社会教育和学习机会的大范围的、带有问题的挑战开始出现在这个舞台上。

第一个挑战与国际上通过"终身学习"口号而开展的成人教育项目的整体议题有关——这里我们又一次在大范围上遭遇了所谓的"马太效应"，即"凡有的，还要加给他，叫他有余"（Matthew 13：12）。也就是说，那些已经受到了最好教育的人们参与到成人教育项目中的程度，比那些只有较少学校教育经历的人要大得多（Illeris，2004a）。

第二个挑战涉及所有关系到移民和难民的整合的教育问题，包括语言教学、普通教育和职业导向的教育与培训。这个问题的复杂程度远远超越了教育的范畴，但特别的教育努力能够满足这些群体很多的和不同的需求，而这必定是一些创造更好整合的努力中的关键要素。

最后，第三个挑战是越来越多的少年儿童辍学，或从普通学校班级中被挑出来接受特殊教育——丹麦现在推出了一个新的"全纳"政策，它给普通班级和教师带来了广泛的挑战（Langager，2014）。

我将不再更加深入地探讨这些对本书的主旨来说比较外围的广泛课题。但坚持这一点自然是极为重要的：参与到制度化教育中的可能性和兴趣是非常综合性的和多样化的，并且该领域中社会的、文化的和种族的因素，至少与个体的能力、性别及其他个人课题等具有同样的重要性。

10.6　小结

个人的学习能力具有一般生物性、社会文化性，并且具有种族性以及个体性。它的突出特征还有，很多涉及的不同因素是以一种复杂的、未明的模式交织在一起的。

在个体水平，"经典"的论题与智力和技能相关，该领域存在着多种相互竞争的理论，时不时还有充满热情的讨论。一方面，很清楚的是，不同的人们在遗传与环境的复杂互动中发展起来不同学习类型的不同脾性，但是另一方面，也必须要坚持的是，这些脾性总是能够被转变和发展。而且，在统计水平上，似乎存在某些与性别相关的学习差异。最后，人们做出了很多努力，试图辨明一些在学习风格上的一般差异，尽管在此领域中它的图景并不是很清晰。

在一般意义上，首要来说，所谓的"社会遗传"得到了非常有说服力的展示。尽管人们设计了很多政治性手段来中和它，它还是产生了强有力的影响，使得那些在教育上、社会上、经济上和文化上拥有最好先决条件的群体可以借此在质和量两方面获得最多的教育或参与到最多的教育中去，并且在教育系统中达到更高的水平。当前尚未表现出有这样的可能性：通过现在为止所有的政治力量所采取的教育政策手段，就能够打破或决定性地降低这种关联。但也要强调的是，即使这些条件在统计学上表现得非常清楚，它们也不会自动地适用于个体。

第十一章　学习与生命历程

正如不同的人有着不同的学习可能性，在如何管理和进行学习方面，也存在着相当大的年龄差异。认知成熟度、社会和人际环境以及某些非常不同的动机结构，对发生在生命历程中与学习相关的变化有着重要影响。本章将描述学习在四个主要生命阶段——儿童期、青年期、成人期和熟年成人期中的特征。最后，我将把这些发展作为一个整体性的特征进行探讨。

11.1　毕生发展心理学

上一章聚焦在不同人和不同群体中的人们在可能的与学习相关的重要因素上的不同特征，这些因素涉及技能、学习风格、性别、社会背景和种族，而本章将要关注的是在生命历程中的不同阶段，学习具有什么样的特征。在此很重要的是坚持学习所有三个维度之间的联系，因为即使在内容维度的学习能力方面有某种程度的成熟，至少在同样的程度上，情感的、动机的、社会的和人际的情况也会随着年龄的增长而改变，并且创造出不同的学习可能性和条件。

下面我将从一个特殊研究领域开始我们的探讨，这个领域被命名为毕生发展心理学（例如，Baltes and Schaie，1973；Sugarman，2001），因为比自传或研究（见 5.6 节）更为清楚的是，它涉及了生命历程发展中的年龄方面。

在毕生发展心理学中，聚焦点不是放在个体的人身上的，而主要是放在多个生命的年龄段及其特征的辨识和划分上的，并且由此变得非常清楚的是，处于不同毕生发展年龄段中的人们，一般来说有着本质不同的动机结构和看待学习、教育的不同视角。

毕生发展心理学真正开始于 20 世纪 30 年代，当时是作为儿童和发展心理学在有关成人生命课题方面的一种延伸而发展的（Bühler，1933，1968）。

早在当时就有很多对于生命历程不同阶段进行划分的思考，后来，又有很多人尝试把整个生命根据多种多样的标准划分为很多年龄阶段，包括埃里克森的八阶段阶梯模型、库伯的三阶段圆锥模型以及约翰·菲约德·延森的四阶段双生命虹模型，所有这些都在前面有过详细的讨论（见 8.5 节和 8.7 节）。

在毕生发展心理学中有一个广泛传播的理论概念：多个生命年龄段通常伴随有多种方向或"任务"，它们部分地决定了学习动机；同样地，生命阶段被主要或次要的危机时期分割开来，在这些时期个体要完成主要的任务并且面临一个接下来的新任务。

这里我并不想进行有关多种具体阶段或时期划分的细节讨论。对我来说似乎很明确的是，尽管在决定这些转折点和其他阶段特征方面可能存在着不同意见，但是在四种有关学习的主要兴趣阶段，即儿童期（childhood）、青年期（youth）、成人期（adulthood）和熟年成人期（mature adulthood）的划分上已经达成了广泛一致。[我在此使用了吉登斯的术语"熟年成人期"（Giddens, 1993）代替"老年期"，因为后者容易让人想到心智思维的弱化。在很多情况下，实际上还有一个在熟年成人期之后的第五个阶段，在那个阶段中出现了认知功能的衰退和由此而来的学习能力的削弱。很自然地，研究这个课题也许很重要而且很有意思——这种弱化的本质是什么？什么东西丧失了？什么被保留了下来？对此人们是如何去做的？等等。但是这已经超出了本书的视角。]

我认为，这四个与学习相关的阶段，在今天可以做如下描述。

儿童期，即从出生到青春期的开始（11—13 岁，过去它出现的时间点更晚一些）。在学习方面，儿童期的中心是儿童发展和对世界的捕捉。

青年期，即从青春期一直到作为一个多多少少稳定的成人期的先决条件建立起来的时候，通常是通过相对永久的与生活伙伴和工作之间的关系，或者也许是通过一种不愿意进入这种关系的意识而建立。在今天的社会中这成为一种特征：青年期比以前的时代更长，而且到成人期的转折是非常不确定的：在 20 岁到 35 岁之间的任何时候完成这个阶段，都是相当正常的。它的结束常常会是不完全的，与青年期一定程度的关联会被带到成人期——尽管社会建构主义者和后现代主义者声称这在我们现在所处社会中是不可能的（见 7.8 节）。

成人期，即从青年期结束一直到"生命转折点"——这个概念已经在丹麦由约翰·菲约德·延森（Jensen，1993）进行了充分的讨论，它暗示着生命结束已经被认为是处在一定的视野中，而且这个人正在开始去接受它并且与它发生联系。生命转折点的确切时间，以及由此而来的从成人期开始阶段到熟年成人期的转折是极端不确定的，大约延伸在 45 岁到 65 岁之间的时期。在这种转折的性质上，两性之间也有相当大的差异。在学习方面，成人期主要的方向是广泛地朝着对生命历程及其挑战的管理，通常中心放在家庭和工作上，而且更为广泛地来说，放在兴趣、生活方式和态度上。

熟年成人期，一直延续到死亡，或者从学习术语来说，一直到心智削弱到一个相当大的程度，如上所提及的。在学习方面，熟年成人期——如果能量和其他环境因素允许的话——通常导向在生命中带来意义和和谐，以及用一种"生命智慧"的个人方式来获得满足，并将此作为对生存和生命历程的一种总结性理解。

下面的四节中，我将利用一些来自毕生发展心理学的材料和更为直接地关注个体生命年龄的资源和经验，更为紧密地考察在这四个生命年龄段中的学习动机和学习机会。我将会聚焦在有关学习的典型和一般意义层面。在结论中，我将尝试指出贯穿生命年龄段的某些趋势，并将它们在一定程度上关联起来。

11.2　儿童想要捕捉他们的世界

儿童学习的总体特征是，与他们的发展相一致，他们看到自己被这个世界所包围着，是这个世界的其中一部分，来努力捕捉这个世界。在儿童心理学中有对这种捕捉过程的许多不同方面和阶段的综合描述，包括弗洛伊德的阶段划分、埃里克森的发展年龄阶段和皮亚杰的阶段理论。这里我将仅仅指出某些最重要的因素，它们决定了这个过程的某些一般条件。

在学习方面，理所当然很重要的是，认知学习能力在整个儿童期中得到了逐步发展——这是皮亚杰的理论所阐述的。当布鲁纳断言任何学科都可以用某种智力上合适的形式教给处于任何发展阶段的任何儿童时（Bruner，1960；见 8.7 节），这并不意味着任何年龄的儿童都可以学习任何东西，而是与此相反：教学必须对于儿童的年龄和预备条件来说是适当的。

另外，这是一个很重要的因素：基本上来说，儿童期待他们的父母或其他成人能够指导他们应该学习什么和怎样学习。作为婴儿，他们与周围世界的唯一联系就是母亲和其他成人，而且，他们第一次的"捕捉"包括实现他们自己和周围世界之间的分离。儿童从一开始就服从于成人的控制，并且只能够逐渐地将自己从中解放出来——我认为，阿尔弗雷德·洛伦佐和丹尼尔·斯特恩对这个过程专门进行了非常重要的描述（Lorenzer，1972；见 7.4 节；Stern，1985；见 4.2 节和 8.5 节）。

在儿童保育机构和学校的早期岁月中，儿童仍然被迫在一个成人所设定的框架中成长和发展。他们必须，也是必要地将此作为一种基本条件来接受，即使自然而然地，当他们感觉自己是受到束缚或他们不能理解发生了什么的时候，他们会阻抗——这种阻抗在发展和学习中也是一个具有高度重要意义的因素（见我在 9.5 节中对阻抗概念的阐述）。不过，儿童通常是乐于接受解释的：告诉他们学习某些东西会对他们以后有好处或很重要，即使他们不能马上掌握它们仍然如此。

然而，我们晚期现代社会的发展已经带来了某些趋势，它们影响了个体在儿童期学习的基本因素。托马斯·齐厄已经清楚地辨识了这些趋势（Ziehe and Stubenrauch，1982），不过这些趋势的阐述也在其他一些场合出现。

一般来说，文化解放给予了儿童很多机会去接触过去他们所不能及的活动、关系和刺激，而与此同时，传统与规范的未整合状态削弱或动摇了很多固定的观点和结构，儿童在之前从这些固定的观点中建立了他们的防御体系。和青年人及成人一样，今天的儿童从很小的年纪开始，就感知到很多潜在的选择——其中有一些是真实的，其他一些还只是表面上的，而在过去，选择的确定性程度要高得多，不管是好是坏。

大众媒体尤其是社交媒体在这里发挥了一种特殊作用。比起父母或其他成人，它们给予了儿童更多的机会去体验——或者经常几乎是强迫他们去体验——大量的刺激，诸如大灾难、暴力和性。体验他们过去不会接近的东西，这会对他们产生强烈的情感影响。并且，在他们的个人经验形成之前这些东西就被引入了，这对于他们后来在这些领域中获得自己的经验来说，更为复杂。

另一种重要因素是，某些社会领域中的发展可能发生得如此迅速，令成人很难跟得上，而儿童能够，可以说是，直接跳跃进入到他现阶段的发展中，这使得他们在某些领域能够超过成人。这通常来说发生在信息技术的领域，教师和父母们常常发现一些儿童比他们自己知道得更多。

从学习的视角来看，一般来说重要的是记住儿童期作为一个生命年龄段基本上是受这样一个重大获得过程影响的：与复杂的物质、人际和社会环境整体进行整合并关联。这就需要有一个儿童愿意执行的广泛的旷日持久的建设性过程，在这一过程中，儿童能够信任成人并得到他们的支持。儿童期通常是一个在大体上充满了温和、渐进和稳定的同化学习过程的时期，即使这些过程倾向于变得更为复杂和矛盾。这些过程包括运动与语言发展、符号管理的掌握（包括阅读、写作和算术），以及对周围世界及其规律、结构和功能意义的认识。

皮亚杰对上述过程中的一些进行了极为详细的研究，他得出了同化过程是学习中心的认识，这不足为奇，因为在儿童期以及在认知的领域里，同化学习实际上是极为广泛的。这些因素也是学校传统上的基础，是学校为什么以那种方式组织起来的部分原因。

与这些同化过程相关联的是，很多的顺应也发生了，它们通常来说具有皮亚杰所注意到的限制和修正的性质——当误入迷途时，引导该获得过程回到轨道。不过，在其他的领域里，在儿童期的学习中有着大量和决定性的顺应过程——尤其在有关身份认同发展的领域中，包括性别角色的发展中（对应于皮亚杰的这一概念：顺应在个体化过程中具有决定性作用，见 4.2 节）。这些因素在下一个生命年龄段，即青年期中得到了进一步发展和加强。

11.3 青年想要建构他们的身份

青年期并非一直被认为是作为一种生命年龄段而存在的。历史上，青年期的概念是与资本主义和工业化一同发展起来的："青少年是与蒸汽机在同一时间被发明出来的。后者的实际发明人是瓦特，在 1765 年；前者是卢梭，在 1762 年。"（Musgrove，1965，p. 33）

瑞士裔法国哲学家让 – 雅克·卢梭（Jean-Jacques Rousseau，1712—1778）在 1762 年出版了他的名作《爱弥儿》，将儿童中心的教育学提上了日程。那时候在资产阶级中，越来越需要一种扩展的学校教育或养育，通过这些教育或养育，下一代可以掌握他们将会需要的知识以及合适的行为——与此同时，卢梭要为儿童争取直到那个成长点之前其作为一个儿童的权利。

在开始，青年期的概念被限定在几年之间，但是逐渐地它变成了一个更长的时期，而且青年期的理念超越了中产阶级的范围得到了越来越广泛的传播：

> 青少年的定义暗示了一种朝向成熟的有关发展速度的理论。这种速度被延迟（或者被允许去找到它假定的"自然"水平），为的是在儿童期和成人期之间插入一个不连续的和有特色的人类成长与发展阶段。
>
> （Musgrove，1965，p. 51）

由此，青年期从一开始，就与对社会的必要学习和个体发展的一种特殊需求联系在一起。在德奥裔美国人夏洛特·布勒（Charlotte Bühler，1893—1974）首部出版于 1933 年的有关毕生发展心理学的著作中，她把青年期放在一个从大约 15 岁到 25 岁的年龄段中，并将其作为个体成长阶段的后半部分（Bühler，1933）。在艾瑞克·埃里克森那本我们前面曾经提起过的著作《同一性：青少年与危机》中，青年期的概念采用了今天看来非常典型的解释方向：

青年期主要是这样一个阶段——由或多或少的危机所决定的个体身份认同或自我理解的发展阶段（Erikson，1968）。

在历史上，青年概念的发展是与这样的强调联系在一起的：18世纪以来，在中产阶级中，被强调的中心在独立个体上。然而，随着晚期现代社会的发展，最近几十年我们看到青年期在进一步地延长，所以现在它常常要持续20年。另外，青年人开始变得非常地理想化以及商业化，因为这是一个自由的时代、没有责任的时代和快乐至上的时代，而与此同时，青年期中的个人与社会问题似乎又在不断地增长。

这种发展的本质是，特别是从学习的视角来看，对身份构建的要求随着文化解放经历了一种爆发性的增长。这种现象绝不是偶然的：在丹麦我们常常谈论"身份认同工作"，这是青年人在应付完他们的教育、与一个伙伴形成稳定关系和找到他在社会中的位置外，还不得不做的工作。

过去我们有家庭联系，有性别角色，有阶级归属，并且常常还归属于一个特定的专业，以及大量给定的价值观和规范，它们都是我们期待青年人去接纳的，这也许要通过一个有些叛逆的过程。现在所有这些都在分崩离析，或是变得多余，青年人必须通过他们自己的选择找到自己的方式。这不仅仅是教育、职业生涯、伴侣和家庭的事情，也是有关生活方式、个人身份认同的以及更多需要个体选择的事情。这些领域的发展是压倒性的，青年人和社会现在不得不努力奋斗于新的、未经尝试过的过程。几乎是一天接一天的变化——新的教育机会、新的消费机会、新的通信系统和新的生活方式提议，让青年人感到处于一种几乎是混乱无序的困扰之中，所有事情似乎都是有可能的，而青年人感受到了无数的限制，因为很多机会对于大多数人来说是完全不可企及的——只有非常少的一部分人能够成为演员、电视主持人、设计师或运动明星，尽管有很多人私下里希望实现这些，并且在实现梦想的渴望中做了他们所能做的事情。

至少根据皮亚杰的理论，人类从青春期开始在认知上有了全面的发展，即他们进入了形式运算阶段，并且能够进行逻辑和推理性的思考。但是最近一些教育研究者指出，一方面，青年人的思维远远达不到所有成人都掌握的这种形式思维的程度（Shayer and Adey，1981），而且，另一方面，在整个青年期中，青年人有可能发展新的潜能：建立辩证思维，运用实践逻辑，发现我们怎样才能认识事物、我们知道了些什么（元认知），以及掌握批判性反思方式（Brookfield，2000b）。现代脑科学研究的最新成果表明，工作记忆——支持这些高级认知功能的大脑中枢——只有在十几岁的最后几年才能得到全面的发展（Gogtay et al.，2004）。因此，只有将在青年期和所有其他在这个阶段中发生的变化结合在一起，我们才能获得全面的认知能力。

在学习领域，青年期在今天比在以前任何时候都更重要，无论是在教育体系内部还是外部均是如此。青年期的前半部分仍然是从属于义务教育的，这已经成为一种理所当然，但这与此同时也有着十分强烈的规训功能；青年人在青年期的后半部分，（在某种程度上根据这个社会的目标）应该要完成某些青年教育，并且作为规律来说，还要完成某些更高的、更具职业性质的教育。然而，尽管这会以一种有着特定科目内容的教育的面貌出现，但是从十二岁左右开始的青年期的所有学习，都是受到身份认同形成过程的高度影响的，并且我们也只能够据此来对其进行理解。

这种矛盾关系导致了很多的问题，因为学校和教育系统主要是针对学科学习的，而在最广泛含义上的身份认同才是青年人所关注的东西。因此，青年人常常多少不太情愿对学业科目的要求做出反应，其中大多数的人是被迫去关注这些科目的要求的，而且他们又常常发现这些科目的要求是过时的，与此同时这个教育系统的代表又在努力使学生们的注意力集中在学业上：他们自己是被如此培训过的，现在要求学生们承担这一任务，并且将其作为一个义务去承担。在各竞争国的教育政策中学术内容有着非常中心的地位——即使商业生活中的改革代表倾向于强调诸如弹性、主动性、社会性、活力、决断等个性品质。

高中（学术性中学）可以被视作这种冲突的典型战场。越来越多的青年人进入高中学习，因为如果你希望自己能够出人头地的话，学术性教育越来越成为一种必要条件。然而，高中的科目及其内容，以及很多教师的素质和思维方式，常常深深地植根于一个不再存在的时代。很多学生升入高中是因为这是他们唯一的选择，而且因为在这里他们能够遇到其他青年人，他们有着同样的需求和问题。而学科、教学和分数对于很多人来说，是一种必须面对的不幸，这似乎对任何人来说都没有多少用处。

对于大多数今天的青年人来说，身份认同过程的重要性和紧迫性远远超出了学术学习，而且它也是做出下一阶段教育或职业生涯选择的一个居于中心位置的前提条件，或者说它本身就是其中的一部分。所以从青年人的视角来看，有很好的理由来进行许多的探索活动和转变，这些都被教育系统视为青年教育中要付出昂贵代价的延误。职业导向的青年教育培训，常常在主体内容与身份形成上能实现更好的协调，但另一方面，要找到至关重要的与身份认同过程相一致的练习生项目或学徒项目越来越困难了。

今天，青年人在学习中最为重要的是要能够为他们自己找方向，能够做出负责任的选择，跟上所有一切，而不是在错误的东西上浪费他们的生命，同时能够拒绝进入很多不得不做出一个选择的环境。社会和雇主也要求成熟、独立、责任心等品质——至于学术素质，如果你确实在做着你所感兴趣的事情，就总是可以从中得到某些东西。不过，没有人能够说，哪一种学术素质的教育是在这五年或十年的岁月中最为合适的，所以每个人都必须准备好在大多数的生命过程中继续接受更多的教育。对于未来最好的保证是，准备好迎接变化并把握住在很多不同情境中都相关的东西。不确定是不能通过一成不变来加以应对的，而必须通过开放、灵活和持续性的学习才能应对（Simonsen，2000；Illeris，2003）。

青年期也是学习如何处理性别和性关系的一个时期。对于两性来说这都是与个体身份认同过程紧密相联系的——正如在教育中那样，这里最经常出现的是，身份认同的形成是居于优先地位的，今天的青年人常常更为专注于"在伙伴中"这件事，而不是"在伙伴中反思自己"。通常来说，事情开始于关于理想伙伴关系的美好梦想，但现实常常是坎坷的，伴随着多年都不能稳定下来的关系的剧烈波动或阻碍、脆弱以及痛苦。

在青年期有着如此之多的东西要学习：学业上的、情感上的、社会上的、人际交往上的，而且，最为重要的是身份认同方面的任务。儿童期是个体进行建构性同化学习的时期，而青年期是一个主要进行顺应和转换学习的时期，在其中一个接一个复杂的变化和重构被构建到认知结构和情绪模式之中，这些认知结构和情绪模式是有关广义上的身份认同以及教育和社会关系等方面的。自反性在晚期现代性中是如此得突出（见 5.6 节），使得在这个社会中个体与他自己之间的关系总是成为学习的聚焦点，并作为一种最为关键但又极为费力的身份认同过程的工具，在青年期毫无疑问地最为戏剧化地展开。

11.4　成人追逐他们的生活目标

成人期的开端也许通常是由外部事件来标记的，比如说组建了一个家庭或完成了教育等。这一时期没有决定性的新的认知机会，在学习和意识方面所发生的是，这个人全面承担起了对他自己生命的管理和责任，这通常来说是在贯穿整个青年期直到进入成人期的一个长期过程中逐渐出现的。所有毕生发展心理学中的模型都包含了被称为成人期的阶段，也许还有着第一阶段和第二阶段之间的明确区分。这个阶段通常来说有如下特征：

- 个体从他的儿童期走出来，并且对他自己的生命负起责任来。
- 个体完成了基本的教育，也许还获得了一种特殊的专业能力。
- 个体处于一个家庭环境之中，或者类似的有一个伴侣的环境中，而且很常见的是有了孩子。
- 个体把目标锁定在，而且在很多情况下获得了，劳动力市场中某种程度上永久性的位置。
- 个体的家庭和（或）工作环境可能有一些变化。

很自然地，不是每个人都完成了或者希望去完成所有这些事情，但是在很大程度上它们包含了一种普遍的社会性规范。调查显示，这也是绝大多数青年人对于自己的想象，尽管在今天这个时代，他们在尝试完很多选择之前常常并未准备好走得那么远（例如，Simonsen，1994），而且，他们也许会在到达之前在这些领域中的某些点上停顿下来，或者在所有点上停顿下来。

一般说来，成人期传统上是被一种企图心所标记的，这种企图心暗示着一个努力奋斗以实现的某种比较清晰的有关家庭、生涯、兴趣或其他什么的人生目标，但是在晚期现代社会中这种表达也正在被持续的社会变革、未来的不可预知性、市场机制的作用和没完没了的表面选择所覆盖。

在更早的年代，很多因素，无论好坏，对个体来说已经是注定了的，而现在它们成为需要一次又一次来决策的课题。个体不再有可能在年轻的时候一次性做出有关生命历程的决定，然后期待着用余生去完成它。然而，一旦很多因素是给定了的，例如，基于性别或阶级联系的部分，现在的所有似乎就是多余的了。事实是，只有从统计数字中才可以看出来，大多数人们现在也正像以前那样以他们的性别和社会背景为他们所准备好的方式过着他们的生活，这就是所谓的"社会遗传"（见 10.5 节）。然而，这并不影响以下认识：现在的人们会自己做出选择，并需要为之负责，如果最后不令人满意的话，他们也只能抱怨他们自己。

仅仅在一代人以前，还仍然有着相对严格的学习和意识模式，被用来作为在养育过程中既定的基于性别、阶级和城市化程度的东西。作为普遍概念的一种典型基础，权威的、父权的、中产阶级的男人是社会的支柱和理想化的规范，这可以并且仍然能够间接地在很多法律、历史、社会学和心理学研究中看到，他的妻子则发挥着热切的、谦卑的和矛盾的家庭主妇的功能。工人阶级基于从事社会苦工时被压迫的经验，有着组织严密的工人文化和意识；妇女们承担着家庭与工作的双重负担，并且对这两者的参与都是矛盾的；还有那些低层中产阶级以及乡村居民，他们往往是勤勉的，且常常是短见的、独立的。社会地位、学习、教育和意识形式的合并是限制性的并常常是压抑性的，但是其也创造了一种个体能够跟随的模式（Simonsen and Illeris，1989）。

就在 20 多年以前，丹麦的生活模式研究者托马斯·霍伊鲁普（Thomas Højrup）和洛内·拉贝克·克里斯滕森（Lone Rahbek Christensen）还能够根据性别标记并区别出三种主要的生活模式——创业型生活模式、工薪族生活模式以及成功导向的生活模式，它们作为组织生活与意识的指南，能够适用于大多数的人（Højrup，1983；Christensen，1987）。然而，一个在 20 世纪 90 年代进行的工会会员调查表明，传统的工人阶级现在已经有着四种非常不同的态度类型了（Jørgensen et al.，1992），晚期现代社会学家们将很早以前的传统阶级概念相对化（例如，Giddens，1993），社会建构主义者和后现代主义者们质疑身份认同这个概念（见 7.8 节）。

随着这些发展，成人期中的学习呈现出了一个全新的视角。在早先的、严格的结构中，个体能够利用他的青年岁月去发展一种身份认同，或者至少是某种粗略的身份认同，这会在管理未来的学习上有所帮助。在职业生涯方面，学校和教育本应该提供一种对这个人接下来的生活切实可行的基础，从而不管后来需要什么，他一般都能够通过工作中的实践学习或者一些额外的课程来获得需要的东西。在生活中，也很有必要跟上时代的发展，但这并不会对人们在前进过程中设法获得的必备学习来说过于快速。因此，对于绝大多数的人们来说，成人期的学习在相当程度上是可以管理的，并且在性质上大多是同化的，它最为突出的方面也许是防御体系的发展，这可以过滤掉任何过于持久的新刺激，从而保证了稳定性和自尊。

在我们的社会中，成为一个成人通常意味着一定年龄的到来，并且要为自己的生活和行动担负起责任。法律规定（在丹麦）这发生在 18 岁的生日那天，但从心理学的视角来看，这实际上是一个过程，正如前面所提到过的，这个过程已经在变得越来越长，并达到了这样一种程度：今天它最通常是在一个人二十几岁时完成，或者永远未能完成。晚期现代社会对青年的推崇也使得它很难完成。

在教育领域中，这个过程的延长部分是与花费在教育中平均时间的持续延长相伴而来的。不久以前，丹麦大多数的人口还仅仅接受 7 年的学校教育，现在人们已经要接受 9 年的义务教育，并且国家层面的目标是让每个人都应至少拥有 12 年的教育，而且大多数人在完成教育的初等阶段以后，都要继续一个或长或短的进阶教育课程。另外，成人教育项目已经有了巨大的发展，并且与职业相关联，尽管在近年中还有着很高的拒绝参与率，但这也许只是暂时的。青年人今天的期望是接受回流教育或终身教育，他们发现很难想象自己终其一生"能够固定"在同一个工作上。

然而，很突出的是，成人学习他们想要学的东西，并且几乎不会愿意去掌握什么他们不想要的东西，即他们认为对自己的生活目标没有意义的一些东西，他们对这些东西的知晓程度是非常不同的。以下这些规律可以用于理解成人学习：

- 成人学习他们想要学的东西，以及对他们来说有意义去学习的东西。
- 成人在学习中利用他们早已拥有的资源。
- 成人在自己希望的程度上对他们的学习负责任（如果他们被允许这样做的话）。
- 成人不是非常愿意投入到那些他们不能看到意义或不感兴趣的学习当中去（Illeris，2004a）。

由此得出的一个推论是，相比于拥有多种一定程度上不相联系的动机作为教育和学习活动的基础，成人对于目标有着相关的、更为连贯的策略，这些目标通常是非常清楚和被个体所熟知的（Ahrenkiel and Illeris，2000）。

在上一节中我考察了教育系统和参与者各自兴趣之间的冲突如何控制了今天的青年教育，并带来了重大问题。在成人教育中，这些问题传统上是不同的，因为成人教育在原则上几乎总是个体自愿参加的。然而，今天成人教育中非常多的参与者是间接地被迫参加到教育项目中去的，而且甚至有人感到自己是被各个不同的咨询机构"安置"过去的。当一个人感到他是一个成人，并且愿意去管理自己的生活时，这种体验是极具冲突性的。因此，成人教育项目在今天是一种奇怪的混合体，既有旧的有关公共启蒙的思想理念，又有现代的职业和经济导向（Ahrenkiel and Illeris，2000；Illeris，2004a）。

随着晚期现代性变化的脚步和重新组织的需求，终身学习这一措辞主要意味着需要持续地为重新组织做好准备（Jarvis，2002；Coffield，2003）。这对青年人来说可能是非常艰巨的挑战，但是对那些成人后才开始赶上这种发展的人来说，重新组织的挑战则更为艰巨。在一些年以前，稳定、自信和专业荣誉是关键性的素质，而现在它们似乎是令人难以承担的累赘。以前具有稳定性的地方，现在不得不具备灵活性，而且，如果希望在工作市场上能够有任何生存的希望，稳定性的防御机制就必须很快被服务思想和对变化的准备状态所取代——无论这种防御是否已经在中产阶级的价值观形式中或一个限制性的工薪族意识中构建起来。

社会要求成人必须在一个广泛得多的范畴中学习，并且用一种与过去完全不同的方式学习，这些要求在任何水平上都是无法逃避的。它们主要是一种有关心智重组和个体发展的要求，但是也涉及技术或学术上的要求，例如，它们通常与信息技术发展相关。换言之，这些是对复杂的顺应过程的要求，具有一种自反性的性质——这是很多成人不愿意自发接受的。

不过与此同时，在成人教育中仍然有很多参与者是从自己的自由意志出发参与进来的，因为他们希望或是需要去学习某些特定的东西——在某些情况下这也更多出于社会原因。在此基础上，我们将会期待这些成人自己能够对所提供的课程学习负起责任。然而，通常的教育概念和经验常会妨碍这一点。即使教育机构、教师和参与者可能会说、会相信另外一套，但每个在教育机构中的人都顽固地希望责任落在教师一方：毕竟，教师才知道什么是将要被学习的。

这种情况是荒谬的，因为当这些成人参与者倾向于像小学生那样行动时，他们就很难接受权威的缺乏，权威是传统的学生学习所必备的条件。这些成人会感到厌倦并且在某种意识水平上变得抗拒，但是，他们仍旧不会自己承担起责任，因为这实际上是要求极高的。只有有意识地打破学校中老师和学生习惯的角色，这种冲突才能够得到解决。而且作为一种规律来说，教师必须首先去采取行动并坚持这样做下去。通常来说，只有当参与者发现他们真正能够负起责任，并且把教师作为一种对他们自己学习的支持来运用的时候，学习的图景才会发生转变，此后才会有这样一种清晰的道路：学习变得越来越目标导向、有效、具有超越性和出于本能，正如个体实际所选择的学习过程的特征一样（Illeris，1998）。

然而，有很多迹象表明这里所描述的条件妨碍了完全的变革。在近年来将青年教育搅得一团混乱的晚期现代社会的"新青年"，正在很好地用自己的方式打开他们作为"新成人"通向成人教育的入口。在1998年，比吉特·西蒙森（Birgitte Simonsen）对这种发展做了如下评论：

> 在几年的时间中，这些青年人将真正地进入成人教育中，然后，我们需要所有我们能够抓住的灵活性。在成人教育领域中，一方面，丹麦有着极好的包容多样性的已有传统，这使我们充满希望。另一方面，目前在很多非弹性系统中朝向同一性的趋势占据了上风，这将会带来重大问题。
>
> （Simonsen，1998，p. 213）

今天，这一预言正在某种意义上得到证实，但与此同时它也混杂着一种朝向压力和强制的趋势：在竞争国家的教育实践中确实积聚了某些强有力的力量，在成人教育中也是如此。

11.5　熟年成人探索意义及和谐

"成熟年龄期""第三年龄期""第二成人期"都指代这一大多数人在现代社会中所处的一个生命阶段，这个阶段处于所谓的生命转折点与真正的老年期之间，持续时间可以长达 20 年或更久。

生命转折点是一个心理学现象，其关注的是这样一种感知和认识：你生命中的剩余时间并不是无限的。然而，最通常是一些外部事件带来并且标记了这个生命转折点，典型的例子有：孩子们离开了家庭、失业、提前退休或者被迫减少了上班时间；也有可能是一次离婚或者一位亲近人物的去世；对于妇女来说，绝经期可能会在这种情境中扮演一部分角色（Jensen，1993）。

与成人期的第一个年龄段形成对比的是，熟年成人期突出地表现为，它是由不同形式的目标主导的——所要达到的目标不具备与建立一个家庭、养育孩子或工作等同样的存在性质。对于今天的很多熟年成人来说，这是一个有着某种个性和经济能力的时期，只要他们能够，他们就会把时间花费在自己认为是高质量活动的事情上，如参加文化或社会活动，帮助他们的生活伴侣、他们的孩子或孙辈，或者他们接触到的弱势群体。

在这样的背景下，常常出现一些很重要的学习元素，既存在于正规教育中，也存在于发展和变化着的非正规过程中，它们突出的特征是：绝对是当事人自己的选择，因为这是他们想做的事情，他们认为对自己或其他人很重要的事情。它也可能是当事人需要去证明自己或向他人证明自己能够很好地做到的事情，这些事情以前仅仅是没有得到机会去做而已。

熟年成人期的学习特征表现为一种出自个体本能的动机，没有必须或外部刺激的味道，而这些外部刺激常常构成了早期成人阶段的学习基础。人们愿意去学习，愿意去理解，或者愿意去体验，愿意在某个特定情境中学习和运用。

然而，我们必须记住的是，这仅仅适用于拥有相对优势地位的熟年成人。很多人在经济上和实践上有太多的事情要做，既没有机会也没有储备去期待自我实现或学习，这些活动的参与者往往更多的是拥有优势地位的人们。熟年成人学习与教育的新浪潮在当前主要还是发生于中产阶级的现象。

熟年成人在认知上似乎有这样一种趋势：如果它是有关当事人没有怎么接触过的新领域的话，那么学习开始变得更为缓慢。但这通常来说并不适用于以下情境：如果它与当事人感兴趣的东西有关，并且当事人对其有着良好的预先准备和经验。通常大众认为老年人不善于学习事物，这样看来，这种观念只能是与这种事实相关：他们在学习某些新东西的时候可能会更慢一些，而这些东西常常是他们并不特别感兴趣的，或者是在身体性学习的领域里。他们满足于他们自己的兴趣和经验，如果新事物并不与此相关，就会使得动员心理能量变得比较困难。

当然，如果是痴呆或其他疾病的案例，就是另外一回事了——这并不在本书的讨论范畴之内，但是它仍然值得我们注意。即使当这样的状况发生时，似乎也有这样一种倾向：它并不直接影响这个人拥有专长能力，也不影响他一直坚持的，以及大脑由此而"保持良好状态"的方面（Goldberg，2005）。

更具普遍性的是这样一种全面图景或整体理解，它可以说超越了此时此刻的熟年成人期学习，通常关注生活经验与情境的创建。很多研究者和作家使用"智慧"的概念来表示它（Stuart-Hamilton，2000；Merriam et al.，2007，pp. 351ff.），其中就包含前文所提的一些学习理论家，例如大卫·库伯、艾瑞克·埃里克森和彼得·贾维斯（Kolb，1984；Erikson et al.，1986；Jarvis，2001）。

不过，似乎很难界定智慧实际上到底是什么。它有很多非常不同的定义，很多美国研究者如先前一样试图将智慧划分为各种要素或维度，从而使它能够呈现出随年龄而变化的特定智力形式。

在我看来，智慧主要是一种大众概念——很多其他人也陈述过的东西。在神话和日常用语中所理解的智慧，基本上突出表现为某些具有很强主观性与个人色彩的东西。这是一个整体，是一个人所能够创造的他的整个经验与理解，而且如果它分量很重、意义很重要，就可以被其他人视作实践性的常识，比我们不断在现代世界中面对的专家知识更具有直接可用的性质。并不是所有人都能够拥有他人承认的智慧，但它是对熟年成人期很多人所努力学习的类型的一种很好表达。

11.6　贯穿人生各年龄段的学习

在前面几节中，我已经考察了最近一些针对多个生命年龄段中学习的一般背景观点。强调这一点很重要：这些是最新的观点，因为生命年龄段仅仅在某种程度上扎根于生物学。多个生命年龄段的细节在很大程度上是由历史和社会决定的，而且会发生迅速的转变。例如，晚期现代社会是如何影响了今天的学习已经越来越清楚，特别是在儿童期和青年期，而且它也对成人期的学习产生着越来越大的影响。

芬兰的一个针对生命和学习过程的大范围研究，将这些观点深化成为人生信条（Antikainen et al.，1996；Antikainen，1998；Antikainen and Kauppila，2000）。研究发现三代人之间对教育和学习的观点有明显的不同：年龄最长的一代人，其生活历史呈现出一种以生存为主的形式，其中教育的形象是作为一种有限的利益出现的，它提供了学习机会，对他们的生活奋斗有着积极作用；中生代特别是中生代男性的生活历史呈现出以职业生涯为主的形式，教育和学习是作为一种生涯发展的手段发挥作用的；在青年一代中，生活历史突出表现为自反性和个性化，教育被认为是一种消费项目，当对它有需要或者发生兴趣的时候人们来利用它。很显然，这些对教育的迥异视角暗示着相对应的所发生的学习在性质上的巨大差异。

因此，社会与意识的迥异参照框架决定了多个生命年龄段中的学习情况，而且这些参照框架随着社会和意识的发展发生着迅速的变化。然而，也有很多重要的一般联系贯穿于不同生命年龄段，它们更为普遍并且在某种程度上横跨了变化着的环境。从前面的描述当中，我们可以指出三种紧密联系着的长线。

首先，在个体学习的外部决定因素方面，一种渐进的解放贯穿于整个生命的各年龄段中。儿童期的学习在生理成熟和外部影响之间的互动框架中发生。而在青年期，它突出表现为：很大程度上青年人努力获取在事情中的发言权，并且部分地借此来构建自己的身份认同。在成人期的第一阶段，人们转向学习他们自己认为是重要的东西，但是这在很大程度上还是被他们的外部条件所决定的。只有在熟年成人期，外部决定因素才转变成为背景，那些拥有机会和资源的人们才能够解放自己。

其次，在与这种从外部束缚中逐渐发生的解放紧密互动的过程中，通常也会发生一种个体化，即学习越来越导向个体的发展，并且取决于个体的需求和兴趣。又一次地，这是一种发展，它首先在青年期完全地得以起飞，但只有在熟年成人期才会发挥全部的影响。

最后，与前两种发展紧密相连并且由此以同样的模式伴随其后，还出现了一种学习责任感的逐渐发展。

在我们的社会中，似乎非常清楚的是，对社会来说，努力将自己沿着这些发展组织起来并且支持这些发展，应当既是一种条件，也是一种目标。然而，前面对社会学习的讨论（第七章）还提醒我们：学习不仅是一种个体的过程，教育也能够有其他的视角，教育不是只支持个体发展和为个体提供相关素质。这些是被晚期现代的个体主义倾向非常清楚地置于中心地位的。社会想从我们中得到一些东西，个体化与试图控制我们学习的同样强有力的测量方法携手而来。

11.7　小结

在不同的生命年龄段——儿童期、青年期、成人期和熟年成人期，学习在性质上是不同的，不仅仅因为大脑的学习能力在整个儿童期和青年期中逐渐成熟，而且也因为我们的生活环境在本质上是不同的，这都在我们的学习动机上烙下了深深的印记。

在儿童期，学习通常是毫无保留并且充满信任的：儿童想要获得尽可能多的东西，并且只能相信成人提供给了他们需要知道的东西。不过，从青春期开始，在共同决定什么需要学习上，人们出现了日益增长的兴趣。青年期中身份认同的发展特别关注了能够为这些选择创建某些目标和框架，并且由此身份认同过程对于学习来说，在这个阶段里是处于非常中心的地位的。在成人期，学习基本上是选择性的——不可能去学习所有东西，存在着特别多样化的生活项目和生活方向，例如有关工作、家庭和兴趣的不同方向，它们控制着学习。在熟年成人期，有一种趋势是寻求创建一种对自己的价值观和经验的一致性理解，并且存在超出个人需要的学习动机。

在所有的生命年龄段中，存在着一种持续的、更加自我导向的、选择性的发展，一个人借此逐渐地把自己从外部束缚中解放出来。尽管有着巨大的个体生命过程的差异，但是，贯穿于各生命年龄段中的学习似乎都突出地表现为一种从社会束缚中的逐步解放、在学习兴趣中的个体化以及对学习的日益增强的个人责任感。

第十二章　在不同学习空间中的学习

本章将探讨与一些最重要的学习空间或情境相关的学习，在这里，学习得以发生。首先是日常学习，即学习的发生更为普遍地被认为有着某种规范、实践形式、思维模式等社会功能。接下来依次是在学校和教育项目中的学习，以及在工作生活中的学习（即工作学习）。在工作的过程中，既有更具目标性的培训，也有更为非系统化的学习。近年来，一种新的基于网络的或"虚拟"学习空间的学习也加入了这个领域，本章最后将转向兴趣驱动的学习以及横跨各种学习空间的学习，特别是横跨了教育和工作空间的学习。

12.1　学习空间

本书很早就坚定地构建了这样一个理念：所有的学习都是"情境的"，即学习发生在某个外部情境之中，这个情境是学习的一部分，而且既影响了学习过程也影响了学习结果（见 7.1 节）。这自然适用于针对个体的特殊情境，但是我们也可以考察不同种类或范畴的情境，它们有着某些对于学习来说有重要意义的共同特征。

社会卷入的类型是最为一般和基础的要素。譬如说，很清楚的是，在晚期现代市场和知识社会中的学习机会，与石器时代或中世纪社会中的学习机会，有着很大的不同，而且，在各种当代社会中也存在着种种不同。不过，我将不会进入这种一般水平的讨论，而会代之以考察在诸如丹麦及其类似国家这样的现代社会中，一般学习情境或学习空间的最重要类型，考察它们赋予学习情境的一般框架，以及这些一般社会条件是以怎样的方式来标记这些空间的。"把学习带到"一个不同的学习空间当然是可能的（我在前面已经探讨过"学习迁移"这样的话题，见 4.7 节），不过，对于学习者来说，生活越碎片化，各种各样的学习空间越分隔，要进行迁移也就越困难。

我将要着手探究的第一种学习空间类型是日常学习，它发生于很多日常情境之中，我们从来没有将其导向到学习，然而我们其实从中学到了很多。然后，我将继续探究在学校和教育情境以及工作生活中发生的学习，它们是现代社会中两种最为重要的组织化学习空间。在此之后需要补充的是新出现的"虚拟"空间，在其中发生了所谓的"电子学习"（e-learning）或基于网络的学习。最后，我将讨论的是"兴趣驱动的学习空间"中的自愿活动。本章的结尾部分，我将讨论横跨这些不同类型学习空间的可能性，特别是同时包括了教育机构和工作场所的学习途径的可能性。

12.2　日常学习

今天，谈到学习可能性，似乎自然而然地就是要探讨多种多样的学习空间类型。这是因为下述事实的存在：现代社会中的生活被分割为很多不同的空间或范畴，它们分别被不同的基本原理所左右，并且这些原理之间并没有任何表面上很明显的联系——正如我们前面已在 9.3 节中就日常意识所进行过的探讨那样。

作为日常意识的相似之物，"日常学习"的概念可以被解释为：偶然地、非正规地和明晰地发生在日常生活中的学习，这时一个人在自己的生活空间中活动，并没有有意识地想要去学习任何东西，但又不停歇地专注于让所有一切发挥功能，专注于或多或少地理解这些事情。

在日常学习中，一个人与刺激和印象的洪流不期而遇，并且需要一些方式去联系它们、驾驭它们，并且在所有这些刺激中做出一种选择，从而能够在某种程度上顺利管理自己的生活。很自然地，在所有这种混乱中存在一个人们有意识地联系的表象。一般来说，人们或多或少会有意识地决定自己大体上会在什么上面花费多少时间，但这只是一个表象，在其下面有一个庞大的影响着我们的刺激群，学习的形式也是如此，其中没有发生任何有意识的过程（见

2.5 节）。另外，今天大多数人接收到了很多来自电子和社交媒体的刺激和输入，这常常会包含预料之外的日常学习——我将在 12.5 节中探讨与此形成对照的有目的的电子学习。

另一个该领域中的概念是"非正式学习"（informal learning），它最初是与日常学习中更为目标导向的形式有关的，它发生在非工业化社会中，在这一社会中学习还没有获得它自己的制度化空间。在情境学习的概念得到发展之前，让·莱夫在她的人类学研究中提到了这种类型的非正式学习，并和帕特里夏·格林菲尔德（Patricia Greenfield）指出了下列八点特征：

（1）嵌入在日常生活活动中。

（2）学习者对获得知识和技能负责任。

（3）个人的；亲属是合适的教师。

（4）几乎或完全没有明晰的教学法或课程。

（5）持续坚持，而且重视传统。

（6）通过观察和模仿学习。

（7）通过示范教学。

（8）被初学者的社会贡献和他们在成人领域中的参与所激励。

（Greenfield and Lave，1982，p. 183）

很自然地，在一个前工业社会中的这种非正式学习，与在一个现代社会中的学习机会之间，存在着实质性的区别，前者在性质上或多或少是静态的。在目前国际水平上开展的教育争论中，"非正式学习"现在被用来指代那些未在各种教育或学校中加以计划的学习，而且有人努力尝试将"非正规学习"（non-formal learning）一词引入进来，指代那些未被计划但还是发生在一个诸如工作场所或相关的以及类似场所等组织化情境当中的学习（例如，EU Commission，2000，p. 8）。然而，英国的海伦·科利（Helen Colley）等已经表明，这些名词在专业上来说是站不住脚的，应用起来非常困难，而且所描述的区别很难在实践中得到贯彻（Colley et al.，2003；见 4.1 节）。

因此，我更愿意使用日常学习一词。一方面，这个名词在本质上更为定性，准确地强调了这种学习中非意愿性的但又无所不在的要素。另一方面，它直接指出这一事实：它关注的是学习所发生的情境。

12.3 学校学习与教育学习

不过，在我们的现代社会中，学习已经成了一种关键的社会功能，不能任由日常学习机会在所有程度上随意发生。因此，不可避免的是，很多的学习必须由社会组织起来，并且这几乎都是在学校和其他教育机构中发生的。

从历史上看，这关系到这样一个事实：当社会在资本化的形式下组织起来时，一方面，在社会的社会化中出现了一种普遍利益，使得人们接受这种社会形式的结果；另一方面，培养具备一定素质的劳动力成为一种公共事务，它和其他事情一样，并不关注个体性事业（诸如公正体系、健康体系、军事等等）。私人部门仅仅承担了教育活动，它们是直接与企业的特殊需求相联系的——尽管在这个领域中"公共的"和"私人的"之间的边界在各个国家之间可以是非常多样的。

丹麦的学校和教育系统如何在紧密联系我们工业化资本主义社会的发展及其素质需求中发展起来？对于这个问题有很多的阐述（例如，Simonsen，1976），挪威社会学家尼尔斯·克里斯蒂（Nils Christie）以一种更多例证的方式描述了在 19 世纪的一个法国乡村中，有怎样的必要性使得学校与社会的现代化进程一起发展起来（Christie，1971）。主要来说，学校的基本功能仍然是训练成长的一代使其在工薪工作的背景下发挥功能，并且让他们能够接受和延续现存的社会（例如，Knudsen，1980）。

社会筛选功能以及由此而来的社会不平等的再生产，也在丹麦和其他一些国家中得到了审慎的记录（见 10.5 节有关"社会遗传"的内容），而且在一个更为一般的水平上，法国社会学家皮埃尔·布尔迪厄热忱地投入学校的本质和筛选功能是如何紧密联系合法化功能的研究中，对于这个社会的主流意识形态和所发生的筛选来说，这种合法化功能能够证明其合法性并且将其延续下去，从而使得社会差异和社会等级化在一代又一代间得以传递（Bourdieu and Passéron，1977［1970］）。由此布尔迪厄发展了一种综合性的理论，认为学校的一种极为突出的功能是作为社会的即国家的最为重要的合法化机构而存在，它将现有结构和意识形态条件合法化，并且将儿童社会化："国家最主要的权力之一是生产和施加（特别是通过学校系统）种种思想，让我们自发地将它们运用于世界上的所有事物——包括这个国家本身。"（Bourdieu，1998［1994］）。

布尔迪厄的阐述很显然是受法国环境影响的，在法国的背景下，学校系统并没有享有像丹麦那样在传统上包容了的同样程度的自由，并且其中的国家主义也呈现出一些稍稍不同的性质。不过，学校和教育的基本功能是同样的，而且布尔迪厄所描述的突出特征不仅仅包含"为工薪工作的训练"（Knudsen，1980），还包含"符号暴力"，也就是说，它保证了社会的控制和权力结构被个体所接受和内化。

然而，必须注意的是，布尔迪厄这种非常激进的论点，在某种程度上是与现在非常强烈的社会个体化和全球化趋势相矛盾的，或者在某种程度上是被这种趋势所修正的。今天在个体和社会结构两个层面上，都有着一些影响非常深远的期待，通过一个人的很多个人选择，能够在其共同社会化过程上打上个体的印记，并且由此对其人生轨迹负起更高的责任——和随之而来的成功或失败一起。随着全球化进程的发展，个体与国家之间的联系到如今也被叠加了关于市场与沟通的超越国界性质的意识。例如，英国社会学家安东尼·吉登斯对此做了如下的总结："现代性的突出特征之一，实际上是外延性（extensionality）和内展性（intentionality）两个'极端'之间的不断增强的相互联系：一方面涉及全球化的影响，另一方面涉及个体特性的影响。"（Giddens，1991，p. 1）

然而，且不论这些重要的发展趋势，为了理解发生于学校，并在教育系统的其他部分中进一步展开的学习的本质，仍很关键的是要意识到上学的行为基本上是一种社会义务。这种义务在某种程度上是直接的。它可以是一种学校义务，如在大多数国家一样，或者是一种教学义务，如在丹麦一样，但是在所有的背景环境下它都是一种强制性义务。

在学习方面，很关键的是，从一个人非常直接地卷入学习的那一天开始，当局、教师、父母和学生们就从内心深处认识到，上学或者接受其他教育形式，是你不得不做的某件事情。没有什么可以避开它——宪法规定了它，而且这一认识在法律和意识上都是基础性的。它弥漫在所有发生了的学习中，正是因为它是如此地根本，以至于没有必要多说。而且它在义务教育结束之后还会在工作中继续发挥影响，特别是在青年培训中得到了最强的体现。在我们的现代社会中，青年培训对于个体的社会机会来说是如此关键，它也几乎成了一种间接的义务，并且在教育政策中被视作是极端重要的，要尽可能地让人们以某种形式完成某种青年教育。同样它还非常经常地在成人教育中得以深入，因为参与者们会或多或少自动地继续持有他们已经习惯了的师生角色观念。

某些学习实际发挥功能的途径在"隐性课程"概念中得到了显现，隐性课程包含了很多日常的学校常规，它们并未被放在课程或其他什么地方，但又在社会化中一天又一天、一年又一年地重复发挥着强大的作用。美国的菲利普·杰克逊（Philip Jackson）指出，学生们由此变得习惯于等待、拒绝、打断和社会隔离（Jackson，1990［1968］）。英国的彼得·莫蒂莫尔（Peter Mortimore）是在这个问题上继续深入研究的学者之一，他强调有极为大量的时间浪费在学校中，尽管他一直更为关注效率，而不是这对参与者在社会化方面意味着什么（Rutter et al.，1979；Mortimore et al.，1988）。在有关丹麦的一次社会调查研究中，梅特·鲍尔（Mette Bauer）和卡琳·博格（Karin Borg）总结了如下这些隐性课程对于学生的要求：

> 学生的角色涉及学生必须要对运动和言语进行控制。这意味着学生必须能够在一个合理的长时间内保持坐着不动，保持安静，并且只有

在教师鼓励的时候才适当地讲话。……学生必须自律，能够在一段时间
内独立做项目，尽管同班同学和各种干扰近在身边，……必须能够适应
在短时间内变化着的权威形式和教学策略。与此同时，学生必须能够延
续高度的服从性，……必须能够在与其他学生的竞争中给出良好的表
现。……学生要专心，而且这种专心必须指向教师和学科活动，而这些
在很大程度上对于学生自己的生活情境来说是完全异质的。……学生要
准备好忽略他自己的需要，忽略从家庭和闲暇时间得来的经验。

（Bauer and Borg，1986 [1976]，p. 29）

即使近年来我们看到这些模式有所松动，但基本上来说仍是这种情况：
学校使儿童社会化，使他们根据上课铃声接受外部决定的活动的开展。这也正
是对工薪劳动力来说的基础性的社会化，而且，从整体上来说，也使他们接受
了资本主义的社会结构，将其作为某种"第二本质"，即作为一个人能够生活
的类型的框架条件。

在这方面也很重要的是认识到学校对学生评估的重要影响，考虑到它的
重要意义，这种评估关系到每个个体后来的学习与工作机会。在丹麦，正规评
估现在被推迟到了普通学校的最后一学年，但是非正规评估从儿童学校生涯的
第一天就开始了。在丹麦，斯坦纳·克沃勒（Steinar Kvale，1938—2008）通
过研究"分级行为"极为详尽地记录了这个过程，研究显示了高中学生对于分
等级打分的观点如何弥漫在他们所有的行为当中，以及教师如何倾向于采取一
种对与他们的自我认知和专业身份认同相冲突的因素的集体压制行为。克沃勒
做出了如下结论：

对学生们教育结果的官方期望行为，与在学校中基于分级选择所促
成的行为之间，有着巨大的鸿沟。分级促进了纪律的形成，以合作为代
价促进了竞争，以对学习本能的态度为代价促进了孤独的倾向，并且相
对于一种学习的创造性形式，它还促进了一种适应性学习的表面形式的

发展。

（Kvale，1980，p. 189）

虽然这已经在过去塑造了一代人，而且现在也仍然在发挥着影响，但这种分级的重要程度在当代竞争国家的政策中并未有所降低，相反，对各级学生的测验、评估、分级等在今天的教育体系中无所不在。从学习的观点来看，所有这些为人熟知的课题中，普遍性的评估如此充分地被整合在了制度化的环境之中，以至于仅仅在不寻常的情况下它才会被感受为是某种特别的事物，也就是说它已经成了日常"学校学习"的一部分。人们很难认识到这一点，尤其是因为整个事情是如此地理所当然，但是即便如此，莱夫和温格也喜欢把情境学习的概念与工作实践联系起来（Lave and Wenger，1991）。学校学习恰恰同样是情境的，也就是说，是一种发生在学校情境中的学习类型。例如，丹麦心理学者基尔斯滕·格兰伯克·汉森（Kirsten Grønbæk Hansen）在一个职业培训学校的数学教学研究中有如下报告：

> 学校与其他实践一样是一种情境，参与者发展的技能是附着于学校之中的，并且不能被迁移到其他实践共同体当中。……学校被看作一种特定的实践共同体，在这里，一个人提升自己素质的活动是其从未有过的集中性参与活动，我可以理解为什么我的大多数学生认为数学是一种非常具体的学科，没有任何需要去考虑它的适当性，但也有极少数的学生在他们以后的职业生涯中使用得到当前水平上的数学。数学不需要通过未来工作或任何其他学校以外的东西来获得它的重要意义；数学作为学校的实践共同体的一部分，在学校中和通过学校获得了它的重要意义。……学校作为一个实践共同体已经被赋予了一种离散的解释（作者注：一种普遍持有的未明说的理解），如果这些强有力的话语在分析中没有被考虑在内，那么这种类型的想法就只能被视作是被共同体所生产出

来的。

（Hansen，1998，pp. 10–11，12）

　　"不是为了学校，而是为了生活！"这曾经是在很多学校建筑的入口都能找到的格言，或是用丹麦语写成，或是用拉丁语写成。这一经典阐释仍然拥有一种魔力，极为精确地表达了这样的含义：学校非常愿意成为其自己理解的那个样子，但是又"不能"成为，因为它存在的目的或理由就是被制度化为一种不同的情境世界，远离生活的其他部分。因此，学生当然也就把学校学习看作明确的"为了学校的学习"，这也是迁移问题存在的原因（这在 4.7 节中有更详细的讨论），而且，由此作为一种规律来说的是，当一个人出去在实践中利用自己的教育成果时，会有一种"实践震惊"。

　　学校学习被束缚着，并以这样一种方式被结构化了：在绝大多数情况下，在它能够被应用于制度化情境之外以前，一定会有一种要求极高的重新结构化过程出现，它既涉及情感也涉及内容。但是在现代社会中，这整个的情境正在很大程度上变得如此地不合时宜，以至于它不再被整个社会所接受。

　　这就是诸如实践学习和能力等概念在目前吸引了人们巨大兴趣的部分背景。教育计划中的制度化性质与现代社会能力要求之间的隔阂正在变得如此巨大，并且，重新调整过程和满足能力需求之前的周转时间变得如此旷日持久，以至于一直需要在教育计划中实现繁重的变化与改革以及连续不断的努力以实现平衡。社会既不能没有教育计划，也不能控制它们让它们跟着自己的发展。一般说来，社会的发展，必然会导致教育计划与其应该为之而教育的世界之间越来越丧失同步性——导致一种延迟，这也将为无法预期的和超越性的事件形成一个空间，比较矛盾的是，在社会中这两者缺一不可（Illeris，1981，pp. 53ff.）。

12.4　在工作生活中的学习

　　在过去 10—15 年，对于学习会发生在工作场所中或与工作场所有直接联系这一课题，出现了一种爆发式的兴趣。这一部分的背景可以在制度化教育计划中的学习的普遍问题中找到，我们对这个问题在上面已经进行了探讨。不过，我们也可以辨明其他一些非常重要的一般情况。

首先，下面这些观念发生了转变：教育和素质本质上是属于儿童和青年的，是在某种职业能力被掌握的时候就可以被中止的，是可以把一个人今后四五十年的职业生涯和不定期的补充培训建立在其之上的。这曾是一种与学校和教育系统非常匹配的观念，这些学校和教育系统曾经能够为学生提供这样的职业能力，而且曾经能够随着发展的脚步而发展并适应个别差异。但是很显然，现在不再是这种情况了。每个人都必须接受这样的事实：他们的工作功能在整个工作生活中持续和迅速地发生着变化，似乎最为恰当的就是通过与工作的直接联系来持续发展这样的能力。

其次，"不得不学的东西"的特征已经改变（见5.1节）。学习的目标以前是通过被分成诸如知识、技能和素质之类的种类来描述的，但正如我们已经提到过的那样，能力的概念走到了前台（见8.4节；Illeris，2009b，2011）——制度化教育计划在多大程度上、以怎样的方式能够"生产"一种在未知的新问题情境中恰当发挥功能的应变性系统，是一个尚未解决的问题。似乎更有可能的是，这样的能力可以在工作场所这个曾被使用过的地方，紧随它的发展而发展（Ellström and Kock，2009）。

再次，很多成人，至少是那些低技能人群，出于某些原因不愿意"回到学校"，即回到那个处于下级状态和类似儿童的小学生角色：如果不有意识地做一些工作来以不同方式组织学习环境的话，这样的学习就会很容易带有制度化学习的印记（Illeris，2006）。

最后，还应提到的是，通过把很大一部分的必要学习挪位到工作场所，公共系统将能够实现在教育成本上的一些节约——教育成本似乎正在不停地增长（这种期望似乎很天真，但是，我将在12.7节中回到这个话题）。

不过，有关在工作生活中的学习，还有很多基础性问题现在尚未被很好地注意到。首先，工作场所的总体目标是生产商品和服务，并不是生产学习。即使在很多情况下，它有着很好的经济上的意义——投资于提升雇员的素质，但还是有一种明显的趋势，即当压力情境出现时——这在晚期现代市场社会中似乎经常会出现，学习常常会被降低优先级，让位于当前的短期需要（Ellström，2006）。

这就是为什么会有那么多的焦点集中于这样的学习上：它在某种程度上是"偶然"发生的，直接与工作的绩效相关联，并且由此在原则上它既没有花费任何成本也不必处于优先地位——这种学习用某种话语方式来说，是"自己"出现的（Marsick and Watkins，1990；Garrick，1998）。不过问题在于，正是这种类型的学习在更大程度上比在工作生活中组织和计划好的学习，在理论中倾向于存在狭隘和不足。当它在与工作发生直接联系时，一个人可以很容易地聚焦于这里以及当前什么能够产生进步，而更广的发展趋势和更宽广的情境就被忽略了，而且，随之一起被忽略的是，学习在新情境中的更广泛应用价值的可能性，与更为普遍的理解和与总体看法相联系的可能性，这些对于我们称之为能力的东西来说，是具有决定性的。（关于这一课题的更广泛讨论见Billett，2001；Beckett and Hager，2002；Illeris et al.，2004；Illeris，2009b 。）

当前对于工作生活中学习的最大兴趣，很大一部分是在国际组织对各国政府的建议中培养起来的（例如，EU Commission，2000；OECD，2000，2001）——尽管也有追求独立利益政策的倾向——由此它不像它常常声称的那样明确。但是，很清楚的是现在也有一些事务正在把画面拉向这个方向，并且有很好的理由去期待工作生活中的学习在未来教育舞台上发挥更大的作用。

那么，是什么形成了工作生活作为一种学习空间的特征？在丹麦，克里斯蒂安·海尔姆斯·约根森和尼尔斯·沃林专注于作为学习空间的工作生活的研究分析（Jørgensen and Warring，2003；Illeris et al.，2004）。和本书一样，他们从学习的三个维度来进行研究，但是特别关注工作生活：

（1）技术组织型的学习环境，它关注的是雇员的素质（工作场所作为一种技术和组织化的体系对雇员所持有的一种要求），以及其他一些要素，诸如工作内容和劳动力分工、自主利用自身素质的机会、社会互动的可能性，以及工作对于雇员来说的压力程度。

（2）社会文化学习环境，它关注的是工作场所中的社会分组和过程，以及一些诸如传统、规范和价值观之类的事务，并且涵盖了工作共同体、文化共同体和政治共同体。

（3）雇员的学习过程，它关注的是雇员的意识和社会化背景、情境和未来前景，并涵盖了工作经验、教育和社会背景。

在题为《工作生活中的学习》（Illeris et al.，2004）和《工作场所学习的基本原理》（*The Fundamentals of Workplace Learning*；Illeris，2011）的著作中，这些维度与在本书第三章中已给出了详细说明的学习三角进行结合，形成了一个所谓的"关于工作生活中的学习的双重视角"以及如图12.1所示的"工作场所学习的高阶模型"。

应该注意的是，与本书7.1节中图7.1的"复杂学习模型"相比，这个模型并不关注一般水平上的学习，而只关注工作生活中的学习。在图7.1的底部，"环境"位于即时社会人际交往情境和潜在一般社会性情境之间，而在工作生活的模型中，它是在技术组织型的学习环境和社会文化型的学习环境之间延伸出来的，两者关注的都是工作场所中的社会人际交往情境。

另外，这个模型显示，在工作生活中重要的一般学习，发生在工作实践与学习者工作身份认同之间的互动之中，但是也存在针对有更多限制的学习过程的空间，这些学习过程某种程度上是在核心领域外围的，比如说，掌握某种技术技能会在一个更为有限的互动中发生，这些互动扎根在工作场所的技术组织型的学习环境和学习者的认知之间，但是很自然地也会与该模型的其他因素在某种更大或更小的程度上发生联系。

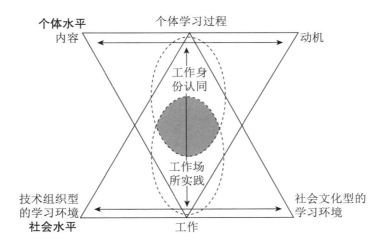

图 12.1　工作场所学习的高阶模型（Illeris，2011，p. 43）

　　在更为具体的水平上，与发生于工作场所中的学习理解有关的，对什么才是这一学习的中心人们有很多的视角。与经典的学习理解相一致，这些视角大多把重心放在个体的获得过程上，对应于图 12.1 中模型顶部的个体水平双箭头。这首先应用于所谓的工业社会视角中，这种视角特别对工作所要求的雇员素质以及这些素质是如何发展起来的感兴趣，现在还在很大程度上包括了那些被称为"过程独立"的东西，或者更近一些的所谓"一般素质"的东西（例如，Braverman，1974；Andersen et al.，1994，1996）。接下来，这一模型也适用于以管理锚（management-anchored）作为参照点的视角，并被称为"组织学习"。美国的克里斯·阿吉里斯和唐纳德·舍恩是这一代人的重要代表，他们在众多课题中特别强调，雇员的学习对于企业的发展是非常关键的，而且在单回路学习和双回路学习之间必须有所区分，前者停留在现有的理解框架之内，后者则超越了这个框架（Argyris and Schön，1978，1996；Argyris，1992；Elkjær，1999；见 8.7 节）。最后，这一模型也可以指向扎根于普通成人教育的视角，在这一视角中，该模型大多数是对个体学习而言的，并通常基于人本主义，对雇员在学习中的经验和兴趣感兴趣（例如，Weil and McGill，1989a；Marsick and Watkins，1990；Boud and Garrick，1999；Billett，2001；Ellström，

2001；Evans et al.，2002；Rainbird et al.，2004）。

相比之下，有这样一种方法：其极大程度上聚焦于作为学习环境的工作场所，以及工作场所中的发展或"学习"，即聚焦于图 12.1 中底部的社会水平双箭头上。这样的视角主要是基于名为"学习型组织"的理念的。这实际上是对学习的组织理论的一种拓展，但是它们也有决定性的不同：这里的聚焦点是被理解为组织的"学习"的东西，这是某种独立的不同的事物，要大于所有雇员学习的总和。这方面的一个重要成果是美国人彼得·圣吉的《第五项修炼：学习型组织的艺术与实践》（*The Fifth Discipline: The Art and Practice of the Learning Organization*）一书（Senge，1990）。不过，必须要澄清的是，根据我在这里发展的学习概念，我们不能说组织可以学习，而且我认为在"学习型组织"术语下加以售卖的很多东西，与管理有更多的相关，并且有时候相比于学习，它们更像是讨巧的表达方式。工作中的共同学习最为广泛存在的类型也许可以在那种自我导向的团队、项目中发现，它被命名为一个术语——"行动学习"（Revans，1982；Yorks et al.，1999；Illeris et al.，2004；Illeris，2011），而且在这里，很多个体学习与此同时可能会引起组织中的综合发展。

这种视角还通过我们前面多次提到过的莱夫和温格研究"情境学习"的著作（Lave and Wenger，1991）得到发展，后来又在温格的《实践共同体》和《实践的学习场域》（*Learning Landscapes of Practice*）（Wenger，1998，2014）中得到继续，还必须加以说明的是，它主要定向到了作为学习中心点的工作场所，尽管在很大程度上它确实扎根于俄罗斯的文化历史传统和维果茨基的学习理论，而这两者都非常经典地以个体获得过程为导向。在莱夫和温格看来，情况大致如此：当个体初次进入实践共同体时，通过学习过程，他将自动地从"合法化边缘参与"转移到一个更为中心和有胜任力的位置。不过，我们可以在芬兰人恩格斯托姆那里找到一种对维果茨基方法的更为个体导向的阐释。尽管这位研究者可能是在组织视角下来研究学习的，但他的研究并不那么高度聚焦在雇员身上（例如，Engeström，1993，1994，1996）。

接下来我将介绍第三种有关工作生活中的学习的主要视角，这种视角主要聚焦于社会和个体水平之间的互动，即聚焦在图 12.1 模型中间的垂直双箭头上。这里，我们有理由去注意一种扎根于"批判性理论"的视角（见 7.4 节）。早先，在这种视角中，社会条件与这些社会条件对个体和集体组织的意识形成的重要意义之间的互动处于中心地位，特别体现在奥斯卡·耐格特有关"社会想象与范例学习"（Negt，1971［1968］；见 8.2 节）的研究工作中。但是我们也可以在乌特·沃尔默格（Ute Volmerg）的研究中找到一些重要的学术成果，他研究的是这样三个在工作生活中学习可能性的决定性中心点——雇员组织他们自己工作的机会、雇员在工作中与他人的交流以及应用他们已经获得的素质（Volmerg，1976）。最后，还应该提到的是比吉特·沃尔默格（Birgit Volmerg）等的"私人企业的生活世界"（"Betriebliches Lebenswelt"）研究，这一研究关注雇员通过什么途径寻求和利用工作场所的可能性，使工作场所成为一个他们能够安排自己日程表的自由空间（Volmerg et al.，1986；Leithäuser，2000）。

另外，丹麦人本特·艾尔克耶（Bente Elkjær）提出了一种视角，其出发点是约翰·杜威的实用主义理论（见 8.2 节），它清晰地阐明了工作场所与雇员之间的关系，并将其作为工作生活中学习的关键焦点，但他并未联系工作生活之外的社会学习（Elkjær，2002，2005）。

最后应该注意的是，基于第三章中提出的学习模型，本书寻求的是建构一种视角，该视角能够结合个体与环境之间的联系或互动的聚焦点——在工作生活中雇员和工作场所之间的联系或互动，与此同时，还涵括了很大程度上的个体获得过程。

如果我们要努力超越所有这些视角，一般来说可以提取很多特别突出地发生于工作生活中具有学习特征的潜能和问题。很基础的是，大量的学习发生在与完成工作的直接联系之中，而且雇员们通常体验到，这种学习比起在制度化教育中的学习，对他们来说有着更为重要的意义（CEDEFOP，2003）。然而从外部来看，必须坚持的是，基本上这种学习在本质上是偶发性的，而且通常比较狭隘和缺乏理论基础。

但是，通过系统性地构建一个学习导向的环境，这种学习可以在相当程度上被强化——这就是被称为"组织学习"和"学习型组织"的视角背后的主要思想，尽管这两者在个体与组织之间的联系方面，观点并不一致。不过，危险依旧存在：学习获得的是某种偶然性的好处以及一个不充分的框架和系统组织。而且，对于雇员来说有这样一种趋势：早已拥有最好素质的那些人，在这个过程中获益会更大。但这也许最终会被面向全体雇员的自我导向小组、项目或行动学习计划的引入所抵消（Illeris et al.，2004）。

另一种可能性——它可以很好地被结合到组织学习之中——旨在将目标学习方法与工作紧密联系起来。这可以通过对个体雇员的个人支持发生，这些支持的形式有教学、指导学习、伙伴指导、导师安排或训练。通过所谓"授权大使""超级用户""园丁"[它们在 ICT（information and communication technology, 信息与通信技术）领域特别有广泛的使用] 等在广泛基础上的支持，或者通过便捷的咨询帮助等，这种学习可以在紧密联系于工作的教学活动中发生。所有这些都可以通过常规的职员发展访谈之类的手段得到支持（Illeris et al.，2004）。

最后，还可以强调一下更为一般性的视角，例如内部或外部的网络和经验小组，或工作交流和轮岗计划，这些也有可能让所有雇员有组织地卷入进来（Illeris et al.，2004）。

所有环境都在某种程度上存在着三个重要课题。首先是工作生活中的学习比起制度化教育手段来，更容易有这样一种倾向：使那些早已拥有最好教育的人能够获得更多收益（所谓的"马太效应"，见 10.5 节）。其次，必要的工作将总是比学习导向的方式获得更高的优先权。最后，学习方式对于工作场所的目标工作来说，会有一种干扰性的影响。

这些课题可以在某种程度上通过下面的途径加以应对：将工作生活中的学习和课程与教育计划结合，例如，那些发生于学徒培训和专业领域中的所谓的交替教育计划，在这些项目中，学校和工作的体验交替展开。我将在 12.7 节中回到这个课题。

12.5 电子学习

在程序学习（programmed learning）开始出现不久的 20 世纪 60 年代，一些地区对通过以信息与通信技术（例如，Dirckinck-Holmfeld and Fibiger，2002）为中介的大量学习活动发生了浓厚的兴趣并抱有很高的期望。

当这些可能显现出来时，教学仍旧主要在传统意义上被认为是在传递某个给定科目的事实与信息，而且人们相信通过计算机程序，将会部分地节省在指导者与学校方面的开支，并让这个系统能够保证很高和统一的质量。

然而，它并没有立刻实现一些人所期待的重大转变。即使软件程序最终得到开发和精制，它们仍旧受制于非个人的单向交流条件，而与此同时，这种程序的发展和更新显现出来这是一个相当庞大的任务，从经济角度来看也是如此。实际上，它的影响是相当有限的，但是对于具体信息、教学等来说，至少在这些新媒体中还是存在着一些明显的潜能的。

近年来电子学习发展迅猛，伴随着很多新形式的电子媒体被广泛使用，由此，一方面电子学习成为日常学习的一部分，而另一方面它也成为一个比较特殊和独立的学习空间（Rennie and Morrison，2013）。

然而与此同时，随着能力发展新要求的提出，很显然这样一种学习方法将只能够解决相当有限的、主要是事实性的学习任务，因为个人能力发展和人际联系与启发还不能很好地通过非个人的指导而发生。另一方面，技术已经有了相当大的发展，开启了一种新的所谓"混合学习"的可能，也就是把直接接触和电子学习等多种不同方式结合起来，比如把 Skype 聊天、电子学习和常规的一般学习环节相结合，以及所谓的计算机支持的合作学习范式（见 7.9 节），在这种范式下，小组开展项目工作，其中计算机会议被用于参与者和教师之间以及参与者他们自己的学术合作中，在多种程度上与小组会议相结合，在这些小组会议中参与者们相互熟悉起来，接收学术输入并且能够进行全面规划和对小组工作进行协调。

这些提升了电子学习的开放性潜能，电子学习在个人交流方面可能在计算机的中介作用下受到一些阻碍，但是在另一方面又比传统制度化教育计划具有某些明显的长处。

首先，时空的独立性带来了巨大的灵活性，这至少对很多成人来说是极为重要的。参与者能够参加到学习中来，无论他们身处何地他们都不需要离开家，而且能在任何最为方便的时候参加进来。通过这种方式，很多时间上的浪费和交通花费就可以避免，与此同时，教育活动可以适应日常生活的需要（其中也一定有工作和家庭的空间）。

其次，人们有可能跨越远距离参加到教育中去。这对边远的、人烟稀少的地区，以及对员工分布在世界很多地方的企业和组织来说，是极具重要意义的，而且今天国际性大学课程和其他一些教育供给也得到了很大发展，这都主要或部分依赖于电子学习的手段。

再次，通信能够被及时记录和交错进行的事实，在大多数情况下都体现了显著的学习优势。一方面，通过个人的贡献，个体参与者变得对于教师和其他参与者来说更加"可见"，与此同时，比起普通教学，简短和连贯的表达能力得到了很大程度的增强，这在今天是一种非常有价值的素质。另一方面，书面交流的要求比起直接对话在更高程度上导向了学术素养和对能力发展有重要意义的部分个人反思。

最后，还应提到的是，即使参与者不在一起，社会人际交往和互动素质也可以通过数字化互动得到很大程度的发展，尤其是当它包含书面交流时。

不过，必须同时指出的是，电子学习要求相当程度的参与动机和决心，这种程度远高于日常学习。对于动机不那么强烈的参与者来说，很显然的是，找到一个学校并参加到直接对话中，比不得不孤独地独自在家中自主地去对付计算机来说要容易得多。

一般来说，一方面，电子学习提供了某些特殊机会，至少它比起传统教学来说是相当弹性的。但另一方面，在交流和社会层面上还存在着一些局限，首要来说是要求参与者有强烈的动机。

由此非常重要的是，数字化活动背后要有尽可能多的对直接会面的支持，让参与者们可以相互认识，认识作为一个整体的人，而不仅仅是名字、书面表达和图像。这总有难以实现的时候，但是一般说来，很多经验都指向了电子学习和直接互动的结合，即混合学习，作为学习的一种形式，它对具有良好动机的参与者发挥了令人满意和高效的功能，但如果参与者态度暧昧不定或对它挣扎抵抗，并且（或者）社会化要素对期待中的学习来说是处于中心位置的话，它就不是那么合适了。

还应该提到的是，电子学习活动并不仅仅是存在于制度化教育计划中的一种可能性，而是在很大程度上同样存在于工作生活中的，并与兴趣驱动的学习需求相关（Dirckinck-Holmfeld et al.，2002；Illeris et al.，2004；Illeris，2011）。

12.6　休闲兴趣与草根活动

现代社会中有一个重要的学习空间，它早已超越了教育研究的范围，包括了所有基于兴趣的活动形式，人们自愿参加，常常包含着巨大的个人投入和时间支出。它的形式可能是本地性或全球性的慈善工作，在政党、组织、草根运动等地方分支机构中的政治导向性工作，精神与宗教运动，在某个活动领域中的联合工作，涉及从运动到音乐，从艺术到历史，或者是户外生活与旅行（例如，Wildemeersch et al.，2005）。

这种学习的可能性几乎是无限的，而且会首先受到下述事实的影响：这些活动是基于强烈的个人兴趣和动机的——这正是在那些更强调即时效果的学习导向课程中所越来越缺乏的东西，很多人参与那些课程是因为社会压力和个人必需，而不是出于渴望和投入。

公共启蒙、学习圈和民众高中关照到了这些运动，而今天很突出的是，这些教育可能性处于越来越大的政治压力之下，这些压力要求它们变成更能提升素质、更为职业导向的活动，只有这样它们才会受到公共支持，而兴趣决定的活动常常是单打独斗的，因此可能性就留给了那些能够聚集必要资源的人们。

另外，社会及其成员都不能离开这些活动。我们不能忍受所有一切都被弄得从属于统治性的经济理性，能够在所有这些领域中被观察到的投入与创造力的广泛发展——由此学习也体现出来——是同样重要的"富饶土地"，是教育部门、工作生活以及社会民主功能的基础性补充。由此，它们也同样被认为与近年来"为了公民的教育"（例如，Jansen et al.，1998；Lockyer et al.，2003；van der Veen，2003）这一高涨的国际兴趣相关，并作为能力社会目标的重要元素与对先前学习的评估和认定相关（例如，Zucker et al.，1999；Harris，2000）。

因此，自愿活动所包含的广阔、开放和兴趣驱动的领域同时也是一个学习空间，它对于社会来说非常重要，但却相比教育部门和工作生活来说被边缘化了。从学习的观点出发，它的突出特征是高度的参与动机和由此而来的学习强度与效率，这些似乎在制度化教育计划中越来越成为问题。

12.7 横跨学习与交替教育

在以上内容中我已经讨论了五种社会最重要的一般学习空间。在实践中，它们每一种通常都会被分为很多的亚空间，诸如日常生活中不同的独立情境、教育计划中的科目或学科、工作生活中的不同岗位、各种各样的数字化媒体，以及自愿活动中那些多种多样的协会与论坛。

现代生活被类似地分割为大量不同的活动，每一个都有其自己的舞台和视角。学习自然也有一种类似的倾向，被分割为很多的主题（这是与日常意识概念相关联时所使用的术语，见 9.3 节），或是一系列杂乱的、同化性建构起来的图式（该术语应用于关注所学知识的心理组织时，见 4.2 节）。

不过，从学习的观点来看，至少在能力发展发生的时候，那些无论是通过累积还是顺应还是两者都有的方式建立起来的图式，都会再通过顺应过程联结在一起，即我们理解并能够获得一个我们所发展的全部不同种类经验和理解之间互相联系的全面观点，这是具有决定性重要意义的。因此，也很重要的是，能够在一个更为实践性的水平上创建多种学习空间之间的联系。

这当然是我们在用各种方式努力实现的目标，我们绝不能逃避它。但今天的生活是如此地复杂，如此地四分五裂，并且有如此多的结构性事物在个体所能触及的范围之外，使得我们的总体观点和情境理解很容易变成某种程度上一种模式的偶然片段——一个丢失了很多拼块的拼板谜团（我们已经错误地把很多拼块凑在了一起，而另外一些拼块则被丢置一边或是不清楚该如何处置）。这就是为什么目标学习致力于创建不同学习空间和亚空间之间的坚实联系是如此重要。

学校和教育计划总是在这方面有很多困难。在学校，有很多不同老师教授不同科目，使用不同的教学材料，而且有的时候，还是在不同的教室里，总之，学校将所有这些放在一个学校日程表中，形成所要发生的一切事情的结构。而且，很多教育计划还以其他的方式分裂开来，例如，教学和工作实践之间的分裂。一个人很自然地不能在同一时间投入到所有的事情之中，但是，在这种结构中所固有的是，如果需要创造情境，就不得不去付出一种特殊的努力，通常这只能在一个非常有限的范围内发生。

大多数时候，似乎很重要的是在两种学习空间之间创造更好的一致连贯性，让社会决定的学习和相关的教育联结起来，尤其是将教育系统和工作生活联结起来。因此，我将在此探讨这个领域，并将其作为一个关键案例，展示一个人试图创建学习空间之间的联系时所遭遇的困难。

正是在这一领域，尤其是丹麦和很多其他北欧国家，在交替教育计划上有着坚实的传统。这些教育计划以不同的方式，作为学校学习和工作经验之间的互动而得以结构化，正如我们所知的那样，今天这适用于职业导向的青年教育计划和媒体循环继续教育专业计划。

但是，没有必要让一个人必须投入到这样的教育计划中去，因为很早以前就逐渐清楚的是：对于学生们来说，将他们在学校所学的与他们在工作经验中所学的联系在一起，是一个非常大的难题。我们不断地重复听到这种抱怨，教育规划者、教育机构和教师们反复地尝试对此做点什么，却没有获得任何大的成功。

与此同时，这些教育计划还存在着这样的问题：工作经验要想在其中获得足够的空间是很困难的，甚至在很多情况下是不可能的。而且还有这样一种趋势：学生们在工作经验方面被利用为廉价的劳动力，并且接受的相关辅导非常不充分。这一问题也被反复提起，但是没有找到任何令人满意的一般性解决方案。在一种被称为"学校实习"的职业培训，也就是在学校工作坊中的实习中，练习环节越来越多了，这有可能增强对课程和实践的协调，但学生们对此多有抱怨，认为它不是真正包含了工作生活经验的实践，而仅仅是一种职业活动。

因此很自然地会不断出现这样的状况：因为存在一种潜在的原因，使得人们对于所做的事情有一种抗拒，或是不具备相关能力——要辨别起来并不是那么困难。为受训者在工作场所中施加相当大的实践上与经济上的压力是一件简单的事情。如在 12.3 节中所指出的那样，工作场所并不是为了创造学习，而是为了创造有竞争力的商品和服务而存在的——它们或它们的代言人的基本兴趣，必然是在能在劳动力市场上拥有充分良好素质的未来雇员身上的，这些人能够履行工作职责，而且不需要或者只需要最少的在职培训。

另外，足够清晰的是——至少基于本书中的学习理论，最好的学习和能力发展正是在这些能力需要被运用的地方发生的，即发生在工作场所之中。没有人会真正否定这一点，我们看到过去十年间在这些课题上，一部分国际组织（诸如经济合作与发展组织、欧盟）也在进行相关教育研究和探讨，也对此投入了相当大的兴趣。从学习的观点来看，特别是随着莱夫和温格的研究在"情境学习"和"实践共同体"（本书已有多处提及，特别是在 7.6 节和 12.3 节中）背景中的展开，人们对"学徒体系的恢复"有了新的观点——学徒体系的恢复对社会和学习两方面来说都是有价值的，也就是说，如果有足够的训练地点，双方都足够好，工作经验和学校学习之间的互动也就会是足够的。

但情况并非如此，而且只要做不到下列某一点，情况就会改变：对工作场所、公共以及私人部门来说有充分的吸引力，能够让受训者得到安置并投入到高质量的培训中去，与此同时资金到位，能够让学校以及受训企业的适当成员可以投入到建立一种非常良好和紧密的合作中去，使得这种情境对于参与者来说是连贯一致的。

这并不是说现存的工作经验计划在各个领域中都是没有价值的，而是说，在所谓负责任的政治家们（同时部分也是雇主们）不断谈论对教育计划做点什么是如何重要，但又未曾做出切实努力来找到对此关键问题的解决方案时，它仅仅只是一种宣传而已。

在我们四分五裂的现代社会中，让学习和学习空间连贯一致并不容易，即使这对于学习来说是具有决定性重要意义的。但正是在与交替教育计划的联系之中，实际上去做点什么从而启动这种结合是有可能的，而且也很清楚的是，我们必须要做些什么。不过，我们所谓的"学习型社会"对于让这一切能够发生来说，显然还不够成熟。

12.8 小结

在实践中，我们的学习发生在很多不同的情境或学习空间中。前文我们考察了五种重要的或普遍的学习空间：日常生活、学校与教育系统、工作生活、电子学习空间、自愿的和兴趣驱动的学习空间。每一种学习空间都包含了很多不同的亚空间。

每一种学习空间还都拥有某些特殊的可供利用的学习机会，并且与此同时也在影响着所发生的学习。日常生活中的学习是基础性的，但是在我们现代的复杂社会中，它比较容易缺乏连贯的内聚力。学校和教育系统提供了系统的、目标性的学习可能性，但是必然地，"学校学习"不是总能立即应用于学校和教育系统之外的情境。工作生活中的学习更具直接应用性，但它往往比较狭隘并缺乏理论性，没有包含更为广泛的情境。电子学习在很多情境下能够建构一种恰当的补充，但是它首先要求有恰当的多方面的程序，并且比起其他学习来说在一个更大程度上要求参与者要有很强烈的学习动机。自愿的和兴趣驱动的学习通常正是由于参与者们的投入和动机而具备了高水平的强度和质量，但是它有自己的发展路线，并且不能够仅靠自己就满足社会的需求。

在现代社会中，创建横跨这些学习空间的学习情境是极为重要的，但这并不能与现有的社会功能的结构和模式立即达成一致，并且，跨越不同学习空间的种种尝试还生成了大量的组织与学习问题。

第十三章　学习、教育与社会

本章中，我将在一般水平上探讨前面各章中关于学习的思考如何能够在教育计划及其社会功能的相关问题上加以应用。首先，我将辨明四种典型的有关学习的误解，它们常常出现在教育学和教育的情境当中。然后我将更为细致地考察一些有关教育计划结构的关键主题，特别是在内容与方向的选择上。最后，我会给出一些建议，从学习的视角出发，它们在社会水平上以及在一般水平上，也许会是适当的和必要的。

13.1　关于学习与教育的四种误解

本章所探讨的是学习与实践教育学之间的关系，并试图从学习的视角对有关当今教育政策的一些思考做出总结。不过，我在一开始先要指出一些流传甚广的对学习的误解或简单化，这些误解是我们所有人或多或少在社会上加以传播的，并且在和学生、家长、教师、管理者、政治家们讨论有关学习、教育学、教学和教育政策的话题中多次遇见的，而且不幸的是，我们如果不是非常有意识和很小心地去避开它们的话，这也会是我们自己所认为的。

它们是一些流行的理论，传播范围如此之广以至于我们所有人都在其中占有一份，因为我们从入学的第一天甚至更早就开始接触它们了。在某种程度上，大多数教师和教育者知道这些是误解，但是他们又常常会对其加以包容，这也许是因为要让自己在日常生活中抵制它们太过复杂了。对于政治家、规划者、管理者和其他那些对教育计划做出重要决策但又不每天实践于其中的人们来说，这些误解常常成为一种毫无疑问的元素，以至于它们呈现出一种常识性的特征，而且，近些年来似乎有这样一种愈演愈烈的趋势：人们甚至没有任何兴趣去考虑或讨论这些问题。当一个人在专业情境中用更为系统性的形式继续持有这些误解时，他常常会遭遇一种典型的双重反应，一方面是"我们已经很清楚了"，而另一方面，他会将它公开从而使自己能够更好地与之关联，从而得到解放。

首先，是我命名的"意识形态性误解"（the ideological misunderstanding）。它本质上就是一个人直接认为教育计划的目标设定和这些计划的设计之间是一致的。首先，这是很自然的，是因为目标与一般组织的计划通常来说是由同一机构制订的。但是这种联系并不总是存在的。例如，当对《基础学校法》（Basic School Act）进行辩论时，政治家们会置身于对目标的逐字逐句讨论之中。但这是一种意识形态的斗争，并且它与有关学校或教育的实践框架的协商距离甚远，而这些实践框架通常是有关诸如科目、分级、测验以及分流或不分流班级等课题的。几乎没有任何一个系统性的尝试找到了基于所采用的目标设计一所学校或一种教育计划的最好方式，例如，是否一所教学被分成若干科目并且是课程导向的学校，才最为可以满足所采用的目标呢？

在成人教育的情境中，所有各方都支持广泛的能力发展，这种发展除了学业内容之外还指向诸如独立、责任感、灵活性和创造性等个性能力。但与此同时，要突破现有的教育传统恐怕是极为困难的，这些传统限制了成人参与者们实践这些个性能力的可能性。因为教育计划通常来说是在某些框架中运行的，对它来说首要的是满足学校和行政管理需要的传统，如果参与者们做出的共同决定影响到其自身环境和框架的话，这就将是非常复杂和困难的。

公共教育计划一直是资格培养和纪律训练的结合，但是在目标设定中，纪律训练方面是被忽略了的，或者是用暧昧不清的语词来表达的，例如，在对锤炼儿童的性格或现有的符合劳动力市场需求的阐述方面。事实上还存在一些某种程度上隐藏在其背后并且发生着作用的思考，只不过有时候决策者自身并没有意识到。

意识形态性误解存在于这两者的混合之中：受意识形态影响的印记，以及实际上是教育计划的设计和功能的基础的目标。由此，抛开其他的不谈，这种误解还阻碍了目标性教育规划，并对应用于教育计划日常实践的框架造成了不确定性。

其次，是我命名的"技术性误解"（the technological misunderstanding）。这是将教育看作一种生产过程的误解，它在有关职业教育的计划中有着最为广泛的传播，因为这种计划最接近于生产。不过技术性思维也经常影响到教育系统的其他部分，这在近年来有迅速加强的趋势，而且在当代竞争国家中，这个生产过程视角变得越来越居于主导地位（见 13.7 节）。财务部和地方当局或学校与机构本身也都提出了功效和经济理性的要求。

简要来说，这种思维的内容就是，一些素质或能力应该被生产出来，而且这个过程通过创建某些精确的目标并在此基础之上选择最为有效和理性的教学活动就能够得到最好的实现。这种思维的通常结果就是制定一些课程大纲，在一定程度的细节上规定该发生些什么，以及何时、如何发生——由此也同样设定了某些对参与者的共同决定权的限制。在大多数极端的情况下，在同一时间，对全国的所有参与者来说，理想状况事实上确如规定的那样发生了，这是专家们所认为的最合适和最有效的。因此任何对它的偏离，从定义上来说，都一定是负面的。今天几乎已经不存在什么领域能够如此刚性，恰恰相反，很多教育体系、机构以及它们的领导者正致力于进行一种目标导向的规划与实践，并且运用评估、测验、激励和其他各种管理工具，而根本不去考虑其对学习很可能会产生负面影响。

这类技术性视角忽略了这一事实：教育关乎的是活生生的人，他们是带着某些能力而来的，并不仅限于知识和技能。他们还有着个性倾向、好的和坏的经验、某种理解模式、兴趣、动机、偏好、阻抗、厌恶的人和事等等。

这就是为什么同样的影响因素对不同的参与者会产生相当不同的作用。很多领域中也有同样的发现，并且，多年以来，差别化一直是很多口头讨论与写作的话题。然而，人们有一种坚持技术性思维的倾向，特别是涉及行政管理决策这一方面时。这也许是因为非理性的人类是如此不切实际、难于管理，尤其是涉及经济和效率课题时，活生生的人的行为、投入度和学习是不可预测的，是被很多人格和个体条件所影响的，所以，坦率地说，应用这样一种"理性的"方法根本就是不理性的。实际上，保证给予非理性的人类的多样性发展以空间和余地，很大程度上才是更为理性的。

总而言之，技术性误解存在于这样的观念中：将人视作物，将学习视作能力的外部配置。但是人是活生生的，他们自己发展着他们的能力，而且教育应该联系当前有着各种能力的参与者们，给这种发展创造尽可能好的条件和素材。

再次，是我命名的"心理性误解"（the psychological misunderstanding）。这毫无疑问是传播得最为广泛的误解，而且荒谬的是，与此同时我们都或多或少地参与了传播，我们也都非常熟知这是一种误解。但我们还是徘徊在其中，因为它应用起来是如此方便。

这种误解的主要内容是，我们假装在所教与所学之间有一种对应，即使我们从最早的学校经验中就已经知道情况并非如此。事实上只有部分所教的东西被学习了，每个个体所学的也是不一样的，会存在很多的错误学习，而且我们也会学习某些所教内容以外的东西。

在日复一日的教学中，这种误解常常容易通过下述途径来发挥作用：教师教授了指定的内容时他就能够得到满足，就能够掩盖批评，无论参与者们是如何学习的以及能够从中得到什么。而且在形式上我们也很难去要求更多，但这种方法本身是错误的。一名教师的工作从本质上来说不应该被理解为教学，而应该被理解为对参与者们学习过程的帮助与支持。

另一个与学习相关的课题是伴随着学习内容的获得过程而发生的，它与教育计划的目标很不符合。一个经典的案例是，很多学生学习到的是，他们不擅长数学或外语或物理。但它还可能是其他很多，例如，一个人如果有什么不理解的内容的话，那么最好是闭嘴而不是问问题。

上述问题与教育计划也有一种筛选功能这一事实紧密相关。也许在对目标的陈述中没有有关这方面的任何书面表达，但是在一个有着大范围劳动分工的社会中，在某个或其他什么阶段中，筛选必然会发生。这种功能在今天主要落脚于教育系统之中，正如我们经常看到的那样，教育系统很大程度上，让人感到它是对参与者的社会背景的一种反映，由此，这比起教什么和如何教，似乎对学习发挥了一个更为决定性的作用（见 10.5 节）。几年前进行的一个有关丹麦小学的研究中，出现了一个令人震惊的结果——即使是非常不同的在教育学方法上的差异，也丝毫不能影响这一筛选过程，但是另一方面，教学能够在很大程度上影响各级学生们的学习特点及其观点和态度的形成（Illeris, 1992）。

总体来说，心理性误解存在于下述情况中：聚焦于教学而不是学习。其结果是大量的资源被用于不合适的、没有效果的或在某些情况下与期望直接对立的活动上。

最后，是我所命名的"乌托邦式误解"（the utopian misunderstanding）。它不像其他的误解那样可做切实定义，但是多年以前我听到一位商务经理非常精确地表达了它的含义。在一次讨论中他说："我们所需要的是一些独立的年轻人，他们能按照别人告诉他们的去做。"

更为一般地说来，它是有关这样的事实的：一个人有时在谈话和行动时，似乎认为教育能够解决所有的问题，而与此同时那些观点和内容是自相矛盾的，或是面临着其他的和更强的我们所不想干预的社会力量。但是教育不能魔术般地在同一时间内既生产依赖性，又生产独立性，正如它不能够消除社会遗传一样。

总而言之重要的是，在教育政策和规划中存在着一些朝向基础性误解的强烈倾向，这些误解既是人们熟知的，也是人们普遍接受了的，而且大多数人也知道是错误的，但同时人们又容易去坚持它们，因为它们应用起来是如此便捷。

至少当我们以能力发展的形式谈及学习的时候，教育系统的某些传统就必须要被颠覆过来。误解的基本功能正是去掩饰这种适用于旧工业社会的适应、训练和筛选。但是如果教育要把目标放在发展独立性、责任感、创造性、灵活性和所有其他"软素质"上，并在其中发挥作用的话，我们就必须严肃对待它，这要求有能够在其中实践这些特征并与一个人正在从事的学业内容相联系的教育计划，而且如果参与者在某种程度上是被迫的话，或这些计划的设计并没有包括活动和反思，没有让该个体参与者能够在所发生的事情中看到自己的兴趣的话，情况将会是糟糕的。

基于前面章节中所描述的学习理论，下面我将更为具体地审视在一般水平上什么将是比较适宜的，我会从很多重要的一般教育问题或问题领域开始这一讨论。

13.2　参与组织学习

如我在本书前言中所说的那样，学习能够发生于所有可能的不同情境之中，并且是以很多不同的、某种程度上建构性或防御性的形式出现的。现代社会具有这样一种重要的特征：很多学习必须在一个社会性的基础上被组织起来，因为复杂的社会结构使得社会成员必须在许多领域拥有某种能力和某种程度的共同取向。这样，社会性管理的学习手段就主要发生在教育系统和工作生活之中。

但是这种制度化学习也容易在部分参与者中遭遇对立和防御，因为基本上来说，它是基于社会的需求而发生的，这些社会需求并不总是与社会个体成员所认为的他们自身需求相统一。很多基本问题出现了——实际上它们的出现先于我们通常通过教育学所理解的，这些问题涉及谁能以一种在社会方面恰当的和在个人方面可以接受的方式，参加到各种不同种类的制度化学习中去，以及在它陷入与潜在参与者的对立当中时，社会如何做出反应。

随着向晚期现代知识社会的转变，学习越来越发挥着关键性作用，并被界定为一个从基本国家经济视角出发的社会课题，在此情况下，这些问题似乎呈现出了新的维度。至少在丹麦，特别在成人和青年教育中，早至青春期前五年开始，我们就会在学校和教育中看到相当数量的参与者，他们来参与或多或少是因为必需，而并非出于他们自己的自由意志，因此他们也并未从参与中获得很多的益处——或者甚至从社会的视角来看，得到的是负面收益，与此同时，他们给教师和机构带来了很大的问题，并且给其他参与者创造了不太舒服的学习环境（Illeris，2002）。这是一种巨大的社会与个人资源浪费，这些资源本可以更好地投入在其他一些事情上。

从学习的观点来看，有关参与者的学习动机或驱动力以及学习障碍的问题已经成为中心问题，并且优先于有关教学内容和结构的更为传统的教育学问题。对于这些人来说，这并不主要是有关某种学习内容或工作模式的动机问题，而是单纯的参与和投入所提供的教育方式的动机问题。

在参与者还处在义务教育的年龄情况下，参与是强制性的，这个问题就只能作为一个如何去做的问题提出来——当然我们也可以对义务教育应当何时开始以及它应该持续多久这一问题进行讨论。

如在11.2节中所指出的那样，情况往往是：最多到11—13岁，儿童会基本上接受成人对他们学习的控制和组织，尽管在现代社会中他们也会遭遇一些影响，使得这变得有问题起来。但是在义务教育的最后几年，就更经常地会有更为基础性的参与本身的问题出现——这些必须要在不放弃参与要求的情况下被解决，因此这里将不再对其进行深入讨论。

但在青年教育计划中，即对于16—20岁的青年来说，他们所面临的问题是不同的。一方面，教育不再是义务的，而且参与者们也都在这个阶段达到了法定的成年年龄。另一方面，社会制定了广泛的政策，它们得到了大范围的支持，认为应该有尽可能多的人完成提高素质的青年教育计划，在丹麦相应的目标是该人数要达到青年群体的95%（见11.3节）。

但青年中很大一部分发现完成这些教育计划很困难，这既包括高中教育也包括职业导向的教育计划，这种现象可以从这些计划本身以及高辍学率两方面观察到。这是社会的中心问题，没有迹象表明它能够在没有新的基本政治方向的情况下得到解决。从学习的观点来看，青年应对的是他们的身份认同问题——如何创造他们自己、他们想成为谁以及他们能够成为什么人，而教育计划和扩展的咨询关注的是引导他们并且提供给他们那些人们眼中的社会与工作生活需要的合适能力。

投入的缺乏、一定程度上适当表达出来的抗议以及高辍学率清楚地表明了某些大的改变必须要发生，以取代现在给大量青年提供的东西（如果要让现在投入在他们身上的大量社会资源导向冲突和挫折以外的东西的话）。他们已经有了至少九年的不是特别擅长于此的经验，这不是他们发展一个可持续身份认同的方式——即使提供给他们工作经验、生产学校和各种令人兴奋的项目也不行。（生产学校是为18—25岁青年提供的非寄宿学校，会引导青年花费大量时间用于实用的、创造性的和艺术产品的生产，同时教授部分基础课程。）

这些年轻人需要什么？首要的是通向真正工作生活的通道。只有这才是有价值的，因为这是一个通向他们能够接受的成人身份认同的路径，而且更为直接地教育导向的手段也必须在这中间找到出发点。但是，不幸的是，工作生活并不特别愿意接纳他们。尽管开展了很多的推广活动，但真正的受训场所仍然极少，因为今天对于工作场所来说，受训者一般意味着在某种程度上的困难和干扰，其程度显然超出了能够利用受训者廉价劳动力的好处。

因此，问题只有在一种社会性的可持续性方式中才能得到解决，在这种情况下，公共和私人两部分的工作场所都在一种形式上或被强制，或承诺去接纳这些青年。这将对于保证这些"薄弱青年群体"获得有竞争力的教育水平做出必要的和具有决定性的贡献。而且这将带来大范围的节约——既有教育方面的，也有社会部门方面的。这也可以被用于给工作场所发放补贴，以平衡他们对社会做出必要贡献的成本。

在青年领域中这样的一种改革也非常有助于解决成年领域中的一些类似问题，因为很多成人对教育学习不太具有动机，感到自己是被迫"再次去学校"的人们正是那些低技能的人群，他们从来不曾改善过自己与学校学习的负面关联（Illeris et al., 2004；Illeris, 2006）。

另外，这里还存在一些同样的问题，我们正在谈论的那些成人——他们以与青年一代不同的方式，在"系统"（无论是由就业服务、地方当局、雇主还是其他人作为代表的）用经济和社会边缘化的威胁来强迫他们接受各种教育手段时，感到被羞辱和受到像孩子一样的对待。在该领域中也存在着巨大的经济浪费和人力贬值。

对比青年来说，这些针对的是早已拥有了身份认同的成人，但这些身份认同可能又是四分五裂、疲惫不堪的，因此问题就有所不同了。通常这里有一种清晰的矛盾心理，它比起青年的情况要切实得多，正如在9.4节中所讨论的那样。这意味着绝大多数不喜欢被迫接受教育的成人们，深深知道如果他们希望维持一种合理的存在的话，他们就不得不那样做。因此，在成人的案例中，一个人能够通过借助他们矛盾心理的积极一面并对消极一面保持开放和坦然来实现很多东西。

但这里也要指出的是，朝向工作生活的通道是一个关键点。如果一个人能够体验到学习活动不仅仅关系到获得一种能力，而且也在某种合理程度的确定性上关系到一份可接受的工作的话，学习显然会发生得更快、更好。

大体上，有关参与组织学习的结论是，对儿童来说，他们的参与是强制性的，所以这是一个为他们提供能够体验到适当和可投入的学习机会的问题；对青年和成人来说，可持续的学习要求和可持续的动机则是先决条件，而且如果教育活动想要得到合理结果的话，就必须找到方法去满足那些动机性先决条件。

13.3　学习和课程

关注教育计划内容与结构的更为经典的教育学问题，传统上是在所谓的课程理论这一教育学分支学科中进行研究的。在一种比较经典的狭义阐述上，这是与教学内容和教学形式的选择有关的，但是今天它的使用范围更加广泛：从教学的基础和合法性、社会功能、目标、规划、管理和评价，以及参与者的素质与兴趣，到它的实际执行和不同的教学方法（例如，Pinar et al., 1995）。另外，必须把学科本位的课程理论与总体或一般的课程理论加以区分，前者与个别学科的教学相联系并由此预设了教学是以学科划分的，后者跨越了学科分类并且研究的是更为一般水平的课题。

从前面有关学习和非学习的理论中我们可以推论出四种一般课程的纲要。

　　首先，所有学习都包括内容、动机和互动维度的理解（见第三章、第五章、第六章和第七章），这必然从根本上暗示了所有的教育规划和分析也要包含这三个维度。在某种程度上这是课程理论领域中常见观点的一种拓展，在课程理论领域中，材料或内容的选择对应的是学习的内容维度，教学方式或工作模式的选择对应的是互动维度，但是动机维度没有同样作为一个独立和重要的领域被对待。有关教学的规划和组织方面，学习的动机维度尤其关注的是那些与参与者的动机、他们参与进来的背景（除了他们的已有学术素质外）以及由此可以得出的结论等有关的主题。再进一步，可能还需要对教学如何才能有助于加深和强化动机中的积极因素做出反思。

　　其次，是学习类型的问题（见第四章），这一问题涉及适当的和最新的学习需求，意味着一般来说，教育规划必须为同化和顺应过程之间的互动铺平道路。仅仅在一些特殊情况下，把目标定在诸如背诵记忆之类的积累过程上才是比较合适的。转换过程则是一个在青年期岁月中以及在成人教育计划中当参加者处于复杂的重新组织过程中时日渐增多的过程，它与身份认同的发展相关。但是因为这些过程非常具有个体条件性，所以作为一种规律来说，只有在方法上对于个性发展有着非常明确和开放的强调时，才能直接规划转换学习的可能性。

　　再次，在教育计划方面，非常重要但也相当不平常的是，就教育计划的主题有针对性地关注参与者有可能拥有的有关学习的防御类型（见9.3节和9.4节）。在青年以及成人参加者中，总是存在着某种程度上的日常意识，即这些参与者会带着一种对超越了他们所掌握的旧理解的学习的半自动防御心理。如果某种课程学习是参与者自愿地基于自身需要和兴趣而加入的，他一般来说会依靠这些愿望来克服当前问题领域中的日常意识。但是在学习或多或少是被迫的，或与当事人愿望相冲突的情况下，日常意识对新理解的防御通常就会完全崭露出来。如果学习计划要求参与者一方进行很大程度的重新调整，例如以转换过程的形式，那么身份认同防御也会发挥作用，即使当事人想要学习并且也做好准备去接受这些重新调整，这一防御也会发生。

最后，可能会出现对学习的阻抗（见 9.5 节）。当我们规划教育手段时，有时候这样做将会是很恰当的：考虑一下在规划中的课程里是否有一些东西会引起参与者一方严重的阻抗，考虑一下我们如何去应对它。如我早先曾指出的那样，阻抗对重要学习来说是一种极好的出发点，由此，事先将其考虑在内也会是一个好主意。在很多情况下我们甚至能够将它纳入规划当中，从而提升学习的水平。

13.4　学习内容与活动形式

在前文中我已经从学习理论中找到出发点，并在此基础上辨明了教育活动计划与组织在一般水平上的一些重要事宜。下面我将在相反的方向上继续我们的讨论，在某些课程理论的重要领域和课题中找到出发点，从学习的视角考察一个人如何应对这些课题。

作为开始，我将考察课程理论中绝对被作为经典关键领域的教育内容——希望参与者去学习的东西。我自然不会进入不同教育计划里大量特定的学科领域中。但是，另一方面，有一些非常重要的一般课题是与教学内容的性质相关的，我将在此紧密联系第五章中我已经阐述过的学习的内容维度来探讨。

知识和技能曾经被作为一个关键点来加以强调，但是今天，要学习的东西已经不仅仅与它们有关了，同样也与态度、理解、洞察力、一般文化导向、方法论的掌握和诸如独立、责任感、合作和灵活性等人格特征相关，所有这一切都集中在能力的现代概念之下。

很自然地，这些都能够通过很多不同的途径来获得，而且根据学习的主题、根据一个人被安排进入教育系统的场所，很多不同方式的活动都会是很合适的。不过，存在一个交叉性的重要问题：教学或传播在什么样的程度上以及在哪里应该是学科导向的（包括在哪里跨学科是比较合适的）、问题导向的，或者经验、实践、指引导向的？因为这样的区别对于所学内容的特征至关重要。

学科导向的程序主要适合于传播，致力于导向有关知识、技能、理解和意义的学习结果以及对一般文化和（或）方法论的理解。

学科导向的方式意味着活动是以某个教材作为中心的，教材内容是在某个学科或学科领域的框架之中的。但是也有一些"学科导向的"教材并不清晰地与一个特定学科相联系，因为这些学科和教材是处于持续发展之中的。另外，还有一些教材包含两个或更多不同的学科领域，这些领域中的视角通常是不同的。最后，也有跨学科的情况，指的是横跨了两个或更多的学科或学科领域。

问题导向的程序主要适合传播，致力于导向上面所提到的学科导向的程序以及人格特征发展这两方面的学习结果。

问题导向的方式意味着活动以一个问题或课题为起点，这个问题或课题在问题说明中得到了精确的详细阐述。教材或学术内容由此而在这样一个基础上被选择出来：对于阐明这个或多个问题来说，什么是恰当的？教材在很多情境中是和解决方案的建议一起出现的（如果这个方案可用的话）。这种方式的长处是，教材出现在一个提供了某种相关性和视角的环境中，并且要求一个人用该教材做点什么，由此使得他成为与教材相关的一个参与者。问题导向常常，但不必须与作为学习组织形式的项目工作相联系（例如，Illeris，1999，2004a）。

经验导向的程序也主要适合传播致力于导向那些在性质上属于人格特征发展的学习成果。

经验导向的方式意味着活动本身以及参与者对它的个体态度是处于中心地位的。尽管活动的教材或学术内容也极为重要，但活动是围绕经验和个体关系建构起来的，可以是很多不同形式下的玩耍和游戏，例如，角色扮演、电脑游戏、模仿、演戏、竞赛或交易分析，或者它可以转向更为个体导向的方向，诸如人格发展、生存旅行，或最为极端的会心团体（encounter groups）、敏感度培训等形式。今天这些可能性似乎已经是无穷无尽的，在学习上又是非常异质性的，所以人们在进行选择时需要相当小心。

实践导向的程序像问题导向的程序一样，广泛适用于传播更为传统的和更能发展人格的学习结果，尽管它们并不直接导向一种总体和基于理论的理解。这些活动首先是不同种类的受训项目，见 12.4 节和 12.7 节。

指引导向的程序在教育选择上超越了实践支持和指导，它的关注点和主旨点是人格发展。在丹麦，所谓的导师依恋（mentor attachment）近年来得到了广泛传播，尤其是在那些处于困惑之中、难于管理自身日常生活的青年学习者之中。所以这些安排在这种意义上来讲是不对等的：导师是更有经验的、更有学识的，他的角色是帮助被指导者不仅仅处理好所期待的学习，而且管理好实际日常生活。与此相反，在工作生活中应用最多的训练包含的是一种对称的关系，在这种关系里导师应该善于挑战、富于启发，而不是指导性的（Galbraith and Cohen，1995；Drake et al., 2008；Illeris，2011）。

上述定义当然并不精确，这从"主要地"和"广泛地"这样的用词中就可以看出来——在不同种类之间常常存在着流畅的转换。但是这种分类方式有助于指向某些重要的教育学课题，这些课题涉及更为传统的教学的发展和更为广泛的能力发展。在大多数教育形式中，这主要与传统学科导向和有着更广泛基础的问题导向之间的关系有关，而大多数基于经验和基于指引的形式在很大程度上是与这种情况相关的：当它以一种互动和领导的观点直接与人格发展相关时。而实践导向的形式，如上所述，首先是与受训项目相关的。

13.5 学习、导向与参与

从学习的观点来看，另一个与组织教育计划相关的非常重要的错误是参与者在指引要发生什么的过程中没有享有共同决定权。传统上这不是一个在课程理论中很有分量的领域，也许是因为课程理论在传统上特别以小学为主导。当然这一问题也有可能与小学课堂有关，它同时还成为面对 12—13 岁青少年的非常紧迫的课题，而且在青年和成人教育计划中，它对于所学内容的性质来说是一个有决定性意义的领域。

如果青年与成人自己能够在决定学习什么以及采取什么样的活动形式上发挥一定作用的话，那么事实就是他们会在高得多的水平上准备好了动员顺应与转换学习过程所必要的心智能量。在这里同样很自然的是，在他们的态度中将通常会少一些防御，新刺激被日常意识打断的机会也将更少。还很重要的是，与学习相关的动机和情感课题，在很大程度上影响了学习在态度、持久性以及应用潜能方面的品质（见第六章），而且这些课题通常在参与者对正在发生的一切能够发挥影响的时候，会变得更为积极。

在教育活动的方向上有两种主要水平。一般水平关注的是业已在政治和行政管理上建构起来的框架。这里有着关键性重要意义的是框架提供的程度或"密度"。这可以是非常多样化的，从高程度的开放 [可以用民众高中（folk high school）和日间高中（day high school；与民众高中类似，但是不寄宿）的传统作为例子]，到精心细致的管理 [这特别可以在有关教育教学技术的职业导向的教育计划中看到（例如，Skinner，1968；Tyler，1950)，但是这种方法如今在很多地方已经被摒弃了，因为它容易对教师和学生两方面都产生一种负面影响，而且由此导向了不佳的学习成果]。

很显然，如果参与者们将在决定教育计划和指引教学方向方面发挥一定作用的话，框架的状态就一定会在本质上相对开放。框架的条件也会直接开启这样的共同决定之路。

与教学方向和参与者共同决定有关的第二种水平关注的是日常实践。我们可以区分出三种形式的导向。

教师导向是传统的形式，在这种形式下教师在某种程度上独断地决定要发生什么和如何发生。在小学的最初几年必须也有必要采取这种形式，在总体方针上能够与父母合作的话就更好。但是当儿童年龄稍长，以及在青年和成人教育计划中，就不需要继续采用这种形式，即使教师和学生都倾向于延续他们所经历的东西并将其作为指引活动方向的一个表面上很理所当然的方式，也不需要。

参与导向意味着所有的参与者——教师、学生和任何其他可能卷入进来的人——共同指引方向并由此使得方向成为一种重要课题，这对动机和学习的品质来说意味着很多。通常在各方之间会有一种角色分工，基本上是教师负责与框架条件保持一致，而学生负责所发生的事情被体验为重要的、适当的和有益的。即使很少被具体地表达出来，但实际还隐藏着一个非常重要的前提：如果不能够协商一致的话，学生必须去承担起最后决策的责任，因为是他们的学习（而不是别人的）处在关键时刻（Illeris，1999）。

自我导向是成人教育中的一个关键概念，特别是在美国以及其他一些英语国家。"自我导向型学习"是指成人学生自己组织自己的学习并为之负起责任（例如，Tough，1967；Knowles，1975；Brockett and Hiemstra，1991；Candy，1991；Tennant，1997；Merriam et al.，2007）。但在实践中，它与参与导向之间并无清晰的边界，这一部分是因为在参与导向中，如前所述，学习者要负最后责任；一部分也是因为在实践中，自我导向极为经常地意味着教师、导师以及其他人会卷入这个导向过程中。区别也许不如说是在文化水平上的，北欧国家在公共启蒙领域有着非常坚实的参与导向的传统，而英语国家则没有这一传统，它们在传统上更偏个体主义。

大体上，在这一情境中，重要的是认识到有三种水平的导向可以很好地同时去实践，或者在互动过程中去实践，而且在实践中经常也是如此。例如，在参与导向的课程中有这样一种特别的可能性：包含一些由教师来指引方向和负起责任的环节。然而，导向问题仍旧是重要的和处于中心地位的，因为认识到谁最终有责任和应该负起责任，对于参与者的态度和责任感来说具有重大意义。

一般说来，与其他民主社会中的导向课题相同，对学校和教育来说最为合理和恰当的是，在大约14岁以前全部或主要采用教师导向方式，此后一直到大约20岁的年龄段中有意识地和系统性地设定目标，让学生们逐渐能够负起越来越多导向的责任，接下来在原则上应该采用教育计划框架内的参与导向，以及对作为一个整体来说的个体教育的一般自我导向。

后者也与有关成人教育的政治与管理实体的立场相匹配。我们可以为成人做规划，或鼓励他们参与到教育和终身学习中来，我们可以创造多种方式的刺激，但最终决定还是要由成人自己来做出，并且，从经济、民主或学习的观点出发，利用财务压力作为这方面的刺激是很不合适的（Illeris，2004a）。

13.6　内容、导向、知识的形式与工作模式

基于前面两节的内容，现在已经有可能引入一个我早先开发的全面的模型（见图 13.1），它是对库伯学习模型（Kolb，1984，见 5.2 节；Illeris，1995，2004b）的一种延续。

该模型围绕着两个轴构建而成，两轴分别指代有关教育计划的组织的两种情况，我在前面已经辨明了，它们对于学习来说是处于中心位置的，即对活动内容和导向的选择。

导向为竖轴，其延伸的两极分别为教师导向和参与导向，自我导向或是位于教育计划之外，或是呈现与参与导向相同的特征。相应地，内容选择为横轴，其延伸的两极分别为学科导向与问题导向，经验导向与实践导向仅仅在特殊情况下才进入到教育活动中。

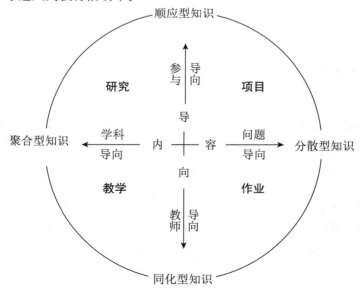

图 13.1　启发性模型（Illeris，1995，p. 131）

从学习的观点来看，两个轴的四极分别指出了学习或知识的形式，它们通常在这四个极的权重的延伸中得到深入，指代了库伯模型（见5.2节）中的四种知识形式。通过教师导向的途径特别得到促进的是同化型知识，学科导向特别促进了聚合型知识，参与导向有益于顺应型知识，而通过问题导向的途径，分散型知识特别得到了促进。

模型的两轴划分出来的四个空间显示了在这个基础上的四种典型教育工作模式，它们通过对导向形式与内容的选择，以及对某种知识形式的促进（但并非决定）而被标注出来。

（1）教师导向与学科导向的结合，我们一般称它产生出来的工作模式为"教学"，它特别能促进同化型与聚合型知识的发展。

（2）教师导向与问题导向的结合，其结果是由教师或其他实体布置的"作业"，它的范围可以从简单的数学题到大范围的、复杂的任务。这特别促进了同化型和分散型知识的发展。

（3）参与导向与学科导向的结合，其结果是"研究"，即学生们自己致力于掌握一种给定的材料，由此促进了顺应型和聚合型知识的发展。

（4）参与导向和问题导向的结合，其结果是"项目"，这是参与者自己的课题，是探究、证明和创建解决方案的起点。这特别促进了顺应型与分散型知识的发展。

从一般意义上来说，这个模型的要点不是强调某种教育工作模式，而是指出本质上不同的教育程序在影响所获得的知识性质和发生的学习上有着某种特征。由此教学组织必须基于对当前教育课程目标的思考来进行平衡。通常，除了那些非常简短的课程，教学应该是更多或所有类型工作模式的结合，但要与课程的总体目标保持谨慎的平衡。

例如，如果首要目标关注的是掌握某种学科内容，通常来说比较合适的是教学和作业占有相当的权重，同时也有一些空间能够进行一个朝向课程结论的小项目。但是如果目标要求更高程度的能力发展，那么比较好的是让项目工作发挥更为中心的作用。

当涉及在事先设定好的框架条件下对一个既定教育课程进行实际组织时，这就关系着内容形式与活动导向选择的不同工作模式的权重问题，这一权重问题是我们最关键的启发性关注点。但是在很多情况下，这种权重将整体地或部分地形成框架条件的一部分，而且常常用一种与既定目标不和谐的方式。在这种情况下，向那些创建框架的人以及要去实现这些框架的人指出这种矛盾，将是比较适当的。

13.7 学习与当今的教育政策

这是一本有关学习的著作。我现在逐渐从与学习直接有关的课题转向了教育计划的参与、学习导向以及教育体系中的框架条件等基础问题。

然而，这些条件已经从根本上被改变了。早先在一些所谓的福利国家中，所有的目标都是创建和规划一个有着安全保障、公道生活条件和高度平等的社会。但自 20 世纪 90 年代以来，政治理念变成要发展一个竞争国家，首要目标是尽最大可能在国际经济竞争中做到最好，并且这一理念的内部结构也在很大程度上以企业、机构和公民之间的竞争为基础（Cerny，1997，2010；Pedersen，2011，2013）。这一般被解释为一种必须，情况当然并非如此，这仅仅只是一种避免批评和争议的手段（Illeris，2016）。

尽可能让更多的人接受教育，被视作提升国家竞争力的最重要方式之一。当全部目标是经济竞争时，很显然对于竞争国家来说，它们就会应用经济和竞争导向的方式作为保障这类教育目标得以实现的政策基础。这意味着教育体系从根本上被视作一种工业关系，它应该以尽可能小的成本去生产尽可能多的有用的教育。

为了能够管理，从政府的当局和责任主体到学校与机构的领导者能够评估这种生产的质与量就十分关键了。评估每一条生产线上受教育的个体数量是不够的，知道这些"产品"有多好也十分必要，这么做的目的是和其他竞争对手做比较，和生产成本做比较。由此测验、考试和分等级就成了教育政策的重要工具。知道在各个产业中有多少、有什么样水平的工作能力需求也很重要，必须有工具能够保证这一新增劳动力生产能够呼应劳动市场的需求，所以各类教育要根据预想中的需求来定制，并且要努力让学生们根据社会需求而不是自己的偏好去做选择。

再进一步，尽可能降低成本也很重要，例如，建设大机构，使它们发挥功能，从而能够为所需生产出尽可能多的教育并且花费尽可能少的资源。因此加强管理控制也很必要：任命拥有绝对权力的强势领导者，将其薪水与可测量的结果挂钩，与此同时给职员制定详尽规则、安排和条例。

所有这些，以及它们带来的所有后果，可以说就是竞争国家的意图和其教育的基本原理。不过与此同时，在这一点上它们间接选择性地忽视了，人的工作能力的生产和商品生产有着相当大的区别。人的工作能力只有在通过学习过程展现的人类潜能的基础之上才能得以发展，这个过程和质量依赖于大量人格、社会及文化条件之间的复杂互动，而且这个结果也仅仅只有部分是可以测量的，原因之一是其中决定性的价值只有在人们面临很多不同且常常是不可预测的应用与问题情境时才会凸显，这些情境在今天这个变动不居的社会和工作生活中时刻发生着改变。

因此，竞争国家教育政策的根本问题是，它们主要是基于经济理性和计算来设计的，而什么促进了合适和有用的学习与丰富人格的发展，则被忽视了。这样很多不相干的状况就很容易干扰期待中的学习，并且作为一种看不见的力量悄悄完成了对学习质与量的影响。

除此之外，竞争国家中还存在一些不容忽视的情况，特别是追逐持续经济增长不可避免地带来了对自然资源的野蛮开发、愈演愈烈的污染和气候变化。而且很重要的是要记住，竞争总是会创造出获胜和失败的两方，因此也就加剧了这样一种趋势——尽管人们也花了很大努力去阻止它，即不断地有相当一部分参与者会成为失败者、体验被打败、丧失动机，造就一种针对社会的负面关系，与此同时他们并没有学习他们被认为应该学习的东西，那些在劳动市场和社会上所普遍需要的东西。

自相矛盾的是，竞争国家的这些状况很容易把学习带入更加糟糕的状况，尤其是涉及能力概念时，这个概念正是在竞争国家中学习需求的关键词。因为这种外部性动机使得学习变得更加敷衍马虎，走向薄弱，尤其是涉及一些特定品质，如灵活性、对于创新的开放性时，这些都是与更为传统的资质相比更具竞争性的能力特征。更进一步来说，教师的动机也面临很大的问题。把对教师的约束收紧，教师在自己教学决策上的参与和影响被降低时，这怎样影响了学习，对于各级学生们来说又意味着什么？

总而言之，更多的和更好的学习目标，以及对评估的更多重视，这两者对于学习质量来说都很重要。不过 PISA 和类似的测试与评估对于很多最为重要的能力来说，不仅是肤浅的，而且也经常通过它们在当今社会上的应用直接误导了对学习质量的表述。其原因之一是，用这种方式所能测量的东西是上文所谓的聚合型学习（Kolb，1984；5.2 节），其学习范围是那些对错很清晰的领域。当然，在学校和教育中有很多这种类型的学习，尤其是在所谓的精密学科里。不过，在作为整体的日常生活中，在社会和工作生活的所有联系中，常常包含重要的人与社会的要素，它们主要涉及具有很多不同的可能结果的分散型学习，学习的质量依赖于理解、评价、解读，总而言之就是何种学习可被用于相关的、常常是不可预测的情境。

众所周知，我们都经历过很多学校学习，但我们只能够在和学校科目及与其领域有关的情境中记起它们。从 20 世纪早期开始，大家知道了关于学习有个迁移的问题，它被视作学习研究最为中心的挑战之一。今天很清楚的是，学习动机或学习投入的强度与特点在这种联系里是非常关键的（见 4.7 节）。在今天的日常生活中，这是我们都在某种程度上知道的东西，而且我们也试图在发现它很重要的时候对其进行认真考虑——例如，当教师和外来测验者讨论一次口试成绩的评分时，他们会找到相关的表达：他们通常会简短地谈到这个考生是否了解他的科目，然后会更为详细地讨论他是否真正地理解了这一科目并能够在实践中恰当地运用它（这在我的研究和作为一名测试者的经历中一再得到见证）。

于是，就质量而言，大多数重要元素是不能被精确测量的，但是涉及竞争国家的教育概念时，它们又必须在主观上被估算，这就成了问题。首先，这包含了一个不公正的要素（这最经常影响的是那些教育背景很薄弱的人群）。其次，必须认识到测验、评估和比较这些管理工具只能捕捉到学习中次要甚至是大多数情况下最不重要的那一部分东西。不过，这中间最糟糕和最致命的结果是，学习中的可测量因素被激励了，代价则是学习的更多用武之地被忽视了，或者更直白地说，竞争国家中的评估实践包含了一种趋势：在这个世界和生活越来越变动无常和复杂的背景下，真正应该被提升的学习要素却被忽视了。

总结起来只有这样一个结论：虽然如上所述竞争国家及其学校和教育政策都有着很多根本上的问题，但在各级学生和教师的竞争力及其日常生活条件上仍或多或少的作为空间。所以学校和机构的领导者和教师应该认识到在工作环境中存在着同时促进学生作为人的发展与学业投入度的可能性。

13.8 小结

当然不能单纯以学习课题作为出发点来规划教育的方式，但是当前有很多类型的有关学习的误解，它们在教育计划的组织中传播甚广，而且很大程度上，当框架建立的时候，就会以经济的考量作为出发点。

因此，在规划教育的时候，有很好的理由纳入更多的学习考量，并且这些考量要围绕不同群体参与者的需求展开，与此同时，要强调教育计划的内容与导向的特征，从而在教育计划及其日常实践目标之间达成更好的一致。

第十四章　总结

本章将在一开始总结前面各章中所阐述的学习理论。其后，我将考察在学习三角所展示出来的学习张力领域中，很多我曾引用过其成果的学习理论家们及其他一些人是以怎样的方式被定位的。作为最后的总结，我将简要反思一些针对本书立场和所提供信息的个人观点和视角。

14.1　已有学习理论的总结

关于本书中所阐述的学习理论中的主要要素，我将在下面努力提供一个简要的总结。这个总结我将不会沿着之前阐述的顺序推进，而会以一种集中的方式，试图保留所得结论中最为重要的方面。

学习概念基本上是在这样的理解基础上呈现的：人类学习的能力是人类生活和生存潜能中不可或缺的一部分，它从一开始在性质上就是一种本能欲望。然而，在学前岁月中，一种阻抗潜能被分裂出来作为一个单独的潜能，它可以在生活潜能遭遇严重障碍时被激活。

至于学习过程，我将它看作一个实体，联合了一个个体与其所处的物质和社会环境之间的直接或通过中介传播的互动过程以及一个内部的心理获得过程。因为获得过程是对要素的整合，包括内容和动机两个方面，所以一共有三个维度构成了所有学习的部分：内容、动机和互动。这也意味着学习总是同时在一个个体、人际交往以及社会性的水平上完成的，学习结果有着一种体现个体现象的特征，但它总是会被打上人际交往和社会性的印记。

处理"原始材料"或学习过程输入的互动过程的主要种类可以表现为：感知、传递、经验、模仿、活动或参与。然而，这些种类不应被看作是分离的，而更应是能够在单个的学习事件中结合起来的，它们中的每一种都或多或少地在一个唯一对应于某个特殊情境的模式中出现或突出表现出来。

互动开始于婴儿与其主要看护人之间的"母子二分体"。早在这一互动中，母亲或其他主要看护人就是当下的社会印记和结构的携带人，并且与此同时，这种互动总是发生在一个社会性的结构空间中。后来，互动将逐渐呈现一种直接或通过中介与社会整体发生联系的形式。

通过内部的心理获得过程，知识、理解和能力的认知结构以及情绪、动机和意志的动态模式，以一种整合性的方式得到了发展。这种整合意味着内容结构总是受情绪因素干扰的，而且动机模式包含了内容特征。内容和动机一起对人格发展产生作用。

内部心理过程可以主要呈现出累积的（机械的）、同化的（添加的）、顺应的（超越的）或转换的（身份认同改变的）特征。通过累积过程，新的结构和模式得以构建，而通过同化过程，新的要素被添加到业已存在的结构和模式中。通过顺应过程，业已存在的结构和模式被分解和重构，从而新的同化构建能够发生。通过转换过程，很多贯穿学习维度的结构和模式的重构同时发生了。

在个体遭遇的刺激或情境不能在已有结构和模式的基础上得到处理时，顺应和转换过程就被激活了。累积和同化过程产生的学习结果——记忆和适用性，在某种程度上预示了一种与原始学习情境的主观联系，而从原则上来说，顺应和转换过程的结果是能够自由实现的。更进一步地说，这种学习结果可能主要是聚合性的（明确的）或分散性的（模糊的），顺应和转换性的重构可能在一定程度上是进攻性的或防御性的。

顺应的一种特殊形式是反思，它通常从不同结构来理解材料，并且在没有任何来自环境的新刺激的直接输入的情况下发生。反思的基础是某种程度上一种主观上的重要挑战或矛盾的有意识经验。自我反思或自反性是一种特殊类型的反思，它能够导向增长的自我意识，并且由此成为一种重要的人格和身份认同发展的要素。在晚期现代社会中自传性是作为自反性与人格之间的一种连接点而发展起来的。

学习过程可以非常多样，从一个特定学习领域中的有限事件到广泛而复杂的包括整个人格和身份认同的发展。它们可以主要呈现出内容、动机或互动的特征，但总是在某种程度上包含着所有这些维度，而且它们也有可能通过生理条件下的成熟或年龄增长过程而得到整合。学习通常发生于在相当平坦、以同化性发展为主的"高原"与以顺应性为主的逐步或"跳跃"之间变化的阶段。

一些学习过程包含积极的抵抗或防御性的抗拒、阻塞或扭曲。通常来说刺激对于已有结构和模式来说是很不一致的，并且由此潜在地激发顺应过程，刺激可能会被扭曲，以至于这些差异矛盾被压制下去，而这些扭曲了的刺激相应地可以通过同化得到处理。在现代社会对于个体来说，发展这样一种防御机制是很必要的，这种防御机制是更为一般水平的日常意识的一部分，日常意识寻求的是通过回避与不同结构之间的联系，并由此倾向于把意识分裂为一系列某种程度上有所不同的空间，来顺应压倒性的大量和难以满足的要求。另外，也许还存在着更为影响深远的身份认同防御，它寻求的是在面对那些导向身份认同改变的或使身份认同的改变成为一种不可回避的要求和挑战时，保护个体的身份认同。

总体上来说，这些互动过程和内部获得及阐释过程的总体，构成了一个经验的终身过程。学习呈现出了这样的特征：它与一个主观适应的社会情境相联系，在这个社会情境中学习者积极地卷入并且将刺激联系到已有的经验和未来的观点之中。这种类型的学习将通常关注这样一些问题：它们具有主观上的重要性，应对的是在已有经验模式基础之上指向未来行动的可能性。

人们通常在多个生命年龄段中拥有不同的生活情境和生活视角，而且这些条件普遍影响着学习的特征。在童年期直到青春期，儿童将主要寻求体验尽可能多的他所遭遇的影响，这个过程充满了信任，没有任何审查过滤。在青年期的岁月中，以及一直到某种程度上比较稳定的个人身份认同建构起来为止（在我们的社会中这个过程很容易会持续到20或30多岁，并且常常或多或少在本质上尚未完成），学习基本上恰恰是被这个身份认同过程所影响的，而且所有的学习刺激都通常通过类似这样一个问题来加以过滤：这对于我和我的身份认同来说意味着什么？在成人期，学习通常在本质上是选择性的和怀疑性的。学习所有一切是不可能的，一个人因此必须做出选择。在日常生活中这种选择机制有必要在某种程度上是自动化的。大范围的学习选择通常是基于有关个体生活环境和生活计划的标准而更为有意识地做出的。在熟年成人期，个体发现他的生命时光是有限的，学习的选择性进一步加剧。

学习情境的一般特征——日常生活、学校或教育、工作生活、休闲兴趣或电子学习活动等等——和它的特定内容与情感诉求，这两者总是会给发生着的学习打上印记。相应地，学习者的状况，诸如年龄、性别和社会背景等一般特征，和更为特别的兴趣、背景和情境中的先决条件，也都将为学习打上印记。

从教育的观点来看很重要的是，所有与学习相关的课题，包括所有三个学习维度、所有四种学习类型和学习障碍的重要类型，以及参与者的年龄、性别、背景和生活情境，都成为教育课程的规划、组织和实施中的强调重点。在我们当今的社会中，有一种趋势是，基于经济的考量影响学习的导向到了如此程度：它导致了资源在个体和社会性方面相当大的浪费。

14.2　学习张力领域中的立场

在图 3.2 中，我展示了一个三角形的学习领域，它从三个学习维度延伸开来。我的基本假设是：这些维度总是在学习过程中被表现出来，因而，一个综合性的学习理论必须包含所有三个维度以及三者间的关联。

在中间一些章节中，我根据需要介绍了很多学习理论或与学习相关的理论。现在我将尝试通过简略地将它们的代表人物定位在学习三角中（见图14.1）对这些理论立场进行一般性检视。这同时也可以促进学习领域特征的具体化。

该学习领域的顶线连接的是内容和动机两极，沿着这条线，大多数我们通常认为的"发展心理学理论"就定位于此，因为它通常包含个体发展的内容和动机维度两方面，而互动维度在此常常仅被简略地加以考虑。

在内容的极点上，我放置的是皮亚杰，作为内容视角的一位重要和典型的代表人物，他非常强调认知。靠近这个极点我还放置了库伯，他的理论和模型也主要与学习的内容维度相关。我将尼森也放置在这里，尽管他主要思考的是有关顺应过程的心理能量的特殊要求，这让他朝着动机一极迈出了一步。

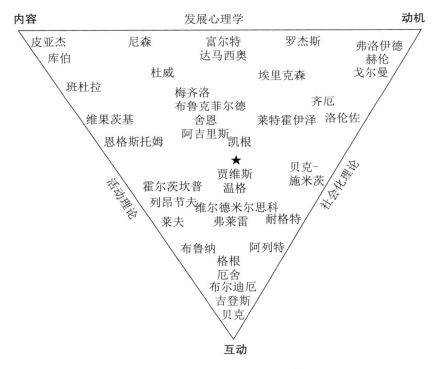

图 14.1　学习张力领域中的立场

我将弗洛伊德作为最重要和最为典型的代表人物，放置在动机的极点上，尽管他仅仅只是间接地探讨了学习。赫伦和戈尔曼也必须紧挨着弗洛伊德来定位。他们都特别研究了学习的情绪或动机方面，尽管他们对其他维度还有一些洞见。靠近弗洛伊德的地方我还放置了罗杰斯，他的兴趣在于这种情境下自我的发展与学习。不过，必须认识到的是，罗杰斯认为自我是同时拥有内容和动机结构的，由此他的立场并不是那么靠近动机的极点，而是朝着内容极点的方向迈进了一步。

在这两极的正中间是富尔特，他竭尽全力尝试在皮亚杰和弗洛伊德之间找到一种对等的平衡。我把达马西奥也放在同样的立场上，作为这样一种脑科学研究的代表人物：情绪与理性之间不可分割的互动是其强调的重点所在。

另外，还有一些主要与发展心理学理论相联系的做出贡献的理论家。他们没有被放置在这个领域的线上，这是因为在某种程度上他们的理论纳入了社会性的条件。在内容一极的方向上我放置了杜威，稍稍朝向动机一极的位置上我放置了有着精神分析取向的埃里克森。在这些立场上还可以加上两位成人教育专家——梅齐洛和布鲁克菲尔德，他们广泛的研究方向可以被定位在杜威和该图形的中心之间。

学习三角的左线从内容一极朝下延伸到互动一极。沿着这条线我主要放置的是俄罗斯文化历史学派的"活动理论"视角，它突出表现为力图将认知学习与其社会性条件联系在一起。

因此在这条线上，我首先放置的是维果茨基和列昂节夫，前者稍微靠近内容一极的方向，后者稍微靠近互动一极的方向——两者之间我放置了恩格斯托姆，作为他们在芬兰的当代继承人。

接下来，沿着这条线我放置了其他三位做出了很大贡献的人物。首先是班杜拉，我认为他的"社会学习"理论是非常认知导向的，尽管事实上是他提出了"社会学习"这个概念，我将他放在靠近内容一极的位置。其次是莱夫，她的出发点是人类学的，必须被放置在朝向互动一极的位置。最后是布鲁纳，他的学术生涯始于内容一极，但是经过几十年来的卓越发展，已经沿着这条线逐渐转向，我现在认为将他放在靠近互动一极的位置上是正确的。

霍尔茨坎普（还有霍尔茨坎普–奥斯特坎普）紧紧追随文化历史学派的传统，在其晚年竭力进入动机领域，因此其必须被放置在靠近该领域中心一步的位置。也在这个区域位置的是阿吉里斯和舍恩，他们有一点难以定位。他们提出了单回路和双回路模型，显然持有一种个体心理的视角，由此应该将他们放置在这个领域的上面部分，但是，另一方面，他们又专注于组织学习的领域，这是一个人际互动的领域。而且，他们主要研究的是学习的内容方面，但又没有回避情绪方面。因此，他们必须被放置到更靠近该领域中心的位置，但是稍稍偏向内容一极的方向。

学习三角的右线是从动机一极向下延伸到互动一极的。沿着这条线，主要的贡献来自法兰克福学派的批判理论和它在多种视角上的拓展，它们或多或少与"社会化理论"相关。

在较靠近动机一极的位置，我放置的是洛伦佐，而较靠近互动一极的则必然是耐格特，两者之间是贝克－施米茨，其聚焦于矛盾心理。另外，还有两位我以很大篇幅加以介绍的做出了更大贡献的人：一位是齐厄，他的立场必须被放置在稍微向上朝着发展心理学区域的位置；另一位是莱特霍伊泽，至少在他早期的有关日常意识的研究中，包含了内容一极的要素。最后，我还将把另一位德国人放置在这里，即阿列特，他的主要兴趣在于自传，我将他放在相当靠下的位置，接近于互动一极。

在三角形的底端，在两条边线中间，有很多理论具有很明显的或非常压倒性的人际交往或社会性导向，而且只在一般方法上与学习的心理维度相联系。

靠近互动一极我放置的是社会学家贝克、吉登斯和布尔迪厄，他们的贡献在于对晚期现代社会的学习条件的研究，稍稍向上一点的位置是作为社会建构主义视角代表人物的格根，这种视角在本质上具有心理学的性质，但是非常倾向于社会互动过程。还有一位是厄舍，他的后现代取向也属于这个区域。

再向领域的中心跨进一步，还是在两条边线的中间，我放置的是维尔德米尔思科，他的特别兴趣在于社会运动，还有弗莱雷，他的取向是发展中国家被压迫者的基本同时也是政治性的学习。

最后，是三位我特别在第八章中加以探讨的理论家，他们研究的是整体性的学习，因此必然要被放置在靠近图形中心的位置。一位是凯根，我将他放在中心的偏个体取向一面，因为他大部分持有的是心理学的视角。一位是贾维斯，他寻求在广泛领域和一个平衡的方式上进行研究，但因为他的社会学出发点，我必须将其置于中心的正下方。还有一位是温格，他的主要概念关注的是实践共同体，朝着互动一极又向下迈进了一步。

关于这个图形，在结论中我将会提出，本书对于学习的视角认为，在对任何理论或实践中的学习的研究中，必须把整个学习领域考虑在内，由此，寻求将自己置身于一个接近图形中心的聚焦点，这是至关重要的。

还想提到的是，我发现几乎所有我讨论过的理论家都是男性，这一点非常引人注目，也非常让人烦忧。在这个图形中只有三位女性被提及：让·莱夫、乌特·霍尔茨坎普－奥斯特坎普和雷吉娜·贝克－施米茨。与此形成对比的是，在西方文化圈，在实践中、在学校和各种教育机构中以及在其他情境中，投入到学习和教学之中的女性至少和男性同样多。

由此，我在这里探讨的理论发展类型，在某种程度上很大地迎合了男性而不是女性，这可以和巴伦－科恩的理论联系起来看，他的理论涉及男性更强的系统导向与女性更强的共情导向（见10.4节）。我们也许可以希望，有一天会出现一本有关学习的著作，用共情的视角，比贝兰基等人的研究成果《对抗生命冲击的女人》（Belenky et al.，1986；见10.4节）更具普遍性。

14.3 结论与观点

在上文中我已经尝试去展示了我所呈现的对学习的理解是如何从很多不同的角度中发展而来的，这些不同的角度在一起，涵盖了内容、动机和互动之间的整个学习领域。然而，这并不意味着该理论仅仅是很多有着多种科学和理论基础及态度的不同学术成果的并列集合。

与此相反，该理论是从本质为建构主义的立场上建构起来的，这一立场是由皮亚杰所发展的——通常他被认为是建构主义的创始人之一。我认为在这种关系中与弗洛伊德的理论世界进行联结是相对没有问题的。该理论与富尔特所指出的弗洛伊德与皮亚杰的理论建构之间的基本相似点建立了紧密的联系，这使得我们有可能用一种建构主义的视角来看弗洛伊德的理论。从这种观点出发，弗洛伊德的人类驱动理论与皮亚杰有关同化与顺应过程间的平衡功能理论有了重合——作为人类在生物和遗传意义上发展起来的人类种群的基本组织与以个体作为一个主体（即社会个体）的构建之间的一个联结。

而且，当学习被认为是一种皮亚杰和弗洛伊德所研究的内部心理过程和个体与其环境之间社会互动过程的一种整合时，也就有可能在这种理论框架中纳入社会性因素作为一种建构力量，比如说那些在社会建构主义中所考虑的因素。由此建构主义和社会建构主义之间的矛盾，也是格根花费了很大注意力在上面的东西，在我看来呈现了两种建构类型之间的一种综合互动的特点，这两种建构过程类型对学习来说都是本质的和必要的。

与内部心理过程及人类种群的生理与遗传基础之间的紧密联系相平行的是，人际交往过程与社会性地发展起来的环境之间有着一种基本联系。在人际交往过程中，社会性地发展起来的个体卷入了现有社会结构所设计的环境之中。在我们的现代社会里——并且日益遍布在这个世界的社会中，这意味着全球化、市场导向、晚期资本主义社会形态、竞争国家及其主导的跨国资本、高科技、经济思维和权力政策、贫富国家与人口群体之间的巨大张力，以及对地球资源不可持续的过度消费。

因此，从根本上讲，学习是一个作为生理上和遗传上发展起来的物种的人与其所发展的社会性结构之间的中介过程。学习发展了知识、能力、理解、情感、态度和社会性，这些是社会（存在与发展）的条件和初始原料的重要组成部分。但是社会性环境也发展出了独立的结构，这种结构有着既定框架的特征，它设定了知识、能力、理解、情感、态度和社会性所能够显示的条件。

在这种视角中，学习在大多数主题中是一种重要的中介性连接，这些主题包括人的素质是否能够符合和应对当前的社会结构（同样的人的能力已成为发展的刺激点），或者社会发展是否已经替代了源自人的基础的最后一点力量，这些力量创造了社会发展，也即将毁灭它自己的存在。

在这个方面，学习不仅仅是一个中立的过程。学习既可以加强人类力量，又可以阻碍社会的发展——教育和其他场所的社会性制度化学习的努力，它不是价值中立的技术或经济课题。由此，对学习性质的研究和对其功能模式及重要意义的理解，不仅仅是一个学术性的和极具复杂性的课题，也对社会发展具有意义，为在世界上维持一种重要的和特别的人类视角做出了贡献。在这个世界中，经济和技术路线的视角似乎正使得人类成为他自己伟大创造的对象。

参 考 文 献

Adorno, Theodor W. (1972 [1951]): Freudian Theory and the Pattern of Fascist Propaganda. In Theodor W. Adorno: *Soziologische Schriften I, Gesammelte Schriften, Band 8.* Frankfurt a.M.: Suhrkamp.

Adorno, Theodor W., Frenkel-Brunswik, Else, Levinson, Daniel J. and Sanford, R. Nevitt (1950): *The Authoritarian Personality.* New York: Harper & Brothers.

Ahrenkiel, Annegrethe and Illeris, Knud (2000): *Adult Education between Emancipation and Control.* Paper. The Adult Education Research Project, Roskilde University.

Alheit, Peter (1994): The Biographical Question as a Challenge to Adult Education. *International Review of Education*, 40.

—— (1995): Biographical Learning. In Peter Alheit *et al.* (eds): *The Biographical Approach in European Adult Education.* Vienna: ESREA/Verband Wiener Volksbildung.

—— (2009): Biographical Learning – Within the New Lifelong Learning Discourse. In Knud Illeris (ed.): *Contemporary Theories of Learning.* London: Routledge.

Allport, Gordon W. (1967): *Pattern and Growth in Personality.* New York: Holt, Rineholt and Winston.

Andersen, Anders Siig, Olesen, Henning Salling, Sommer, Finn M. and Weber, Kirsten (1993): *En oplevelse for livet.* Roskilde: The Adult Education Research Group, Roskilde University. [An experience for life].

Andersen, Vibeke, Illeris, Knud, Kjærsgaard, Christian, Larsen, Kirsten, Olesen, Henning Salling and Ulriksen, Lars (1994): *Qualifications and Living People.* Roskilde: The Adult Education Research Group, Roskilde University.

—— (1996): *General Qualification.* Roskilde: The Adult Education Research Group, Roskilde University.

Anderson, John R. (1988): Cognitive Style and Multicultural Populations. *Journal of Teacher Education*, 1 (39), pp. 2–9.

Andreasen, Nancy C. (2005): *The Creating Brain: The Neuroscience of Genius*. New York: Dana Press.

Antikainen, Ari (1998): In Search of Meaning and Practice of Life-long Learning. In Knud Illeris (ed.): *Adult Education in a Transforming Society*. Copenhagen: Roskilde University Press.

Antikainen, Ari and Kauppila, Juha (2000): The Story of a Learner: Educational Generations and the Future of Liberal Adult Education (Folksbildning) in Finland. In Knud Illeris (ed.): *Adult Education in the Perspective of the Learners*. Copenhagen: Roskilde University Press.

Antikainen, Ari, Houtsonen, Jarmo, Kauppila, Juha and Turunen, A. (1996): *Living in a Learning Society: Life-Histories, Identities and Education*. London: Falmer.

Argyris, Chris (1992): *On Organizational Learning*. Cambridge, MA: Blackwell.

—— (2000): *The Next Challenge in Organizational Learning: Leadership and Change*. Paper presented at the Learning Lab Denmark Opening Conference. Copenhagen, November 6.

Argyris, Chris and Schön, Donald (1978): *Organizational Learning: A Theory of Action Perspective*. Reading, MA: Addison-Wesley.

—— (1996): *Organizational Learning II – Theory, Method, Practice*. Reading, MA: Addison-Wesley.

Aronowitz, Stanley and Giroux, Henry A. (1985): *Education under Siege: The Conservative, Liberal and Radical Debate over Schooling*. South Hadley, MA: Bergin and Garvey.

—— (1991): *Postmodern Education: Politics, Culture, and Social Criticism*. Minneapolis, MN: University of Minnesota Press.

Ausubel, David P. (1968): *Educational Psychology: A Cognitive View*. New York: Holt, Rinehart and Winston.

Baltes, Paul B. and Schaie, K. Warner (eds) (1973): *Life-Span Developmental Psychology: Personality and Socialization*. New York: Academic Press.

Bandura, Albert (1977): *Social Learning Theory*. Englewood Cliffs, NJ: Prentice-

Hall.

Bandura, Albert and Walters, Richard H. (1963): *Social Learning and Personality Development*. New York: Holt, Rinehart and Winston.

Baron-Cohen, Simon (2003): *The Essential Difference*. London: Penguin.

Bateson, Gregory (1972): *Steps to an Ecology of Mind*. San Francisco, CA: Chandler.

Bauer, Mette and Borg, Karin (1986 [1976]): *Den skjulte læreplan*. Copenhagen: Unge Pædagoger. [The hidden curriculum].

Bauman, Zygmunt (1998): *Globalization: The Human Consequences*. Cambridge, UK: Polity Press.

—— (2000): *Liquid Modernity*. Cambridge, UK: Polity Press.

Beck, Ulrich (1992 [1986]): *Risk Society: Towards a New Modernity*. London: Sage.

Beck, Ulrich and Beck-Gernsheim, Elizabeth (2002): *Individualization: Institutionalized Individualism and Its Social and Political Consequences*. London: Sage.

Becker-Schmidt, Regina (1987): Dynamik sozialen Lernens: Geschlechterdifferenz und Konflikte aus der Perspektive von Frauen. In Regina Becker-Schmidt and Gudrun-Axeli Knapp: *Geschlechtertrennung – Geschlechterdifferenz – Suchbewegungen sozialen Lernens*. Bonn: J.H.W. Dietz Nachf. [The dynamics of social learning: gender difference and conflicts as viewed from a female perspective].

Beckett, David and Hager, Paul (2002): *Life, Work and Learning: Practice in Postmodernity*. London: Routledge.

Belenky, Mary Field, Clinchy, Blythe McVicker, Goldberger, Nancy Rule and Tarule, Jill Mattuck (1986): *Women's Ways of Knowing: The Development of Self, Voice, and Mind*. New York: Basic Books.

Berliner, Peter and Berthelsen, Jens (1989): Passiv aggression. *Nordisk psykologi*, 4, pp. 301–315. [Passive aggression].

Berlyne, Daniel E. (1960): *Conflict, Arousal, and Curiosity*. New York: McGraw-Hill.

Bernstein, Basil (1971): *Class, Codes and Control*. London: Routledge & Kegan Paul.

Berthelsen, Jens (2001): *Dilemmaet som lærer – om undervisning med læring gennem dilemmaer*. Copenhagen: Samfundslitteratur. [The dilemma as teacher: about teaching by learning from dilemmas].

Billett, Stephen (2001): *Learning in the Workplace: Strategies for Effective Practice.* Crows Nest, NSW: Allen & Unwin.

Bjerg, Jens (1972): *Pædagogisk udviklingsarbejde i folkeskolen.* Roskilde: Roskilde University. [Education developmental work in primary and lower secondary school].

—— (ed.) (1976): *Pædagogisk udviklingsarbejde – principper og vilkår belyst ved Brovst-projektet 1970–74.* Copenhagen: Munksgaard. [Education developmental work: principles and conditions illustrated by the Brovst-project 1970–74].

Borg, Vilhelm (1971): *Industriarbejde og arbejderbevidsthed.* Copenhagen: Røde Hane. [Industrial work and worker consciousness].

Botkin, Jams W., Elmandjra, Mahdi and Malitza, Mircea (1979): *No Limits to Learning – Bridging the Human Gap: A Report to the Club of Rome.* Oxford: Pergamon.

Boud, David (1989): Some Competing Traditions in Experiential Learning. In Susan Warner Weil and Ian McGill (eds): *Making Sense of Experiential Learning: Diversity in Theory and Practice.* Buckingham: Open University Press.

Boud, David and Garrick, John (eds) (1999): *Understanding Learning at Work.* London: Routledge.

Boud, David and Walker, David (1990): Making the Most of Experience. *Studies in Continuing Education*, 2, pp. 61–80.

Boud, David, Cohen, Ruth and Walker, David (eds) (1993): *Using Experience for Learning.* Buckingham: Open University Press.

Boud, David, Keogh, Rosemary and Walker, David (1985) (eds): *Reflection: Turning Experience into Learning.* London: Kogan Page.

Bourdieu, Pierre (1998 [1994]): *Practical Reason: On the Theory of Action.* Cambridge, UK: Polity Press.

Bourdieu, Pierre and Passéron, Jean-Claude (1977 [1970]): *Reproduction in Education, Society and Culture.* London: Sage.

Bowles, Samuel and Gintis, Herbert (1976): *Schooling in Capitalist America.* New York: Basic Books.

Brah, Avtar and Hoy, Jane (1989): Experiential Learning: A New Orthodoxy. In Susan Warner Weil and Ian McGill (eds): *Making Sense of Experiential Learning: Diversity in Theory and Practice*. Buckingham: Open University Press.

Braverman, Harry (1974): *Labor and Monopoly Capital*. New York: Monthly Review Press.

Brockett, Ralph D. and Hiemstra, Roger (1991): *Self-Direction in Adult Learning: Perspectives on Theory, Research, and Practice*. New York: Routledge.

Brookfield, Stephen D. (1987): *Developing Critical Thinkers – Challenging Adults to Explore Alternative Ways of Thinking and Acting*. Milton Keynes: Open University Press.

—— (1990a): *The Skillful Teacher: On Technique, Trust, and Responsiveness in the Classroom*. San Francisco, CA: Jossey-Bass.

—— (1990b): Using Critical Incidents to Explore Learners' Assumptions. In Jack Mezirow and Associates (eds): *Fostering Critical Reflection in Adulthood*. San Francisco, CA: Jossey-Bass.

—— (1995): *Becoming a Critically Reflective Teacher*. San Francisco, CA: Jossey-Bass.

—— (2000a): Transformative Learning as Ideology Critique. In Jack Mezirow and Associates (eds): *Learning as Transformation: Critical Perspectives on a Theory in Progress*. San Francisco, CA: Jossey-Bass.

—— (2000b): Adult Cognition as a Dimension of Lifelong Learning. In John Field and Mal Leicester (eds): *Lifelong Learning: Education Across the Lifespan*. London: Routledge-Falmer.

—— (2005): *The Power of Critical Theory: Liberating Adult Learning and Teaching*. San Francisco, CA: Jossey-Bass.

Brostrøm, Stig (1977): *Struktureret pædagogik*. Copenhagen: Pædagogisk Landsforbund. [Structured pedagogy].

Bruner, Jerome S. (1960): *The Process of Education*. Cambridge, MA: Harvard University Press.

—— (1966): *Toward a Theory of Instruction*. Cambridge, MA: Harvard University

Press.

—— (1971): *The Relevance of Education*. New York: Norton.

—— (1986): *Actual Minds, Possible Worlds*. Cambridge, MA: Harvard University Press.

—— (1990): *Acts of Meaning*. Cambridge, MA: Harvard University Press.

—— (1996): *The Culture of Education*. Cambridge, MA: Harvard University Press.

—— (2002): *Making Stories: Law, Literature, Life*. Cambridge, MA: Harvard University Press.

Bruner, Jerome S., Goodnow, Jacqueline J. and Austin, George A. (1956): *A Study of Thinking*. New York: Wiley.

Bruner, Jerome S., Olver, Rose, R., Greenfield, Patricia M. and Hornsby, Joan Rigley (1966): *Studies in Cognitive Growth*. New York: Wiley.

Brückner, Peter (1972): *Zur Sozialpsychologie des Kapitalismus*. Frankfurt a.M.: Europäsche Verlagsanstalt. [The social psychology of capitalism].

Bühler, Charlotte (1933): *Der menschliche Lebenslauf als psychologisches Problem*. Leipzig: Hirzel. [The human life course as a psychological problem].

—— (1968): The General Structure of the Human Life Cycle. In Charlotte Bühler and Fred Massarik (eds): *The Course of Human Life*. New York: Springer.

Burr, Vivien (2015): *Social Constructionism*. London: Routledge, 3rd edition.

Buss, David M. (1999): *Evolutionary Psychology: The New Science of the Mind*. Boston, MA: Allyn and Bacon.

Butler, Judith (1993): *Bodies that Matter: On the Discursive Limits of 'Sex'*. New York: Routledge.

—— (2004): *Undoing Gender*. New York: Routledge.

Campos, Joseph J., Barrett, Karen Caplovitz, Lamb, Michael E., Goldsmith, H. Hill and Stenberg, Craig (1983): Socioemotional Development. In Paul H. Mussen (ed.): *Handbook of Child Psychology*. New York: Wiley, 4th edition.

Candy, Philip C. (1991): *Self-Direction for Lifelong Learning: A Comprehensive Guide to Theory and Practice*. San Francisco, CA: Jossey-Bass.

Castells, Manuel (1996): *The Rise of the Network Society*. Cambridge, MA: Blackwell.

CEDEFOP (European Centre for the Development of Vocational Training) (2003): *Lifelong Learning: Citizens' Views*. Luxembourg: Office for Official Publications of the EU.

Cerny, Philip G. (1997): Paradoxes of the Dynamics of Political Globalization. *Government and Opposition,* 32/2, pp. 251-274.

—— (2010): *Rethinking World Politics: A Theory of Transnational Neopluralism*. Oxford: Oxford University Press.

Chaiklin, Seth (ed.) (2001): *The Theory and Practice of Cultural-Historical Psychology*. Århus: Aarhus University Press.

Chaiklin, Seth, Hedegaard, Mariane and Jensen, Uffe Juul (eds) (1999): *Activity Theory and Social Practice: Cultural-Historical Approaches*. Århus: Aarhus University Press.

Chodorow, Nancy (1978): *The Reproduction of Mothering: Psychoanalysis and the Psychology of Gender*. Berkeley, CA: University of California Press.

Christensen, Lone Rahbek (1987): *Hver vore veje*. Copenhagen: Etnologisk Forum. [Each our ways].

Christiansen, Frederik Voetmann (1999): Exemplarity and Educational Planning. In Henning Salling Olesen and Jens Højgaard Jensen (eds): *Project Studies*. Copenhagen: Roskilde University Press.

Christie, Nils (1971): *Hvis skolen ikke fantes*. Oslo/Copenhagen: Christian Ejlers. [If school did not exist].

Coffield, Frank (2003): The Hole in the Heart of Current Policies of Lifelong Learning. In CEDEFOP (European Centre for the Development of Vocational Training) (ed.): *Policy, Practice and Partnership: Getting to Work on Lifelong Learning*. Thessaloniki: CEDEFOP.

Coffield, Frank, Moseley, David, Hall, Elaine and Ecclestone, Kathryn (2004): *Learning Styles and Pedagogy in Post-16 Learning: A Systematic and Critical Review*. London:

Learning and Skill Research Centre.

Cole, Michael (1996): *Cultural Psychology: A Once and Future Discipline*. Cambridge, MA: Harvard University Press.

Cole, Michael and Cole, Sheila R. (1989): *The Development of Children*. New York: Scientific American.

Cole, Michae and Scribner, Sylvia (1978): Introduction. In Lev S. Vygotsky: *Mind in Society: The Development of Higher Psychological Processes*. Cambridge, MA: Harvard University Press.

Cole, Michae and Wertsch, James V. (1996): *Contemporary Implications of Vygotsky and Luria*. Worcester, MA: Clark University Press.

Coleman, James S., Campbell, Ernest Q., Hobson, Carol J., McPartland, James, Mood, Alexander M., Weinfeld, Frederic D. and York, Robert L. (1966): *Equality of Educational Opportunity*. Washington, DC: National Center for Educational Statistics.

Colley, Helen, Hodkinson, Phil and Malcolm, Janice (2003): *Informality and Formality in Learning*. London: Learning and Skills Research Centre.

Damasio, Antonio R. (1994): *Descartes' Error: Emotion, Reason and the Human Brain*. New York: Grosset/Putnam.

—— (1999): *The Feeling of What Happens: Body, Emotion and the Making of Consciousness*. London: Vintage.

Darwin, Charles (1958 [1859]): *The Origin of Species by Means of Natural Selection or the Preservation of Favoured Races in the Struggle for Life*. London: Oxford University Press.

Descartes, René (1967 [1637]): *The Philosophical Works of Descartes*. Cambridge, UK: Cambridge University Press, 3rd reprint.

Dewey, John (1902): *The Child and the Curriculum*. Chicago, IL: Chicago University Press.

—— (1916): *Democracy and Education*. New York: Macmillan.

—— (1965 [1938]): *Experience and Education*. New York: Collier Books.

Dillenbourg, Pierre (1999): What Do You Mean by Collaborative Learning? In Pierre

Dillenbourg (ed.): *Collaborative Learning – Cognitive and Computational Approaches.* Oxford: Elsevier Science.

Dirckinck-Holmfeld, Lone (1990): *Kommunikation på trods og på tværs. Projektpædagogik og datamatkonferencer i fjernundervisning.* Ålborg: PICNIC-nyt nr. 9, Aalborg Universitet. [Communication in defiance and across borders: project education and computer conferences in distant education].

—— (2000): Virtuelle læringsmiljøer på et projektpædagogisk grundlag. In Simon Hejlesen (ed.): *At undervise med IKT.* Copenhagen: Samfundslitteratur. [Virtual learning environments based on project education].

Dirckinck-Holmfeld, Lone and Fibiger, Bo (eds) (2002): *Learning in Virtual Environments.* Copenhagen: Samfundslitteratur.

Dirckinck-Holmfeld, Lone, Tolsby, Håkon and Nyvang, Tom (2002): E-læring systemer i arbejdsrelateret projektpædagogik. In Knud Illeris (ed.): *Udspil om læring i arbejdslivet.* Copenhagen: Roskilde University Press. [E-learning systems in work related project education].

Dominicé, Pierre (2000): *Learning from Our Lives.* San Francisco, CA: Jossey-Bass.

Donaldson, Margaret (1986): *Children's Minds.* London: Fontana, 2nd edition.

Drake, David B., Brennan, Diana and Gørtz, Kim (eds) (2008): *The Philosophy and Practice of Coaching.* San Francisco: Jossey-Bass.

Dreyfus, Hubert and Dreyfus, Stuart (1986): *Mind over Machine.* New York: Free Press.

Duncker, Karl (1945 [1935]): *On Problem-Solving.* The American Psychological Association, Psychological Monographs, 5.

Dunn, Rita (1996): *How to Implement and Supervise a Learning Style Program.* Alexandria, VA: Association for Supervision and Curriculum Development.

Dunn, Rita and Dunn, Kenneth (1978): *Teaching Students Through Their Individual Learning Styles: A Practical Approach.* Reston, VA: Prentice-Hall.

—— (1992): *Teaching Elementary Students Through Their Individual Learning Styles: Practical Approaches for Grades 3–6.* Boston, MA: Allyn & Bacon.

——(1993): *Teaching Secondary Students Through Their Individual Learning Styles: Practical Approaches for Grades 7–12*. Boston, MA: Allyn & Bacon.

Dunn, Rita and Griggs, Shirley (eds) (2003): *Synthesis of the Dunn and Dunn Learning-Style Model Research*. New York: St. John's University.

Ebbinghaus, Hermann (1964 [1885]): *Memory: A Contribution to Experimental Psychology*. New York: Dover.

Elger, Christian E., Friederici, Angela, Koch, Christof, Luhmann, Heiko, von der Malsburg, Christoph, Menzel, Randolf, Monyer, Hannah, Rösler, Frank, Roth, Gerhard, Scheich, Henning and Singer, Wolf (2004): Das Manifest – Elf führende Neurowissenschaftler über gegenwart und Zukunft der Hirnforschung. *Gehirn & Geist*, 6. [The manifest – eleven neuroscientists on the present situation and the future of brain research].

Elkjær, Bente (1999): In Search of a Social Learning Theory. In Mark Easterby-Smith, John Borgoyne and Luis Araujo (eds): *Organizational Learning and the Learning Organization*. London: Sage.

——(2002): E-læring på arbejdspladsen. In Knud Illeris (ed.): *Udspil om læring i arbejdslivet*. Copenhagen: Roskilde University Press. [E-learning at the work-place].

—— (2005): *Når læring går på arbejde: et pragmatisk blik på læring i arbejdslivet*. Copenhagen: Samfundslitteratur. [When learning goes to work: a pragmatic view on learning in working life].

Ellström, Per-Erik (2001): Integrating Learning and Work: Conceptual Issues and Critical Conditions. *Human Resource Development Quarterly*, 4, pp. 421–436.

—— (2006): Two Logics of Learning. In Elena Antonacopoulou, Peter Jarvis, Vibeke Andersen, Bente Elkjær and Steen Høyrup (eds): *Learning, Working and Living: Mapping the Terrain of Working Life Learning*. London: Palgrave Macmillan.

Ellström, Per-Erik and Kock, Henrik (2009): Competence Development in the Workplace: Concepts, Strategies and Effects. In Knud Illeris (ed.): *International Perspectives on Competence Development*. London: Routledge.

Engeström, Yrjö (1987): *Learning by Expanding: An Activity-Theoretical Approach to Developmental Research*. Helsinki: Orienta-Kunsultit.

—— (1993): Developmental Studies of Work as a Testbench of Activity Theory: The Case of Primary Care and Medical Practice. In Seth Chaiklin and Jean Lave (eds): *Understanding Practice: Perspectives on Activity and Context*. New York: Cambridge University Press.

—— (1994): *Training for Change: New Approach to Instruction and Learning in Working Life*. Geneva: ILO.

—— (1996): Developmental Work Research as Educational Research. *Nordisk Pedagogik*, 3, pp. 131–143.

—— (2009): Expansive Learning: Toward an Activity-theoretical Receptualization. In Knud Illeris (ed.): *Contemporary Theories of Learning*. London: Routledge.

Engeström, Yrjö, Miettinen, Reijo and Punamäki, Raija-Leena (eds) (1999): *Perspectives on Activity Theory*. Cambridge, MA: Cambridge University Press.

Eraut, Michael (1994): *Developing Professional Knowledge and Competence*. London: Falmer.

Erikson, Erik H. (1968): *Identity, Youth and Crisis*. New York: Norton.

Erikson, Erik H., Erikson, Joan M. and Kivnick, H. O. (1986): *Vital Involvement in Old Age*. New York: Norton.

EU Commission (2000): *Memorandum on Lifelong Learning*. Brussels: EU.

Evans, Karen, Hodkinson, Phil and Unwin, Lorna (eds) (2002): *Working to Learn – Transforming Learning in the Workplace*. London: Kogan Page.

Faure, Edgar (ed.) (1972): *Learning to Be: The world of Education Today and Tomorrow*. Paris: UNESCO.

Festinger, Leon (1957): *A Theory of Cognitive Dissonance*. Stanford, CA: Stanford University Press.

Field, John (2002): *Lifelong Learning and the New Educational Order*. Stoke-on-Trent: Trentham Books, 2nd edition.

Finger, Matthias (1995): Adult Education and Society Today. *International Journal of Lifelong Education*, 2 (14), pp. 110–119.

Finger, Matthias and Asún, José Manuel (2001): *Adult Education at the Crossroads: Learning Our Way Out*. London: Zed.

Flavell, John H. (1963): *The Developmental Psychology of Jean Piaget*. New York: Van Nostrand.

Freire, Paulo (1970): *Pedagogy of the Oppressed*. New York: Seabury.

—— (1971): *Cultural Action for Freedom*. Cambridge, MA: Harvard Educational Review.

Freud, Anna (1942 [1936]): *The Ego and the Mechanisms of Defence*. London: Hogarth Press.

Freud, Sigmund (1940 [1915]): Triebe und Triebschicksale. In Sigmund Freud: *Gesammelte Werke I*. London: Imago.

—— (1940 [1894]): Die Abwehr-Neuropsychosen. In Sigmund Freud: *Gesammelte Werke I*. London: Imago.

—— (1959 [1921]): *Group Psychology and the Analysis of the Ego*. London: Pelican Freud Library.

Freud, Sigmund and Breuer, Joseph (1956 [1895]): *Studies on Hysteria*. London: Pelican Freud Library.

Furth, Hans G. (1981 [1969]): *Piaget and Knowledge: Theoretical Foundations*. Chicago, IL: Chicago University Press, 2nd edition.

—— (1987): *Knowledge as Desire*. New York: Columbia University Press.

Gagné, Robert M. (1970 [1965]): *The Conditions of Learning*. New York: Holt, Rinehart and Winston, 2nd edition.

Galbraith, Michael W. and Cohen, Norman H. (eds)（1995）: *Mentoring. New Strategies and Challenges*. San Francisco: Jossey-Bass.

Gardner, Howard (1983): *Frames of Mind: The Theory of Multiple Intelligences*. New York: Basic Books.

—— (1991): *The Unschooled Mind: How Children Think and How Schools Should Teach*. New York: Basic Books.

—— (1993): *Multiple Intelligences: The Theory in Practice*. New York: Basic Books.

—— (1999): *Intelligence Reframed. Multiple Intelligences for the 21st Century*. New York: Basic Books.

Garrick, John (1998): *Informal Learning in the Workplace: Unmasking Human Resource Development*. London: Routledge.

Gaulin, Steven J. C. and McBurney, Donald H. (2001): *Psychology: An Evolutionary Approach*. Englewood Cliffs, NJ: Prentice Hall.

Gergen, Kenneth J. (1991): *The Saturated Self: Dilemmas of Identity in Contemporary Life*. New York: Basic Books.

—— (1994): *Realities and Relationships*. Cambridge, MA: Harvard University Press.

Gherardi, Silvia (2006): *Organizational Knowledge: The Texture of Workplace Learning*. Oxford: Blackwell.

Giddens, Anthony (1990): *The Consequences of Modernity*. Stanford, CA: Stanford University Press.

—— (1991): *Modernity and Self-Identity*. Cambridge, UK: Polity Press.

—— (1993): *Sociology*. Cambridge, UK: Polity Press.

Giroux, Henry A. (1981): *Ideology, Culture, and the Process of Schooling*. Philadelphia, PA: Temple University Press.

—— (1983): *Theory and Resistance in Education: Towards a Pedagogy for the Opposition*. London: Heinemann.

—— (1988): *Schooling and the Struggle for Public Life: Critical Pedagogy in the Modern Age*. Minneapolis, MN: University of Minnesota Press.

—— (ed.) (1997): *Pedagogy and the Politics of Hope: Theory, Culture and Schooling – A Critical Reader*. Boulder, CO: Westview Press.

Gogtay, Nitin *et al.* (2004): Dynamic Mapping of Human Cortical Development during Childhood through Early Adulthood. *Proceedings of the National Academy of Sciences of the USA*, 101 (21), pp. 8174–8179.

Goldberg, Arnold (ed.) (1978): *The Psychology of the Self*. New York: International Universities Press.

Goldberg, Elkhonon (2001): *The Executive Brain: Frontal Lobes and the Civilized*

Mind. New York: Oxford University Press.

—— (2005): *The Wisdom Paradox: How Your Mind Can Grow Stronger as Your Brain Gets Older*. New York: Gotham Books.

Goldberger, Nancy Rule, Tarule, Jill Mattuck, Clinchy, Blythe McVicker and Belenky, Mary Field (eds) (1996): *Knowledge, Difference, and Power: Essays Inspired by Women's Ways of Knowing*. New York: Basic Books.

Goleman, Daniel (1995): *Emotional Intelligence: Why It Can Matter More than IQ*. London: Bloomsbury.

—— (1998): *Working with Emotional Intelligence*. London: Bloomsbury.

Goleman, Daniel, Boyatzis, Richard and McKee, Annie (2002): *Primal Leadership*. Boston, MA: Harvard Business School Press.

Goleman, Daniel and Senge, Peter (2014): *The Triple Focus: A New Approach to Education*. Florence, MA: More Than Sound.

Greenfield, Patricia and Lave, Jean (1982): Cognitive Aspects of Informal Education. In Daniel A. Wagner and Harold W. Stevenson (eds): *Cultural Perspectives on Child Development*. San Francisco, CA: Freeman and Company.

Griffin, Peg and Cole, Michael (1984): Current Activity for the Future: The Zo-Ped. In Barbara Rogoff and James V. Wertsch (eds): *Children's Learning in the 'Zone of Proximal Development'*. San Francisco, CA: Jossey-Bass.

Guilford, Joy P. (1967): *The Nature of Human Intelligence*. New York: McGraw-Hill.

Habermas, Jürgen (1971): *Thesen zur Theorie der Sozialisation*. Frankfurt a.M.: Limit-Druck. [Theses on the theory of socialisation].

—— (1984–1987 [1981]): *The Theory of Cummunicative Action*. Cambridge, UK: Polity Press.

—— (1988 [1963]): *Theory and Practice*. Cambridge, UK: Polity Press.

—— (1989a [1968]): *Knowledge and Human Interest*. Cambridge, UK: Polity Press.

—— (1989b [1962]): *The Structural Transformation of the Public Sphere*. Cambridge, UK: Polity Press.

Hansen, Erik Jørgen (1972): *Lighed gennem uddannelse*. Copenhagen: Socialforskningsinstituttet. [Equality through education].

Hansen, Kirsten Grønbæk (1998): Er læring mere end situeret praksis? *Dansk pædagogisk tidsskrift*, 2, pp. 6–16. [Is learning more than situated practice?].

Hansen, Mogens (2005): De mange intelligenser – mangfoldighedens pædagogik. In Mogens Hansen, Per Fibæk Laursen and Anne Maj Nielsen: *Perspektiver på de mange intelligenser*. Copenhagen: Roskilde University Press. [Multiple intelligences – a pedagogy of multitude].

Hansen, Mogens, Thomsen, Poul and Varming, Ole (1997): *Psykologisk-pædagogisk ordbog*. Copenhagen: Gyldendal, 11th edition. [Psychological-pedagogical dictionary].

Harris, Judy (2000): *The Recognition of Prior Learning: Power, Pedagogy, and Possibility – Conceptual and Implementation Guides*. Pretoria: Human Sciences Research Council.

Hedegaard, Mariane and Hansen, Vagn Rabøl (1992): *En virksom pædagogik: kritik og alternativ praksis*. Århus: Århus Universitetsforlag. [Activity pedagogy: critique and alternative practice].

Hegel, Georg, Wilhelm, Friedrich (1967 [1807]): *The Phenomenology of Mind*. New York: Harper.

Hermansen, Mads (1996): *Læringens univers*. Århus: Klim. [The universe of learning].

Heron, John (1992): *Feeling and Personhood: Psychology in Another Key*. London: Sage.

Hiemstra, Roger and Sisco, Burton (1990): *Individualizing Instruction: Making Learning Personal, Empowering, and Successful*. San Francisco, CA: Jossey-Bass.

Hilgard, Ernest R. (1980): The Trilogy of Mind: Cognition, Conation and Emotion. *Journal of the History of the Behavioral Sciences*, 16, pp. 107–117.

Hodkinson, Phil, Hodkinson, Heather, Evans, Karen, Kersh, Natasha, Fuller, Alison, Unwin, Lorna and Senker, Peter (2004): The Significance of Individual Biography in Workplace Learning. *Studies in the Education of Adults*, 1 (36), pp. 6–24.

Højrup, Thomas (1983): *The Concept of Life-Mode*. Lund: Ethnologia Scandinavica.

Holzkamp, Klaus (1983): Grundlegung der Psychologie. Frankfurt a.M.: Campus. [Foundations of psychology].

—— (1995): *Lernen – Subjektwissenschaftliche Grundlegung*. Frankfurt a.M.: Campus. [Learning: the foundation of a science of the subject].

Holzkamp-Osterkamp, Ute (1978): Erkenntnis, Emotionalität, Handlungsfähigkeit. *Forum Kritische Psychologie*, 3. Argument Sonderband AS 28. Berlin: Argument-Verlag. [Recognition, emotionalism, action ability].

Honneth, Axel (1995 [1992]): *The Struggle for Recognition: The Moral Grammer of Social Conflicts*. Cambridge, UK: Polity Press.

—— (2014): *Freedom's Right: The Social Foundation of Democratic Life*. New York: Columbia University Press.

Horkheimer, Max and Adorno, Theodor W. (1944): *Dialectic of Enlightenment*. New York: Social Studies Association.

Horner, Matina S. (1974): The Measurement and Behavioral Implications of Fear and Success in Women. In John W. Atkinson and Joel O. Raynor (eds): *Motivation and Achievement*. New York: Wiley.

Illeris, Knud (1981): *Modkvalificeringens pædagogik*. Copenhagen: Unge Pædagoger. [The pedagogy of counter qualification].

—— (1984): Erfaringer med erfaringspædagogikken. *Unge Pædagoger,* 2, pp. 22–33. [Experiences of experiential pedagogy].

—— (1992): The Significance of Educational Strategies. *British Educational Research Journal*, 1, pp. 17–23.

—— (1995): *Læring, udvikling og kvalificering*. Roskilde: The Adult Education Research Group, Roskilde University. [Learning, development and qualification].

—— (1996): *Piaget and Education*. Paper for the Fifth International Conference on Experiential Learning, Cape Town. Roskilde University.

—— (1998): Adult Learning and Responsibility. In Knud Illeris (ed.): *Adult Education in a Transforming Society*. Copenhagen: Roskilde University Press.

—— (1999): Project Work in University Studies: Background and Current Issues.

In Henning Salling Olesen and Jens Højgaard Jensen (eds): *Project Studies*. Copenhagen: Roskilde University Press.

—— (2002): *The Three Dimensions of Learning*. Copenhagen: Roskilde University Press/Leicester, UK: NIACE. (American issue 2004: Malabar, FL: Krieger Publishing).

—— (2003): Adult Education as Experienced by the Learners. *International Journal of Lifelong Education*, 1 (22), pp. 13–23.

—— (2004a): *Adult Education and Adult Learning*. Copenhagen: Roskilde University Press/Malabar, FL: Krieger Publishing.

—— (2004b): *The Three Dimesions of Learning*. Malabar, FL: Krieger Publishing. Also published by NIACE, Leicester, UK, 2002.

—— (2006): Lifelong Learning and the Low-Skilled. *International Journal of Lifelong Education*, 1 (25), pp. 15–28.

—— (2009a): A Comprehensive Understanding of Human Learning. In Knud Illeris (ed.): *Contemporary Theories of Learning*. London: Routledge.

—— (ed.) (2009b): *International Perspectives on Competence Development*. London: Routledge.

—— (2009c): Competence, Learning and Education: How can Competences be Learned, and How Can They Be Developed in Formal Education? In Knud Illeris (ed.): *International Perspectives on Competence Development*. London: Routledge.

—— (2011): *The Fundamentals of Workplace Learning*. London: Routledge.

—— (2014): *Transformative Learning and Identity*. London: Routledge.

—— (2016): Learning in the Competition State. In Knud Illeris (ed.): *Learning, Development and Education*. London: Routledge.

Illeris, Knud, Andersen, Vibeke, Kjærsgaard, Christian, Larsen, Kirsten, Olesen, Henning Salling and Ulriksen, Lars (1995): *Almenkvalificering*. Copenhagen: Roskilde University Press. [Generic qualification].

Illeris, Knud *et al.* (2004): *Learning in Working Life*. Copenhagen: Roskilde University Press.

Jackson, Philip W. (1990 [1968]): *Life in Classrooms*. New York: Teachers College,

Columbia University.

James, William (1890): *The Principles of Psychology I–II*. New York: Holt, Rinehart and Winston.

Jansen, Theo, Finger, Matthias and Wildemeersch, Danny (1998): Lifelong Learning for Responsibility: Exploring the Significance of Aesthetic Rationality for Adult Education. In John Holford, Peter Jarvis and Colin Griffin (eds): *International Perspectives on Lifelong Learning*. London: Kogan Page.

Jarvis, Peter (1987): *Adult Learning in the Social Context*. New York: Croom Helm.

—— (1992): *Paradoxes of Learning: On Becoming an Individual in Society*. San Francisco, CA: Jossey-Bass.

—— (2001): *Learning in Later Life*. London: Kogan Page.

—— (2002): *The Implications of Life-Wide Learning for Lifelong Learning*. Paper presented at the Danish EU Presidency Conference, Elsinore, 9 October.

—— (2004): *Adult Education and Lifelong Learning: Theory and Practice*. London: Routledge-Falmer, 3rd edition.

—— (2006): *Towards a Comprehensive Theory of Human Learning*. London: Routledge.

—— (2007): *Globalisation, Lifelong Learning and the Learning Society: Sociological Perspectives*. London: Routledge.

—— (2008): *Democracy, Lifelong Learning and the Learning Society*. London: Routledge.

—— (ed.) (2009a): *The Routledge International Handbook of Lifelong Learning*. London: Routledge.

—— (2009b): Learning to Be a Person in Society: Learning to Be Me. In Knud Illeris (ed.): *Contemporary Theories of Learning*. London: Routledge.

—— (2012): Non-learning. In Peter Jarvis (ed.): *The Routledge International Handbook of Learning*. London: Routledge.

Jarvis, Peter, Holford, John and Griffin, Colin (1998): *The Theory and Practice of Learning*. London: Kogan Page.

Jencks, Christopher, Smith, Marshall, Acland, Henry, Bane, Mary Jo, Cohen, David, Gintis, Herbert, Heyns, Barbara and Michelson, Stephan (1972): *Inequality: A Reassessment of the Effect of Family and Schooling in America*. New York: Basic Books.

Jenkins, Richard (2004): *Social Identity*. London: Routledge.

Jensen, Johan Fjord (1993): *Livsbuen – voksenpsykologi og livsaldre*. Copenhagen: Gyldendal. [The life arch].

Joas, Hans (1996 [1992]): *The Creativity of Action*. Cambridge, UK: Polity Press.

Jonsson, Gustav (1969): *Det sociale arvet*. Stockholm: Folksam. [Social heredity].

Jørgensen, Christian Helms and Warring, Niels (2003): Learning in the Workplace: The Interplay between Learning Environments and Biographical Learning Trajectories. In Christian Helms Jørgensen and Niels Warring (eds): *Adult Education and the Labour Market VII B*. Copenhagen: Roskilde University Press.

Jørgensen, Henning, Lassen, Morten, Lind, Jens and Madsen, Morten (1992): *Medlemmer og meninger*. Aalborg: CARMA, Aalborg University. [Members and meanings].

Jørgensen, Per Schultz (1999): Hvad er kompetence? *Uddannelse*, 9, pp. 4–13. [What is competence?].

Judd, Charles H. (1908): The Relation of Special Training to General Intelligence. *Educational Review*, 36, pp. 28–42.

Kant, Immanuel (2002 [1781]): *The Critique of Pure Reason*. Cambridge, UK: Cambridge University Press.

Kegan, Robert (1982): *The Evolving Self*. Cambridge, MA: Harvard University Press.

—— (1994): *In Over Our Heads: The Mental Demands of Modern Life*. Cambridge, MA: Harvard University Press.

—— (2000): What Form Transforms? A Constructive-Developmental Approach to Transformative Learning. In Jack Mezirow *et al.*: *Learning as Transformation: Critical Perspectives on a Theory in Progress*. San Francisco, CA: Jossey-Bass.

Kernberg, Otto (1975): *Borderline Conditions and Pathological Narcissism*. New York: Jason Aronson.

Knowles, Malcolm S. (1970): *The Modern Practice of Adult Education: Andragogy versus Pedagogy*. New York: Associated Press.

—— (1973): *The Adult Learner: A Neglected Species*. Houston, TX: Gulf Publishing.

—— (1975): *Self-Directed Learning*. New York: Association Press.

Knudsen, Herman (1980): *Disciplinering til lønarbejde*. Ålborg: Aalborg Universitetsforlag. [Disciplining for wage labour].

Köhler, Wolfgang (1925 [1917]): *The Mentality of Apes*. Harmondsworth: Penguin.

Kohut, Heinz (1971): *The Analysis of the Self: A Systematic Approach to the Psychoanalytic Treatment of Narcissistic Personality Disorders*. New York: International Universities Press.

—— (1977): *The Restoration of the Self*. New York: International Universities Press.

Kolb, David A. (1984): *Experiential Learning: Experience as the Source of Learning and Development*. Englewood Cliffs, NJ: Prentice-Hall.

Kolb, David A. and Fry, Roger (1975): Toward an Applied Theory of Experiential Learning. In Cary L. Cooper (eds): *Theories of Group Processes*. London: Wiley.

Krech, David, Crutchfield, Richard S. and Bellachey, Egerton L. (1962): *Individual in Society*. New York: McGraw-Hill.

Kristensen, Jens Erik (2001): Citation from an Interview by John Villy Olsen: Et begreb kom snigende. *Folkeskolen*, 15, pp. 6–8. [A concept came sneaking].

Krovoza, Alfred (1976): *Produktion und Sozialisation*. Frankfurt a.M.: Europäische Verlagsanstalt. [Production and socialisation].

Kupferberg, Feiwel (1996): *Kreativt kaos i projektarbejdet*. Ålborg: Aalborg Universitetsforlag. [Creative chaos in project studies].

Kvale, Steinar (1980): *Spillet om karakterer i gymnasiet*. Copenhagen: Munksgaard. [The grading game in upper secondary school].

Langager, Søren (2014): Specialpædagogikkens børn. In Knud Illeris (ed.): *Læring i konkurrencestaten*. Copenhagen: Samfundslitteratur. [The children of special education].

Lasch, Christopher (1978): *The Culture of Narcissism: American Life in an Age of Diminishing Expectations*. New York: Norton.

Lave, Jean and Wenger, Etienne (1991): *Situated Learning: Legitimate Peripheral Participation*. New York: Cambridge University Press.

LeDoux, Joseph (1996): *The Emotional Brain: The Mysterious Underpinning of Emotional Life*. New York: Simon and Schuster.

—— (2002): *Synaptic Self: How Our Brains Become Who We Are*. New York: Penguin.

Leithäuser, Thomas (1976): *Formen des Alltagsbewusstseins*. Frankfurt a.M.: Campus. [The forms of everyday consciousness].

—— (1998): The Problem of Authoritarianism: Approaches to a Further Development of a Traditional Concept. In Knud Illeris (ed.): *Adult Education in a Transforming Society*. Copenhagen: Roskilde University Press.

—— (2000): Subjectivity, Lifeworld and Work Organization. In Knud Illeris (ed.): *Adult Education in the Perspective of the Learners*. Copenhagen: Roskilde University Press.

Leithäuser, Thomas and Volmerg, Birgit (1977): Die Entwicklung einer empirischen Vorschungsperspektive aus der Theorie des Alltagsbewusstseins. In Thomas Leithäuser *et al.* (eds): *Entwurf zu einer Empirie des Alltagsbewusstseins*. Frankfurt a.M.: Suhrkamp. [The development of an empirical research perspective from the theory of everyday consciousness].

Leontyev, Aleksei N. (1981 [1959]): *Problems of the Development of the Mind*. Moscow: Progress. [Collected manuscripts from the 1930s].

Lindeman, Eduard C. (1926): *The Meaning of Adult Education*. Montreal: Harvest House.

Lockyer, Andrew, Crick, Bernard and Annette, John (eds) (2003): *Education for Democratic Citizenship: Issues of Theory and Practice*. Aldershot: Ashgate.

Lorenzer, Alfred (1972): *Zur Begründung einer materialistischen Sozialisationstheorie*. Frankfurt a.M.:Suhrkamp. [Foundations of a materialistic theory of socialisation].

Lowen, Alexander (1967): *The Betrayal of the Body*. New York: Collier Books.

Lowen, Alexander and Lowen, Lesley (1977): *The Way to Vibrant Health*. London:

Harper & Row.

Luhmann, Niklas (1995 [1984]): *Social Systems*. Stanford, CA: Stanford University Press.

Luria, Alexander R. (1976 [1974]): *Cognitive Development*. Cambridge, MA: Harvard University Press. [Based on empirical research in the 1930s].

Lyotard, Jean-François (1984 [1979]): *The Postmodern Condition: A Report on Knowledge*. Manchester: Manchester University Press.

Lysgaard, Sverre (1967): *Arbeiderkollektivet*. Oslo: Universitetsforlaget. [The workers' community].

Madsen, K. B. (1966): *Almen Psykologi I*. Copenhagen: Gyldendal. [General psychology].

Mager, Robert F. (1961): On the Sequencing of Instructional Content. *Psychological Reports*, 9, pp. 405–413.

Mahler, Margaret S., Pine, Fred and Bergman, Anni (1975): *The Psychological Birth of the Human Infant*. New York: Basic Books.

Marcuse, Herbert (1955): *Eros and Civilization*. Boston, MA: Beacon.

—— (1964): *One Dimensional Man*. London: Routledge & Kegan Paul.

Marsick, Victoria J. and Watkins, Karen E. (1990): *Informal and Incidental Learning in the Workplace*. London: Routledge.

Maslow, Abraham (1954): *Motivation and Personality*. New York: Harper & Row.

—— (1971): *The Farther Reaches of Human Nature*. New York: Viking Press.

Maturana, Humberto R. and Varela, Francisco J. (1980): *Autopoiesis and Cognition: The Realization of the Living*. Dordrecht: Reidel.

McClelland, David C. (1961): *The Achieving Society*. Princeton, NJ: Van Nostrand.

McClelland, David C. and Winter, David G. (1969): *Motivating Economic Achievement*. New York: The Free Press.

McClelland, David C., Atkinson, John W., Clark, Russell A. and Lowell, Edgar L. (1953): *The Achievement Motive*. New York: Appleton-Century-Croft.

McDougall, William (1963 [1908]): *An Introduction to Social Psychology*. London: Methuen.

Merleau-Ponty, Maurice (1962 [1945]): *The Phenomenology of Perception*. London: Routledge & Kegan Paul.

Merriam, Sharan B., Caffarella, Rosemary S. and Baumgartner, Lisa M. (2007): *Learning in Adulthood: A Comprehensive Guide*. San Francisco, CA: Jossey-Bass, 3rd edition.

Mezirow, Jack (1978): *Education for Perspective Transformation: Women's Reentry Programs in Community Colleges*. New York: Teachers College, Columbia University.

—— (1990): How Critical Reflection Triggers Transformative Learning. In Jack Mezirow *et al.*: *Fostering Critical Reflection in Adulthood*. San Francisco, CA: Jossey-Bass.

—— (1991): *Transformative Dimensions of Adult Learning*. San Francisco, CA: Jossey-Bass.

—— (1998): On Critical Reflection. *Adult Education Quarterly*, 3, pp. 185–198.

—— (2000): Learning to Think Like an Adult: Core Conceptions of Transformation Theory. In Jack Mezirow and Associates (eds): *Learning as Transformation: Critical Perspectives on a Theory in Progress*. San Francisco, CA: Jossey-Bass.

Montola, Markus and Stenros, Jaakko (2004): *Beyond Role and Play: Tools, Toys and Theory for Harnessing the Imagination*. Helsinki: Ropecon.

Mortimore, Peter, Sammons, Pamela, Stoll, Louise, Lewis, David and Ecob, Russell (1988): *School Matters: The Junior Years*. Wells: Open Books.

Musgrove, Frank (1965): *Youth and the Social Order*. Bloomington, IN: Indiana University Press.

Myers, Isabel Briggs (1980): *Gifts Differing: Understanding Personality Type*. Palo Alto, CA: Davies-Black Publishing.

Negt, Oskar (1971 [1968]): *Soziologisches Phantasie und Exemplarisches Lernen*. Frankfurt a.M.: Europäische Verlagsanstalt. [Sociological imagination and exemplary learning].

Negt, Oskar and Kluge, Alexander (1993 [1972]): *Public Sphere and Experience*. Minneapolis, MN: University of Minnesota Press.

Nicolini, Davide, Gherardi, Silvia and Yanow, Dvora (eds) (2003): *Knowing in Organizations*. New York: M.E. Sharpe.

Nielsen, Harriet Bjerrum and Rudberg, Monica (1994 [1991]): *Psychological Gender and Modernity*. Oslo: Scandinavian University Press.

Nissen, Thomas (1970): *Indlæring og pædagogik*. Copenhagen: Munksgaard. [Learning and pedagogy].

Næss, Arne (1963 [1962]): *FilosofIens Historie II – fra middelalder til nyere tid*. Copenhagen: Vintens Forlag. [The history of philosophy].

OECD (1996): *Lifelong Learning for All*. Paris: OECD.

—— (2000): *Knowledge Management in the Learning Society*. Paris: OECD, Centre for Educational Research and Innovation.

—— (2001): *Cities and Regions in the New Learning Economy*. Paris: OECD, Centre for Educational Research and Innovation.

—— (2002): *Understanding the Brain: Towards a New Learning Science*. Paris: OECD Publications Service.

Olesen, Henning Salling (1981): *Eksemplariske læreprocesser og arbejderuddannelse*. Unge Pædagoger, 2, pp. 13–26. [Exemplary learning processes and the education of workers].

—— (1989 [1985]): *Adult Education and Everyday Life*. Roskilde: The Adult Education Research Group, Roskilde University.

Olsen, Ole Andkjær and Køppe, Simo (1981): *Freuds psykoanalyse*. Copenhagen: Gyldendal. [Freud's psychoanalysis].

Pavlov, Ivan P. (1927): *Conditioned Reflexes*. New York: Oxford University Press.

Pedersen, Ove Kaj (2011): *Konkurrencestaten*. Copenhagen: Reitzel. [The competition state].

—— (2013): *Political Globalization and the Competence State*. In Benedikte Brincker (ed.): Introduction to Political Sociology. Copenhagen: Reitzel.

Piaget, Jean (1946): *La formation du symbole chez l'enfant*. Neuchâtel: Delachaux et Nestlé. [Children's formation of symbols].

—— (1951 [1945]): *Plays, Dreams and Imitation in Childhood*. New York: Norton.

—— (1952 [1936]): *The Origin of Intelligence in Children*. New York: International Universities Press.

—— (1959 [1926]): *The Psychology of Intelligence*. London: Routledge & Kegan Paul.

—— (1967 [1964]): *Six Psychological Studies*. New York: Random House.

—— (1980a [1974]): *Adaptation and Intelligence: Organic Selection and Phenocopy*. Chicago, IL: University of Chicago Press.

—— (1980b): *Recent Studies in Genetic Epistemology*. Cahiers de la foundation des archives Jean Piaget, 1.

—— (1981): *Intelligence and Affectivity: Their Relationship During Child Development*. Palo Alto, CA: Annual Reviews Inc.

Pinar, William F., Reynolds, William M., Slattery, Patrick and Taubman, Peter M. (1995): *Understanding Curriculum*. New York: Peter Lang.

Polanyi, Michael (1966): *The Tacit Dimension*. New York: Doubleday.

Rainbird, Helen, Fuller, Alison and Munro, Anne (eds) (2004): *Workplace Learning in Context*. London: Routledge.

Reich, Wilhelm (1969a [1933]): *Character Analysis*. London: Vision.

—— (1969b [1933]): *The Mass Psychology of Fascism*. New York: Farrer, Strauss & Giroux.

Rennie, Frank and Morrison, Tara (2013): *eLearning and Social Networking*. London: Routledge, 2nd edition.

Revans, Reginald W. (1982): *The Origin and Growth of Action Learning*. London: Chartwell Bratt.

Rogers, Carl R. (1951): *Client-Centered Therapy*. Boston, MA: Houghton-Mifflin.

—— (1959): A Theory of Therapy, Personality, and Interpersonal Relationships, as Developed in the Client-Centered Framework. In Sigmund Koch (ed.): *Psychology: A*

Study of a Science, Vol. III. New York: McGraw-Hill.

—— (1961): *On Becoming a Person*. Boston, MA: Houghton-Mifflin.

—— (1969): *Freedom to Learn*. Columbus, OH: Charles E. Merrill.

Rogoff, Barbara (2003): *The Cultural Nature of Human Development*. Oxford: Oxford University Press.

Rogoff, Barbara and Lave, Jean (eds) (1984): *Everyday Cognition: Its Development in Social Context*. Cambridge, MA: Harvard University Press.

Rogoff, Barbara and Wertsch, James W. (eds) (1984): *Children's Learning in the 'Zone of Proximate Development'*. San Francisco, CA: Jossey-Bass.

Rutter, Michael, Maughan, Barbara, Mortimor, Peter and Ouston, Janet (1979): *Fifteen Thousand Hours*. London: Open Books.

Rychen, Dominique Simone and Salganik, Laura Hersch (eds) (2003): *Key Competencies: For a Succesful Life and Well-Functioning Society*. Cambridge, MA: Hogrefe & Huber.

Salovey, Peter and Mayer, John D. (1990): Emotional Intelligence. *Imagination, Cognition and Personality*, 3 (9), pp. 185–211.

Scheich, Henning (2002): *Lern-und Gedächtnisforschung*. http://leb.bildung-rp. de/info/veranstaltungen/bericht/2002–11–20_ggt_scheich.pdf [Research on learning and memory].

Schön, Donald A. (1983): *The Reflective Practitioner: How Professionals Think in Action*. New York: Basic Books.

—— (1987): *Educating the Reflective Practitioner*. San Francisco, CA: Jossey-Bass.

—— (1991): *The Reflective Turn: Case Studies in and on Educational Practice*. New York: Teachers College Press.

Schuller, Tom (1998): Age and Generation in Life Course Modelling. In Kirsten Weber (ed.): *Life History, Gender and Experience*. Roskilde: The Adult Education Research Group, Roskilde University.

Scribner, Sylvia and Cole, Michael (1974): *Culture and Thought: A Psychological Introduction*. New York: Wiley.

Senge, Peter (1990): *The Fifth Discipline: The Art and Practice of the Learning Organization*. New York: Doubleday.

Sennett, Richard (1998): *The Corrosion of Character*. New York: Norton.

Shayer, Michael and Adey, Philip (1981): *Towards a Science of Science Teaching*. London: Heinemann Educational.

Simonsen, Birgitte (1976): *Dansk uddannelsespolitik og planlægning*. Roskilde: RUCforlag. [Danish educational politics and planning].

—— (1994): *Unges forhold til familieliv og kønsroller*. Roskilde: The Adult Education Research Group, Roskilde University. [Young people's relations to family life and sex roles].

—— (1998): Individualisering og demokrati i ungdomsuddannelser – teser om 'De nye unge – de nye voksne'. In Knud Illeris, Birgitte Simonsen and Annegrethe Ahrenkiel: *Udspil om læring og didaktik*. Copenhagen: Roskilde University Press. [Individualisation and democracy in youth education: thesis on 'the new young – the new adults'].

—— (2000): New Young People, New Forms of Consciousness, New Educational Methods. In Knud Illeris (ed.): *Adult Education in the Perspective of the Learners*. Copenhagen: Roskilde University Press.

Simonsen, Birgitte and Illeris, Knud (1989): *De skæve køn, 1 and 2*. Copenhagen: Unge Pædagoger. [The unequal genders].

Skinner, Burrhus F. (1948): *Walden Two*. London: Macmillan.

—— (1968): *The Technology of Teaching*. New York: Appleton-Century-Crofts.

—— (1971). *Beyond Freedom and Dignity*. New York: Knopf.

Solms, Mark and Turnbull, Oliver (2002): *The Brain and the Inner World: An Introduction to the Neuroscience of Subjective Experience*. London: Karnac.

Spearman, Charles (1923): *The Nature of 'Intelligence' and the Principles of Cognition*. London: Macmillan.

Stern, Daniel N. (1985): *The Interpersonal World of the Infant: A View from Psychoanalysis and Developmental Psychology*. New York: Basic Books.

—— (1995): *The Motherhood Constellation: A Unified View of Parent-Infant*

Psychotherapy. New York: Basic Books.

—— (2004): *The Present Moment in Psychotherapy and Everyday Life*. New York: Norton.

Sternberg, Robert J. (1996): Styles of Thinking. In Paul B. Baltes and Ursula M. Staudinger (eds): *Interactive Minds: Life-Span Perspectives on the Social Foundation of Cognition*. Cambridge, MA: Cambridge University Press.

Stuart-Hamilton, Ian (2000): *The Psychology of Aging: An Introduction*. London: Jessica Kingsley.

Sugarman, Leonie (2001): *Lifespan Development: Frameworks, Accounts, and Strategies*. Hove, UK: Psychology Press, 2nd edition.

Taba, Hilda (1962): *Curriculum Development: Theory and Practice*. New York: Harcourt, Brace and World.

Tennant, Mark (1997): *Psychology and Adult Learning*. London: Routledge, 2nd edition.

—— (1998): Adult Education as a Technology of the Self. *International Journal of Lifelong Education*, 4 (13), pp. 364–376.

—— (2012): *The Learning Self: Understanding the Potential for Transformation*. San Francisco, CA: Jossey-Bass.

Thorndike, Edward Lee (1931): *Human Learning*. New York: Appleton-Century-Crofts.

Thorndike, Edward Lee and Woodworth, Robert S. (1901): The Influence of Improvement in One Mental Function upon the Efficiency of Other Functions. *Psychological Review*, 3, pp. 247–261.

Tough, Allan M. (1967): *Learning without a Teacher: A Study of Tasks and Assistance During Adult Self-Teaching Projects*. Toronto: Ontario Institute for Studies in Education.

—— (1971): *The Adult's Learning Projects: A Fresh Approach to Theory and Practice in Adult Learning*. Toronto: Ontario Institute for Studies in Education.

Tyler, Ralph W. (1950): *Basic Principles of Curriculum and Instruction*. Chicago, IL: University of Chicago Press.

Usher, Robin (1993): Experiential Learning or Learning from Experience: Does it Make a Difference? In David Boud, Ruth Cohen and David Walker (eds): *Using Experience for Learning*. Buckingham: Open University.

—— (1998): Adult Education and Lifelong Learning in Postmodernity. In Knud Illeris (ed.): *Adult Education in a Transforming Society*. Copenhagen: Roskilde University Press.

—— (2000): Impossible Identities, Unstable Boundaries: Managing Experience Differently. In Knud Illeris (ed.): *Adult Education in the Perspective of the Learners*. Copenhagen: Roskilde University Press.

Usher, Robin and Johnston, Rennie (1996): *Adult Learning and Critical Practices: Toward a Re-theorisation of Experience*. Paper presented at the 5th ICEL Conference, Cape Town. University of Southampton.

Usher, Robin, Bryant, Ian and Johnston, Rennie (1997): *Adult Education and the Postmodern Challenge: Learning Beyond the Limits*. London: Routledge.

van der Veen, Ruud (2003): Community Development as Citizen Education. *International Journal of Lifelong Education*, 6 (22), pp. 580–596.

Varela, Francisco J., Thompson, Evan and Rosch, Eleanor (1991): *The Embodied Mind: Cognitive Science and Human Experience*. Cambridge, MA: MIT Press.

Vedfelt, Ole (2002): *Ubevidst intelligens: Du ved mere end du tror*. Copenhagen: Gyldendal, 2nd edition. [Unconscious intelligence: you know more than you believe].

Vester, Michael (1969): Solidarisierung als historische Möglichkeit. *Heidelberger Blätter*, 14–16. [Solidarity as a historical possibility].

Volmerg, Birgit, Senghaas-Knobloch, Eva and Leithäuser, Thomas (1986): *Betriebliche Lebenswelt: Einer Sozialpsychologie industrieller Arbeitsverhältnisse*. Opladen: Westdeutscher Verlag. [Life world at work: a social psychology of work conditions in industry].

Volmerg, Ute (1976): Zur Verhältnis von Produktion und Sozialisation am Beispiel industrieller Lohnarbeit. In Thomas Leithäuser and Walter Heinz (eds): *Produktion, Arbeit, Sozialisation*. Frankfurt a.M.: Suhrkamp. [Conditions of production and socialisation in industrial wage labour].

Vygotsky, Lev S. (1978): *Mind in Society: The Development of Higher Psychological Processes*. Cambridge, MA: Harvard University Press.

—— (1986 [1934]): *Thought and Language*. Cambridge, MA: MIT Press.

Watson, John B. and Raynor, R. (1920): Conditioned Emotional Reactions. *Journal of Experimental Psychology*, 3, pp. 1–14.

Webb, Thomas W. and Nielsen, Jørgen Lerche (1996): Experiential Pedagogy. In Henning Salling Olesen and Palle Rasmussen (eds): *Theoretical Issues in Adult Education*. Copenhagen: Roskilde University Press.

Weil, Susan Warner and McGill, Ian (eds) (1989a): *Making Sense of Experiential Learning: Diversity in Theory and Practice*. Buckingham: Open University Press.

—— (1989b): A Framework for Making Sense of Experiential Learning. In Susan Warner Weil and Ian McGill (eds): *Making Sense of Experiential Learning: Diversity in Theory and Practice*. Buckingham: Open University Press.

Weil, Susan Warner, Jansen, Theo and Wildemeersch, Danny (2004): *Unemployed Youth and Social Exclusion in Europe: Learning for Inclusion?* Aldershot: Ashgate.

Wenger, Etienne (1998): *Communities of Practice: Learning, Meaning and Identity*. Cambridge, MA: Cambridge University Press.

—— (ed.) (2014): *Learning Landscapes of Practice*. London: Routledge.

Wenger, Etienne and Snyder, William (2001): *Harvard Business Review on Organizational Learning*. Boston, MA: Harvard Business School Press.

Wenger, Etienne, McDermott, Richard and Snyder, William M. (2002): *Cultivating Communities of Practice*. Boston, MA: Harvard Business School Press.

Wertsch, James V. (1981): *The Concept of Activity in Soviet Psychology*. Armont, NY: Sharpe.

—— (1985): *Culture, Communication, and Cognition: Vygotskian Perspectives*. Cambridge, MA: Cambridge University Press.

—— (1998): *Mind as Action*. Oxford: Oxford University Press.

Wildemeersch, Danny (1989): The Principal Meaning of Dialogue for the

Construction and Transformation of Reality. In Susan Warner Weil and Ian McGill (eds): *Making Sense of Experiential Learning: Diversity in Theory and Practice*. Buckingham: Open University Press.

—— (1991): Learning from Regularity, Irregularity and Responsibility. *International Journal of Lifelong Education*, 2, pp. 151–158.

—— (1992): Ambiguities of Experiential Learning and Critical Pedagogy. In Danny Wildemeersch and Theo Jansen (eds): *Adult Education, Experiential Learning and Social Change: The Postmodern Challenge*. Haag: VUGA.

—— (1998): Social Learning as Social Change – Social Change as Social Learning. In Knud Illeris (ed.): *Adult Education in a Transforming Society*. Copenhagen: Roskilde University Press.

—— (1999): Paradoxes of Social Learning. In Henning Salling Olesen and Jens Højgaard Jensen (eds): *Project Studies*. Copenhagen: Roskilde University Press.

—— (2000): Lifelong Learning and the Significance of the Interpretive Professional. In Knud Illeris (ed.): *Adult Education in the Perspective of the Learners*. Copenhagen: Roskilde University Press.

Wildemeersch, Danny and Jansen, Theo (eds) (1992): *Adult Education, Experiential Learning and Social Change: The Postmodern Challenge*. Haag: VUGA.

Wildemeersch, Danny, Finger, Matthias and Jansen, Theo (1998): *Adult Education for Social Responsibility: Reconciling the Irreconcilable?* Frankfurt a.M.: Peter Lang.

Wildemeersch, Danny, Strobants, Veerle and Bron, Michal (eds) (2005): *Active Citizenship and Multiple Identities in Europe: A Learning Outlook*. Frankfurt a.M.: Peter Lang.

Willis, Paul E. (1977): *Learning to Labour: How Working Class Kids Get Working Class Jobs*. Farnborough: Saxon House.

Wolf, Alison (2004): Education and Economic Performance: Simplistic Theories and Their Policy Consequences. *Oxford Review of Economic Policy*, 2 (20), pp. 315–333.

Yorks, Lyle and Kasl, Elisabeth (2002): Toward a Theory and Practice for Whole-Person Learning: Reconceptualizing Experience and the Role of Affect. *Adult Education*

Quarterly, 3 (52), pp. 176–192.

Yorks, Lyle, O'Neil, Judy and Marsick, Victoria J. (1999): *Action Learning: Successful Strategies for Individual, Team, and Organizational Development*. Baton Rouge, LA: Academy of Human Resource Development.

Ziehe, Thomas (1975): *Pubertät und Narzissmus*. Frankfurt a.M.: Europäische Verlagsanstalt. [Puberty and narcissism].

—— (1985): Vorwärts in die 50er Jahre? In Dieter Baacke and Wilhelm Heitmeyer (eds): *Neue Widersprüche: Jugendliche in den 80er Jahren*. Munich: Juventa. [Forward into the 1950s?].

—— (1989): *Ambivalenser og mangfoldighed*. Copenhagen: Politisk revy. [Ambivalences and multitude].

—— (1997): Om prisen på selv-relationel viden: Afmystificeringseffekter for pædagogik, skole og identitetsdannelse. In Jens Christian Jacobsen (ed.): *Refleksive læreprocesser*. Copenhagen: Politisk revy. [On the price of self-relational knowledge: demystification effects in education, school and identity formation].

—— (1998): Adieu til halvfjerdserne! In Jens Bjerg (eds): *Pædagogik – en grundbog til et fag*. Copenhagen: Reitzel. [Goodbye to the 1970s].

—— (2004): *Øer af intensitet i et hav af rutine: Nye tekster om ungdom, skole og kultur*. Copenhagen: Politisk revy. [Islands of intensity in sea of routine: new texts on youth, school and culture].

—— (2009): 'Normal Learning Problems' in Youth: In the Context of Underlying Cultural Convictions. In Knud Illeris (ed.): *Contemporary Theories of Learning*. London: Routledge.

Ziehe, Thomas and Stubenrauch, Herbert (1982): *Plädoyer für ungewöhnlisches Lernen*. Reinbek: Rowohlt. [Pleading for unusual learning].

Zucker, Brian J., Johnson, Chantell C. and Flint, Thomas A. (1999): *Prior Learning Assessment: A Guidebook to American Institutional Practices*. Chicago, IL: Council for Adult and Experiential Learning.

出版人 李 东
责任编辑 赵琼英
版式设计 孙欢欢
责任校对 贾静芳
责任印制 叶小峰

图书在版编目（CIP）数据

我们如何学习：全视角学习理论：第2版 ／（丹）
克努兹·伊列雷斯著；孙玫璐译. — 北京：教育科学
出版社，2021.8（2024.7重印）
（世界教育思想文库）
书名原文：How We Learn：Learning and Non-
Learning in School and Beyond（2nd Edition）
ISBN 978−7−5191−2442−7

Ⅰ. ①我… Ⅱ. ①克… ②孙… Ⅲ. ①学习理论（心理
学）Ⅳ. ①G442

中国版本图书馆CIP数据核字（2021）第125163号
北京市版权局著作权合同登记 图字：01−2021−5394号

世界教育思想文库
我们如何学习：全视角学习理论（第2版）
WOMEN RUHE XUEXI: QUANSHIJIAO XUEXI LILUN (DI 2 BAN)

出 版 发 行	教育科学出版社				
社 址	北京·朝阳区安慧北里安园甲9号		邮 编	100101	
总编室电话	010-64981290		编辑部电话	010-64981280	
出版部电话	010-64989487		市场部电话	010-64989009	
传 真	010-64891796		网 址	http://www.esph.com.cn	
经 销	各地新华书店				
制 作	北京京久科创文化有限公司				
印 刷	三河市兴达印务有限公司				
开 本	720毫米×1020毫米 1/16		版 次	2021年8月第1版	
印 张	22.25		印 次	2024年7月第4次印刷	
字 数	301千		定 价	68.00元	

How We Learn – Learning and non-learning in school and beyond (2ND EDITION)
By Knud Illeris

© 2017 K. Illeris and Roskilde Universitetsforlag
This Chinese edition is translated and published by permission of Knud Illeris.
Educational Science Publishing House shall take all necessary steps to secure
copyright in the Translated Work where it is distributed.

本书简体中文版由权利人授权教育科学出版社独家翻译出版。未经出版社书面
许可，不得以任何方式复制或抄袭本书内容。